냉소 사회

냉소
사회

냉소주의는 어떻게
우리 사회를 망가뜨렸나

김민하 지음

현암사

냉소 사회

초판 1쇄 발행   2016년 12월 20일

지은이   김민하
펴낸이   조미현

편집주간   김현림
책임편집   김호주
디자인   길하나

펴낸곳   (주)현암사
등록   1951년 12월 24일 · 제10-126호
주소   04029 서울시 마포구 동교로12안길 35
전화   02-365-5051
팩스   02-313-2729
전자우편   editor@hyeonamsa.com
홈페이지   www.hyeonamsa.com

ISBN 978-89-323-1831-8 03300

이 도서의 국립중앙도서관 출판시도서목록(CIP)은
서지정보유통지원시스템 홈페이지(http://seoji.nl.go.kr)와
국가자료종합목록시스템(http://www.nl.go.kr/kolisnet)에서
이용하실 수 있습니다.(CIP제어번호 CIP2016030231)

냉소주의가 지배하는 한국 정치

탈출구는 무엇인가

이 책에 대한 반응은 아마 크게 셋 중 하나일 것이다. 가장 확률이 큰 것은 무관심, 두 번째로 유력한 건 미미한 조롱과 조소, 마지막의 희박한 확률은 무난한 호평이다. 나는 어릴 때부터 무슨 일을 하기 전에 최악의 상황을 가정해 상상해보는 습관을 들여왔다. 불행을 대비하는 의식이다. 공중화장실에 들어갔을 때 닫혀 있는 변기 뚜껑을 보고 반드시 여기에 생물학적 함정이 있다고 미리 생각해버리는 마음가짐 같은 거다. 최소한 뚜껑을 열었을 때 놀라진 않겠지. 택시를 탔다면 언제나 교통사고가 나는 상황을 대비해본다. 그러므로 나는 인생의 책을 한 권 쓰겠노라 호기롭게 말하면서도 숱한 곤란한 상황을 가정해볼 수밖에 없었다.

합리적인 관점에서 보면 이 책을 내고 나서 닥쳐올 최악의 상황은 아마 무관심 속에 책을 별로 팔지 못해 저자로서의 커리어가 이대로 끝나는 것일 테다. 그런데 그건 최소한 마음이 고통스럽진 않을 거다. 그저 사업적(?) 손해에 그치고 말 일이다. 개인의 입장에서 불행을 대비하고자 하는 일은 이 책을 내면 사람들이 도대체 뭐라고 비웃을까, 이런 상상을 해보는 거다.

나는 그동안 소셜 미디어 등을 통해 사람들이 어떤 책이 출간됐을 때 내놓는 다양한 반응을 다수 지켜봤다. 부정적 반응은 대개 그 저자에 대한 조소와 조롱으로 시작된다. 나의 조건에 한정해서 말하자면 '대학 졸업장도 없는 사람이 부족한 지식으로 아무 얘기나 갖다 붙여 혹세무민해 매명賣名을 하려 한다'는 식일 거다. '매명을 하려 한다'는 부분을 제외하면 크게 틀린 말은 아니다. 그러나 여전히 사람들의 이런 반응이 흥미로운 것은 이 비난의 배후에 깔린 비교적 일관된 논리를 발견할 수 있기 때문이다.

지금 가정한 고약한 논리에 따르면 '저자'는 '자격'을 갖춰야 한다. 물론 그 자격이 무엇인지에 대해 사람들이 모두 같은 기준을 갖고 있지는 않다. 어떤 책에 대해서는 저자의 학위를, 또 어떤 책에 대해서는 도덕성을, 또 어떤 책에 대해서는 그 이전의 발언이나 행동에 대한 '해명'을 요구할 것이다. 이런 점들을 보면 저자에 대한 '자격' 요구는 어떤 종류의 능력주의[1]로만 해석하기에는 2퍼센트 모자란다.

직관적으로 보면 사람들이 원하는 건 결국 '속지 않는 것'이 아닐까 한다. 저자가 책이라는 수단을 통해 나의 뇌를 부당하게 지배한다는 건 솔직히 상상하고 싶지 않은 일이다. 이 '속고 싶지 않다'는 감정은 늘 '증거'를 요구한다. 앞에서 거론한 바로 보면 저자의 학문적 성과나 일상생활에서의 도덕성, 발언과 행위의 일치 여부 등이 여기에 해당한다. 이런 논리하에서 만일 학문에서 아무런 성과가 없는 사람이 다른 이의 지적 권위에 도전하는 내용의 책을 쓴다면 그건 독자를 '속이는 것'에 가까운 행위다. 평소에 별로 도덕적인 자세로 삶을 살지 않는 사람이 도덕을 강조하는 책을 썼다면 그는 분명 사기를 치고 있는 것이다. 언행일치가 되지 않는 사람에 대해서는 더 말할 것도 없다. 그의 '언﹍'을 도대체 어떻게 믿겠는가!

실제로 나는 어떤 저자가 일상생활에서 무슨 잘못을 했다는 이유로 그가 쓴 모든 책을 팔거나 버렸다는 증언을 들은 일이 있다. 일본에서 꽤 인기를 끈 『진격의 거인』이라는 만화는 작가가 '극우' 논란에 휘말리며 한국에서 화형식을 당했다. 이들이 만든 창작물이 어떤 내용을 담고 있든, 그게 저자의 행동이나 생각과 어떤 관계를 갖고 있든 상관없다. '나'를 속였기 때문에 '너희'는 복수를 당해야 한다. 이런 복수에 대한 표면적 열광이 아닌 핵심적 문제에 대해선 판단을 중지하는 게 답이다. 그래야 복수가 가능하기 때문이다.

세상 사람들의 무신경함 또는 유별난 예민함을 욕하자는 게 아니다. 내가 관심을 가지고 싶은 건 도대체 언제부터 사람들이 '속는 것'을 이토록 끔찍이 두려워하게 되었느냐는 점이다. 기실 주위를 둘러보면 온 세계가 우리를 속이는 것으로 가득 차 있다. 책의 저자들뿐만이 아니다. 나를 항시 속이고 이용하는 대표적 존재는 정치인이다. 우리는 정치에 속고, 법에 속고, 부자에게 속고, 심지어 연예인에게도 속는다. 연예인에게 뜬금없이 '공인'의 자세를 요구하는 것은 그들에게 속기 싫기 때문이다. 예를 들어 어느 아이돌 가수의 스캔들을 둘러싼 사람들의 반응을 보면 적나라한 논리들이 추출된다. '우리 모두의 연인인 척할 땐 언제고, 어떻게 연애를 할 수가 있나' 여기서 한 번 속고, (상대의 부족함을 지적하며) '눈높이가 그것밖에 안 되나' 여기서 두 번 속는다.

'세상 오만 것들에 다 속고 있다'는 인식은 결국 냉소주의로 부를 수 있을 거다. 냉소주의는 늘 자신과 타자에 대한 기만을 대동한다. 세상이 다 나를 속이는데 나라고 남을 속이면 안 된다는 법이 어디 있는가? 또, 내가 남을 속이는데 다시 내가 나를 속이면 안 된다는 법은 또 어디에 있나. 냉소주의자의 어법은 그래서 '진정한 무엇은 있다'와 '진정한 무엇은 없다' 사이를 불규칙하게 오고 간다. '진정한 무엇은 있다'고 말하는 사람이 주장하고 싶은 것은 '지금 여기에는 없다'는 거다. 그래서 '진정한 무엇'을 찾을 때까지 우리 주위에 있는 모든 것을 믿을 수 없다. '진정한 무엇은 없다'는 사람들이 말하고 싶은 건 원래부터 믿을 건 아무것도 없으니 우리는 모두를 대상으로 기만행위를 할 수 있다는 거다.

어느 날 현실에 등장한 IS(이슬람국가)라는 괴물들은 이를 잘 보여 준다. 이들은 보통 근본주의자로 평가되는데, 사실 그 근본주의의 배후에는 기만이 있다. IS의 지하드 전사가 신의 이름으로 테러를 감행할 때 그는 '진정한 무엇은 있다'고 말한다. 신의 논리라는 '진정한 무엇'을 이루기 위해 현실의 거짓을 쳐부수어야 하는 것이다. 그런데 이 전사가 『코란』에 적혀 있는 종교로서의 '좋은 말'들이 아니라 IS가 제공하는 속세적인 복지와 여성 노예들의 제공에 환호할 때 동원되는 전제는 '진정한 무엇은 없다'는 거다. 한국인으로서

터키를 통해 IS로 갔다가 생사불명의 비극적 처지가 된 18세 '김 군'의 사례를 보아도 이런 정황은 분명히 드러난다.

'김 군'은 근본주의 세력에 가담하기 전 자신의 트위터에 한국에서 여성에 의한 역차별을 견디지 못하겠다는 취지의 글을 썼다고 한다. 물론 여기서 '역차별'이란 말의 뜻은 허울 좋은 약자의 논리가 진실한 약자인 나를 등쳐먹기 위해 작동한다는, 즉 '내가 속고 있다'는 것에 가깝다. 여하간 이런 정황과 이슬람을 경험할 데가 없다시피 한 한국 사회의 특성을 감안할 때 그를 근본주의자의 품으로 강력히 유인한 것은 IS가 내세우는 정통(?) 이슬람 국가 건설의 이상이 아니었음이 분명하다. 아마도 그의 감정을 추동한 것은 'IS 지하드 전사'가 익명의 메신저를 통해 선전한 '돈과 여자'라는 키워드였을 확률이 높다. 이런 가정대로라면 '역차별'이 없는, 즉 '진정한 이상이 실현된 사회'를 찾아간다는 말을 남기고 '나의 욕망'을 쟁취하기 위해 떠난 것인데, 이게 현대사회에서 냉소주의가 작동하는 전형적 방식이 아닌가 싶다.

다시 돌아와서, 냉소주의는 자본주의 사회에서 일반화된 소비주의와도 긴밀히 연결되어 있다는 점도 짚지 않으면 안 된다. 일상 속 소비주의야말로 냉소적 세계관이 존재하지 않으면 작동할 수가 없다. 우리가 어떤 물건을 살 때, 판매자 혹은 그 물건을 만든 기업의 홍보 문구를 100퍼센트 믿지 않는 게 대표적이다. '아이에게도 안심'과 같은 문구가 대표적이다. 이 말만 믿고 아이를 위해 가습기 살균제를 사용한 많은 부모들이 비극을 당했다. 굳이 이런 극단적 사례를 들 필요도 없을 것이다. '과연 이 상품의 가격은 인정할 수 있을 만큼의 부(富)만을 우리로부터 빼앗아 가는가'를 매양 따지는 게 우리의 일상이다.

시장주의 원리로 따지면 우리는 합리적 소비를 하는 주체다. 그런데 합리적 소비란 나에게 상품을 판매하는 바로 그 논리의 진심을 의심할 때에야 비로소 가능하다. 즉, 어차피 체제는 우리를 속이고 있다. '속지 않겠다'는 우리의 결의는 시장원리의 자본주의 체제와 밀고 당기는 대결 속에서 능력주의로 다시 환원한다. 즉, 우리의 '합리적 소비'는 상품의 질과 가격, 판매자의 홍보 전략이 우리를 얼마나 잘 속이느냐의 문제이다. 우리는 자본주의 체제를 겪고 있기 때문에 이러한 '속이는 능력'에 환호한다.

자본이 얼토당토않은 수준의 속임수를 쓰려 들면 사람들은 화를 낸다. 노골적으로 노출도가 높은 여성 캐릭터로 남성 이용자들을 끌어들여 한몫 벌어보려다 집중포화를 맞고 망해버린 게임 서비스가 좋은 예다. 만일 이 게임이 아주 은밀하고도 기만적인 방식으로 남성들의 욕망을 자극했다면 이용자들은 그 속이는 능력에 환호하며 게임 속 성적 착취의 논리를 방어했을 것이다. 그러나 이 게임의 속이는 능력이 별 볼 일 없었기 때문에, 즉 게임이 이용자들을 우습게 보았기 때문에 사태는 걷잡을 수 없는 수준까지 확대됐다.

냉소주의와 소비주의의 논리를 따라가다 보면 결국 '열등감'의 문제를 만나게 된다는 점 역시 반드시 짚고 넘어가지 않으면 안 된다. 속고 속이는 일이 일상화된 사회에선 반드시 '속는 사람'이 탄생하고, 이 사람은 어떤 의미로든 손해를 보게 된다. 한국처럼 극단적인 무한경쟁 체제가 지배하는 사회에서 손해를 본다는 것은 자칫 잘못하면 돌이킬 수 없는 길로 이어질 수 있다. 젊은 사람일수록 이런 위기감이 심하다는 사실에서 역시 이런 직관을 가져볼 수 있다. 최근 소셜 미디어 등에서 '헬조선' 담론이 인기를 얻었던 현상을 볼 때, 젊은 사람일수록 이런 위기감을 심하게 느끼는 것 같다. 한 번의 선택을 잘못해 평생의 전망이 붕괴하는 사례가 비일비재한 요즘이다. 별 물질적 기반도 없는 상태에서 경쟁 체제에서 낙오되면 그렇잖아도 사회적 안전망이 없는 이런 사회에선 도저히 살아나갈 수가 없다.

　살아남으려면 손해를 보지 않기 위한 최대한의 효율성을 추구해야 한다. 이 효율성은 '돈'의 힘으로 그나마 살아남을 수 있는 최소한의 기준점 안에 들어가기 위한 것이다. 이는 신분 상승의 욕망이라기보다 낙오 방지의 욕망에 가깝다. 젊은이는 태어나면서부터 자기가 가진 모든 자원을 여기에 투입해야 한다. 이런 논리 구조는 거시적 차원과 미시적 차원에서 동시에 작동한다. 여기서 거시적 차원이란 이를테면 과거 박정희 정권이 오직 나라를 부강하게 만들겠다는 명분으로 국민들의 기본적 인권을 포기하도록 강제한 사례 같은 것이다. 미시적 차원에서 이런 효율성 추구는 하다못해 컴퓨터 롤플레잉 게임의 캐릭터 하나를 만들더라도 그 게임의 논리를 가장 효율적으로 파해破解할 수 있는 형태를 추구하는 현상 등으로 나타난다.

효율성을 말하자면 2014년 4월 16일에 일어난 세월호 참사를 말하지 않을 수 없다. 수많은 젊은이들이 부당하게 피해를 당한 이 사건은 한국인들 다수의 마음에 커다란 상처를 남겼다. 그 상처는 결코 새로운 것이 아니며, 또 새로운 무엇을 드러내주지 않는다. 이 사건과 관련된 모든 것들은 따지고 보면 새삼스러운 것들이다.

많은 사람들이 세월호 참사로 숨진 학생들을 향해 '미안하다'고 말하는 방식으로 애도를 표현한다. 우리는 실제로 세월호 참사의 피해자들에게 미안한 감정을 느낀다. 우리가 미안한 이유는 무엇인가? 이 사건이 일어난 이유를 이미 알고 있기 때문이다. 또, 이 사건의 원인을 키우는 데 우리 스스로가 조력해왔기 때문이다. 이 사건은 '체제'로 인해 일어난 것이고, 이 문제적인 체제를 구축하는 데에는 어떤 방식으로든 우리 자신의 힘이 작용했다는 걸 인정할 수밖에 없다. 그래서 우리는 넓은 의미에서 이 사건의 공모자들이다.

이 커다란 공범의식을 보다 심층적인 차원에서 들여다볼 필요가 있다. 세월호 참사를 둘러싼 논란은 처음부터 끝까지 우리에게 대단히 익숙한 것들로 채워져 있다. 세월호는 더 많은 이윤을 남기기 위해 배의 안전성을 희생하는 방식으로 운영됐다. 배의 평형을 유지해주는 평형수는 화물을 더 실어야 한다는 이유로 충분히 주입되지 않았고, 화물도 평형 유지를 위한 정밀한 배분 방식을 따르지 않고 적재됐다. 배의 균형 유지를 도와주는 스태빌라이저 역시 제대로 작동하지 않는 상태로 방치됐다.

배의 안정성을 해치지 않는 범위 내에서 이뤄졌어야 할 개조 및 증축이 이런 판단 기준을 완전히 무시했다는 점도 참사의 원인이 됐다. 평형수 주입 부족으로 가뜩이나 흘수가 낮은 상태였던 세월호는 객실 증축으로 수면 위 구조가 더 높아지면서 안정성을 더욱 상실하게 됐다. 짐을 내리고 싣는 램프를 없애면서 양쪽의 균형을 맞추기 위한 조치를 취하지 않아 불안전성은 더욱 심화됐다.

선장과 선원들이 배를 파탄적으로 운영한 것도 위기를 더 크게 키우는 데 한몫했다. 사고 당시 세월호는 운항이 어려운 해역을 지나가고 있었음에도 3등 항해사가 조타를 지시했다. 애초 정해진 규칙에 따른 것이었다고는 하지만 융통성이란 것은 오히려 이런 부분에서 발휘됐어야 한다. 3등 항해사가 지시를 잘못했는지 여부는 분명치 않다. 3등 항해사의 실수든, 조타수의 실수든, 아니면 전원이 불안정했던 조타기의 문제든 그 지시가 제대로 작동하지 않았던 것만은 분명하다. 세월호 침몰의 직접 원인으로 지목된 '급변침'은 이 때문에 일어났다. 배는 기울었고 화물이 한쪽으로 쏠렸지만 이미 안정성을 크게 잃은 상태였던 세월호는 균형을 회복하지 못하고 그대로 뒤집혔다.

사실 이건 늘 있는 일이다. 과연 일어날지 여부를 누구도 장담할 수 없는 재앙에 대비해 최선의 노력을 기울이는 것을 우리는 '비효율적'이라고 여긴다. 오히려 거기에 들어가는 비용을 '효율'을 위해 쏟는다면 훨씬 더 많은 성과를 낼 수 있다고 생각한다. 세월호 참사 이후 많은 사람들이 '안전'을 외치지만 근본적으로 이 '효율성의 신화'가 깨지지 않는다면 같은 사고는 반복해서 일어날 것이다.

그렇다면 우리가 효율성의 신화를 어떻게 깰 수 있는가? 만연한 열등감과 냉소주의, 거기에 기반하는 소비주의와 정치가 싸우고 스스로를 작동시킬 때만이 가능하다. 여기서 정치는 '당위와 명분'을 말하는 것인데, 반드시 '진정한 무엇은 없다'라는 냉소주의의 공격을 피해야만 효력을 가질 수 있다. 그런데 현실은 정치마저도 열등감과 냉소주의의 논리에서 벗어나지 못하고 있다. 이걸 가능하도록 하기 위해서는 냉소로부터 정치를 구해내야 하고, 그러기 위해선 우리 스스로 열등감과 냉소주의에 시선을 회피하지 않고 '직면하기'를 통해 마주 서야 한다. 이 책은 바로 방법을 모색하기 위한 오랜 고민의 결과다.

---

1 박권일, 〈타락한 능력주의〉, 《한겨레》, 2014년 9월 15일.

냉소 사회

1

우리 삶 전체를 지배하는
열 등 감

열등감의
퍼레이드

최근 인터넷상에서 많이 쓰이는 은어로 '열폭'이라는 단어가 있다. 이 단어는 많은 사람들이 화가 많이 나는 상태를 이르는 말로 오용하고 있지만 원래는 '열등감 폭발'의 줄임말이다. 주로 어떤 문제에 대해 과도하게 화를 내는 사람에게 '열등감 때문에 그러는 것이냐?'의 의미로 사용하는 말이다.

주목해볼 만한 것은 왜 하필이면 이런 말이 유행하게 됐느냐는 것이다. 여러 요인이 작용하겠지만 어떤 말이 유행어가 되기 위해서는 결국 많은 사람들이 그 말을 사용해야만 하며, 이를 위한 사회적 환경이 작용해야 한다는 것은 굳이 말할 필요가 없는 얘기다. 만일 '열등감 폭발'이라는 말이 유행한다면 그건 사람들이 열등감 때문에 겪는 어려움이 많다는 이야기로 받아들일 수 있는 것이기도 하다. 특히 인터넷 세계에서 이런 열등감의 유행은 종종 진지한 논의를 중단시키는 하나의 논점 일탈 수단으로서도 활용되고 있다.

　예를 들어보자. 진보적 관점을 통한 사회 문제 해석에 관심을 가진 사람이 여러 수단을 이용해 보수 정부를 비판하는 글을 써 인터넷에 공개하는 건 드문 일이 아니다. 보다 진보적인 관점을 가진 사람이라면 보수 정부는 물론 이에 맞서는 제1야당의 무능을 지적하는 글까지 인터넷에 쓸 것이다. 보통 이런 경우 진보적 관점을 주장하는 화자는 제1야당에 비해 미미한 지지율을 얻고 있는, 즉 보잘 것없는 진보 정당을 지지하는 경우가 많다. 인터넷 공간에서 정치적 이슈를 둘러싼 논쟁은 일상적이다. 그러나 앞서 언급했듯 열등감과 관련된 정서가 인터넷 공간에서 무차별적으로 표출되고 있는 상황 자체가 이런 논쟁의 효력을 중지시키는 상황을 촉발한다. 기껏 열심히 제1야당의 무능을 비판했는데 제1야당의 지지자가 "열폭하는 것이냐?"라고 묻는 상황이 반복되는 것이 대표적 사례다.

　진보적 관점을 가진 사람이 제1야당을 비판하는 것은 보통 어떤 충심 때문이거나 정치적 계산을 갖고 있는 경우다. 여기서 '충심'이란 이 사회가 좀 더 진보적으로 변화해야 하는데 제1야당이 이를 실현할 만큼 유능한 정치를 펼치지 못하고 있기 때문에 이들이 정신 차리도록 비판을 제기해야 한다는 것이다. 반면 '정치적 계산'이란 제1야당을 비판함으로써 제1야당에 실망하고 등을 돌리는 진보 성향의 지지자들을 자신이 지지하는 진보 정당을 지지하도록 유인하기 위해 헐뜯는 것을 뜻한다. 이 두 가지 경우는 최소한의 합리적 추론에 의해 설명될 수 있는 것들이다. 하지만 여기서 '열등감'을 언급하는 것은 이런 합리적 추론을 따르지 않은 해석을 제기하는 제1야당의 지지자들이 인터넷 공간에 넘쳐난다는 것이다. '1퍼센트 정당 지지자가 열등감 때문에 제1야당을 공격하고 있다'는 논리는 이런 사례에 해당하는 대표적인 열등감의 서사다.

먹고살기 바쁜 대다수 사람들이 하루 동안 정치에 대해 생각하는 시간은 10분 미만에 불과할 것이다. 이들의 이러한 반응은 다른 의도에 의한 것이라기보다 일상생활에서의 사고방식이 인터넷 공간의 정치적 논쟁에서 똑같이 드러난 것이라고 추측해볼 수 있다. 일상생활에서 열등감과 관련한 감정의 충돌을 늘 겪을 수밖에 없기 때문에 인터넷 공간의 정치적 논쟁에서도 자신에게 익숙한 틀을 제기할 수밖에 없는 것 아니냐는 얘기다.

실제 우리는 늘 열등감을 마주하며 산다. 어떤 사람은 나보다 잘생겼고 어떤 사람은 나보다 날씬하며 또 어떤 사람은 나보다 많은 돈을 번다. 우리는 우리 자신을 끝없이 남들과 비교하며 그들보다 내가 나은 점을 찾느라 여념이 없다. 아무리 찾아도 내가 그보다 나은 점을 발견할 수 없을 때, 우리는 그 상대를 '재수 없다'고 생각한다. 상대를 싫어하기 위한 핑계에 불과한 말이지만 그나마 '재수 없다'고만 하면 다행이다. 상대의 모든 것을 꼬투리 잡아서 그게 얼마나 나쁜 종류의 것인지를 반복해서 논하는 일을 우리는 매일같이 하고 있다. 이러한 일련의 행위를 이르는 말이 바로 '열등감 폭발'인 것이다.

이러한 열등감의 조장과 전시는 친구나 친척끼리의 관계에서도 늘 문제가 된다. '엄친아'라는 말이 있다. '엄마 친구 아들'의 준말이다. 인터넷 세계에서 엄친아란 모든 면에서 완벽하고 잘난 사람을 의미한다. 엄마 친구 아들인데 그는 왜 완벽한가? 이를 이해하기 위해서는 엄마 친구 아들을 호출하는 화자가 바로 엄마라는 사실을 깨달아야 한다. 엄마가 말한다. "엄마 친구 아들은 서울대 나오고 성격도 착하고 친구도 많다는데…….""엄마 친구 아들은 이번에 연봉 5,000만 원 주는 직장에 취직했다던데…….""엄마 친구 아들은 첫 월급으로 자기 엄마한테 명품을 선물하고도 돈이 남는다는데……." 졸지에 실제로 있는지 없는지도 모를 엄마 친구 아들의 비교급이 된 내가 열등감을 느낄 수밖에 없도록 엄마가 의도하고 있는, 그런 익숙한 상황이다.

예를 들어 동창회는 이런 열등감들이 적나라하게 드러나는 장소다. 보통 동창회란 사회적으로 실패하지는 않은 인생들이 챙기는 행사인데, 학생 시절 서로 간 가졌던 인간관계와 사회적 차원에서의 관계가 일치하지 않는다는 점 때문에 종종 문제가 벌어진다. 학창 시절에 이른바 '일진들의 심부름이나 하는 신세였던' 자가 사법고시 합격 이후 검사가 돼 동창회에 참석하러 왔다면 이를 어떻게 받아들여야 하겠는가? 연봉 3,000만 원 받는 직장에 취직해 처음으로 나간 동창회 자리에서 다른 친구들이 나는 알지 못하는 성공적인 부동산 투기에 대한 이야기나 골프 이야기를 반복한다면 어떻게 해야 하겠는가? 이런 극단적인 예가 아니더라도 동창회는 과

024

냉소 사회

거 보잘것없던 아이들이 사회에 나가서는 자신보다 좋은 직업을 가지게 됐는지, 연봉은 얼마나 받는지, 결혼은 좋은 상대와 했는지 등을 끊임없이 비교하게 되는 자리다. 동창회가 끝나면 으레 '열폭' 사태가 일어나며 학창 시절의 좋은 기억을 마음속에만 간직하지 못한 자신을 자책하게 된다.

꼭 동창회 자리가 아니더라도 우리의 삶 자체가 열등감으로 점철돼 있다고 말하는 것은 새로운 이야기가 아니다. 얼마 전 명절에 고향 친구를 만난 일을 예로 들고 싶다. 같이 서울에 살고 있으니 고향인 수원까지 그가 운전하는 차를 타고 내려가자는 심산이었다. 그의 차를 얻어 타고 가면서 들은 얘기는 어떤 열등감들에 대한 통찰을 줬다.

그는 프리랜서 영상 촬영 기술자로 먹고사는데, 언제나 충분한 일거리가 들어오는 것은 아니기 때문에 불안정한 수입을 메우려는 목적으로 한 고등학교의 방과 후 교실에서 사진 강의를 부업으로 병행하고 있었다. 그는 고등학생 시절부터 방송반 등의 활동으로 영상에 관한 기술적 실무를 익혔고 대학에서는 영화 연출을 전공했다. 자기 분야에서 지자체 홍보 영상, 대기업 교육용 영상, 유명 가수의 콘서트 배경 영상, 신인 가수의 뮤직 비디오 등을 제작하거나 연출했기 때문에 고등학교의 방과 후 교실에서 강의를 할 정도의 전문성은 나름 갖추고 있다고 평가할 만했다. 그와 계약을 맺은 학교에서도 그 부분을 평가했을 것이다.

그런데도 이 친구는 "내가 과연 고등학생들을 가르쳐도 될 만한 인생을 살고 있는지 솔직히 부끄럽다"라고 말하는 것이었다. 적어도 영화라도 한 편 찍고, 1년에 텔레비전 CF 연출을 몇 개씩은 하는 사람이어야 하지 않겠냐는 얘기였다. 그렇지 못해서 '부끄럽다'고 말하는 게 우리 인생의 현실이다. 친구는 일본 사람들과 함께 세탁기 광고를 촬영한 얘기를 꺼내면서 "일본 사람들은 나이를 많이 먹은 사람일수록 자기 직업에 대한 확고한 신념이나 믿음 같은 것을 가진 것처럼 보였고 자기 인생을 전혀 부끄러워하지도 않는 것 같아 보였는데, 우리는 마흔 살만 넘어도 퇴물이다"라고 이야기하기도 했다. 열등감에 대한 사회적 차원의 통찰을 얻을 수 있는 대목이다.

'꼰대질'이나 '나잇값'의 문제를 이런 차원에서 바라본다면 어떨까? 보통 꼰대질이라는 것은 나이가 많은 사람이 젊은 사람들을 향해 불필요하고 부적절한 불평불만을 조언의 형식으로 표현하는 것을 말한다. 이는 보통 옷차림이나 태도, 말투 등에 집중되는 경향이 있는데 상황과 장소에 따라 다른 형식으로 제기되기도 한다. 대부분의 이런 꼰대질들은 쓸데없는 오지랖에 속하는 것들로서 젊은 사람들의 입장에서는 나름대로 이에 대한 반감을 표출할 만하다. 그런 경우 보통 기성세대는 "우리 때는 그렇지 않았는데……"라고 자조하거나 "어른 앞에서 무슨 건방진 태도냐"라고 반발하는데 여기에서 어떤 '열등감'의 코드를 발견하는 것은 어려운 일이 아니다.

만일 기성세대가 진지한 마음으로 후세대에게 어떤 조언들을 하

026

냉소 사회

고 싶다면 합리적인 차원에서 최대한 논리적 방법을 동원하면 된다. 예를 들어 요리사라고 한다면, 나이 지긋한 요리사가 젊은 요리사에게 다양한 요리 기술과 철학에 대해 말하는 것이 전혀 이상하지 않다. 요리를 대하는 태도가 잘못됐다거나 너무 최신 기술에 얽매여 요리의 본질을 살리지 못한다는 이유로 고참 요리사가 신참 요리사를 꾸짖는 상황을 꼰대질로 보는 사람은 거의 없을 것이다. 왜냐하면 고참 요리사는 신참 요리사를 꾸짖고 훈련시킬 만한 권위와 그를 뒷받침하는 전문성을 분명히 갖추고 있기 때문이다.

즉, 뒤집어 본다면 '꼰대질'이라는 개념은 기성세대가 그런 불평불만을 제기할 만한 권위와 정당성을 전혀 갖추고 있지 않기 때문에 나타났다고 볼 수 있다. 내세울 권위가 없으니 최후의 보루인 나이로 도피하는 것이다. 기성세대가 젊은 세대에 비해 가장 명확한 우위를 갖는 것이 바로 나이라는 숫자다. 이 부분에서 고향 친구의 '부끄러운 인생'을 겹쳐볼 수 있다. 꼰대질을 하는 기성세대나 꼰대질을 당하는 젊은 세대나 묵시적으로 인정하고 있는 전제는 기성세대의 성취가 보잘것없었다는 것이며 결국 꼰대질은 그러한 차원에서 도출되는 열등감의 발현으로도 해석할 수 있다.

열등감을 극복하는 나름의 방어기제는 앞서 언급한 것과 같이 여러 차원에서 발현될 수 있으며, 이것 역시 개인의 차원에서만 이루어지지는 않는 것이 현대 사회이다. 즉, 사회적으로도 '열폭'을 방어하는 어떤 장치가 존재할 수 있다는 것인데, 이 덕분에 인류는 더욱 흥미로운 존재가 된다.

모든 것의 인플레,
팬플레이션

거의 10년 만에 만난 또 다른 친구의 직급은 '대리'였다. 이 친구는 당시 20대 후반의 나이로 취업을 한 지 얼마 되지 않았는데 빠른 승진을 해 놀라웠다. 하지만 승진의 비결을 묻는 질문에 그는 "우리 부서는 다 대리부터 시작한다"라고 대답했다. 외부인을 만나거나 접대해야 하는 일이 잦기 때문에 신입 직원에게 일부러 조금 높은 직급을 부여해준다는 것이다. 아무래도 거래처 등과의 만남에서는 상대편에 평사원보다는 대리가, 대리보다는 과장이 앉아 있는 게 좋다는 것이다. 거래처 입장에서는 존중받는 기분을 느낄 수 있고 책임의 정도라는 측면에서 협상을 유연하게 가져갈 수 있겠다는 기대를 가져볼 만도 하기 때문이다.

기자로서 대기업 홍보팀 직원을 만날 때에도 비슷한 경험을 했다. 그 기업에 해가 되는 기획 기사들을 한바탕 내보내고 나서 나름의 화해(?)와 해명을 위해 마련된 자리였는데, 그 자리에 나온 직원 두 명은 모두 '매니저'라는 직함을 사용하고 있었다. 왜 하필 매니저냐고 물었더니 팀장 이하 모든 직원의 직급을 하나로 통일해 유대감을 강화했다는 답변이 나왔다. 이 자리에는 '과장 백일천하'란 별명의 직원도 있었는데, 과장으로 승진한 지 백일 만에 직제가 개편돼 자기 아랫사람들과 똑같은 매니저로 불려야 하는 신세가

냉소 사회

됐다는 얘기였다. 아무래도 매니저 위에 과장이 있다고 하면 느낌이 이상하니 내부에서는 위계를 두더라도 대외적으론 직책을 통일시켜버린 모양이었다. 낮은 직급 직원의 대외적 직책을 높아 보이게 하려다 보니 상대적으로 높은 직급이 그냥 없어져버린 사례라고 볼 수 있다.

이런 사례들을 '팬플레이션panflation'이라고 부를 수 있을 것이다. 이 용어는 영국의 주간 경제지인 《이코노미스트The Economist》가 2012년 4월 '팬플레이션의 위험The perils of panflation'이란 제목의 기사에서 처음 소개해 유명해졌다. 이 단어는 '넓은', '범汎' 등을 뜻하는 pan과 물가 상승을 의미하는 inflation의 합성어로, 다양한 분야에서 물가의 인플레이션과 같은 상황이 벌어지고 있다는 점을 지적하고 있다. 즉, 사회 각종 분야에서 마치 물가 상승이 일어난 것처럼 모든 것의 가치가 하락하고 있다는 것이다. 예를 들면 위의 사례에서 '대리'와 '매니저'라는 직급은 과거 어느 정도 경력을 쌓은 사원에게 붙여줄 만한 가치를 가지고 있었지만 이제는 신입 사원에게도 붙일 수 있는 가치의 직급으로 전락했다. 우리 어머니의 직업은 '화장품 외판원'인데 회사에서 붙여준 명칭은 '뷰티 카운슬러'이다. 이러한 이름을 붙이면 화장품 소비자들에게 좀 더 세련되고 전문적인 이미지로 다가갈 수 있을 것이라고 생각했겠지만 현실에선 그저 비웃음을 당하는 명칭으로 회자되기 쉽다.

흥미로운 점은 앞서 열거한 다소 경제적 측면의 문제의식 외에 이 팬플레이션으로 지칭할 수 있는 현상들이 사람들의 열등감에 방어기제를 제공해주는 수단으로 활용되는 측면도 있다는 것이다.

진보 정당에 상근하던 시절 내 직책은 '기획실 국장'이었다. 국장이라고 하면 상당한 고위직으로 여겨질 수 있겠으나 사실 큰 의미가 없는 것으로, 상근자의 대다수가 국장이란 명함을 갖고 있었다. 경력이 오래되지 않은 몇몇의 상근자들만 '부장' 직함을 달고 있을 뿐이었다. 참고로 말하자면 정치권이나 사회단체 등에서는 보통 높은 직급부터 실장-국장-부장-차장 순서의 체계를 갖고 있다.

그런데 이런 사정을 뻔히 알면서도 다른 사람 앞에 나설 때 스스로를 국장이라고 소개하면 왠지 높은 사람 취급을 해주는 데 대해 만족스러운 기분을 느낄 수 있었다는 건 신기한 일이다. 진보 정당의 상근자로 일하면서 선거용 광고 때문에 한 지상파 방송사 직원을 만날 일이 있었는데, 국장이라는 직함을 듣고 "이렇게 젊은 나이에……"라며 놀라면서 마치 아나운서국장에게 하듯 친절히 대해주는 모습에 감동하기도 했던 것이다. 이후로 '국장'에 대한 설명을 할 때에는 "어차피 우리 사무실에 있는 사람들은 대부분이 국장이다"라고 말하는 대신 "밑에 부장, 차장이 있어야 하지만 지금은 없다"라고 설명하는 좀 치졸한 경우가 잦아졌다.

덤프트럭 노동자들의 노동조합인 '덤프연대'에 근무하던 시절 목격한 덤프 노동자들의 행태도 직급의 인플레가 사람들에게 나름의 만족감을 가져다준다는 사실의 근거로 제시할 만하다. 이들은 서로를 '사장'이라고 부르는 문화를 갖고 있다. 이들은 과거에 근로기준법의 보호를 받는 노동자였으나 어쩌다 보니 법적으로 개인

사업자로 규정되는 신세가 됐다. 현재는 이런 사람들을 '특수고용 노동자'로 부르는데, 노동조합은 이를 노동자의 노동자성을 박탈하고 법의 보호 범위 밖으로 내쫓은 부당한 제도 변화로 본다. 그런 이유로 노동조합에서는 덤프 노동자들이 서로를 '사장'이라고 부르는 대신 '동지'라고 부르도록 교양을 하기도 했다.

그러나 이 '사장' 호칭은 쉽게 없어지지 않았다. 현장에서 매양 무시당하기 일쑤인 덤프 노동자들이 서로를 위안하는 수단으로 이 호칭을 사용한 측면이 있기 때문이다. 실제 일을 할 때에야 현장 소장으로부터 잘해야 '김 기사', 못하면 '이놈, 저놈' 소리를 들어야 하는 덤프 노동자들로서는 일 끝나고 소주 한잔 하면서 서로를 '김 사장', '박 사장'이라 부르며 무너진 자존심을 보충해야 할 필요가 있었을 테다.

재미있는 것은 이 와중에서도 어떤 위계가 작동한다는 것이다. 보통 덤프 노동자들은 자신의 덤프트럭을 소유한 경우가 대다수인데, 하루라도 일을 펑크 내면 그 현장에서는 사실상 바로 해고되는 경우가 많으므로 불가피한 사정이 있을 경우에 대비해 덤프트럭을 소유하지 않고 운전만 전담해주는 사람도 있다. 보통은 '기사'라고 불리지만, 덤프트럭을 소유한 덤프 노동자들이 '사장'으로 호칭되기 때문에 종종 이들이 '부장'으로 불리는 경우도 있다. 즉, 어차피 이 사회의 약자로서 간신히 살아나가고 있지만 덤프트럭을 가진 사람은 '사장'이고 가지지 못한 사람은 서럽게도 '부장'이라는 얘기다.

반대의 경우도 있다. 노동조합은 하위 계선조직으로 지부-지회

체계를 갖추고 있으므로 지부장이나 지회장을 덤프 노동자들이 직접 선출해야 했다. 지방의 경우 실질적으로 덤프 노동자들 사이에서 상당한 영향력을 행사하는 직책은 지회장이었다. 조합원들과 밀착돼 있으며 그 지역 현장에 적극적으로 개입해 고용이나 운송 계약 등에 의견을 제시할 수 있는 자리이기 때문이다. 이 직책의 이런 위상을 고려해서인지 어떤 덤프 노동자들은 지회장을 '회장님'이라고 불렀다. '지회장 동지'라는 호칭을 바랐던 노동조합으로서는 당황스러운 일이었다. 이렇게 열등감을 해소하는 방편으로서 다른 사람의 열등감을 이용하고 조장하는 문화는 덤프 노동자들을 비롯해 사회 곳곳에서 나타난다.

과시적 소비와 '현명한' 소비

다른 사람에 대한 열등감을 없앨 가장 좋은 방법은 뭘까? 그것은 아이러니하게도 '소비하는 것'이다. 현대 사회에서 소비는 자신을 다른 사람과 구별되는 돋보이는 존재로 만들어주는 방법 중 하나다. 이 대표적 예가 누구나 떠올릴 수 있는 '명품'이다. 명품은 상품 자체로도 훌륭한 사용가치가 있지만 그 본질을 논하기 위해 무엇보다 중요한 것은 명품이라는 존재 자체가 갖는 교환가치다.

좀 생뚱맞지만 전자기타를 예로 들어보자. 과거보다는 훨씬 대중화됐지만 어쨌든 전자기타 연주는 독서나 운동, 컴퓨터게임처럼 사람들이 일반적으로 즐기는 취미에 해당하지는 않는다. 그래서 시장 자체가 그다지 크지 않다. 집에서 연습하려는 목적으로 전자기타를 구입하고자 하는 사람들은 보통 브랜드가 무엇인지조차 알 수 없는 기타나 국내 중저가 브랜드 기타를 선택하는 게 일반적이다. 이 수준을 넘어서 조금이라도 진지하게 연주를 해보려는 사람은 보통 펜더나 깁슨 사의 기타를 사기 마련인데, 양쪽 모두 결코 저렴한 금액이라고는 말할 수 없는 가격의 기타를 판매하고 있다.

그런데 여기까지의 과정에서 중요한 것은 어찌됐건 사용가치다. 전자기타는 기계적 원리에 의해 연주되는 악기이므로 그것을 구성하는 여러 부품들의 품질이 중요하다. 품질이 어느 정도 이상 보장되지 않는 브랜드의 기타로 연주를 하면 제대로 된 음이 나지 않거나 조율해놓은 줄이 쉽게 변하는 불편을 감수해야만 한다. 애초에 제대로 설계되지 않아서 아무리 애를 써도 음률을 제대로 맞출 수 없는 경우도 있다. 아예 부품이 고장 나는 경우도 물론 있다. 고가의 기타를 구입하면 이런 문제를 바로잡기 위한 번거로운 노력과 고민에서 해방된다.

그러나 기타의 가격이 일정 액수를 넘어가기 시작하면 이때부터 문제가 달라진다. 이 수준에서 중요한 것은 이 기타가 얼마나 좋은 소리를 내느냐가 아니라 만든 사람이 누구인지, 어떤 연주자의 설정을 옮겨왔는지, 그 연주자가 즐겨 사용하던 기타와 얼마나 유사하게 만들어졌는지 등이 판단 기준이 된다. 명품 전자기타를 논한다면 이 영역에서 얘기하는 게 옳다.

그나마 전자기타는 악기의 일종이기 때문에 가격 차이에 따른 성능의 차가 명확한 편이다. 명품 담론의 대표 주자인 여성용 가방으로 오면 문제는 더 알쏭달쏭해진다. 이를테면 루이 비통, 구찌, 프라다, 에르메스 가방이 절대로 파손되지 않는다거나 같은 크기면 더 많은 물건을 넣을 수 있다거나 해서 명품 취급을 받는 것은 아니다. 명품 가방은 '내가 명품을 갖고 있다'는 경험을 제공하는 것 자체가 중요하며 이 부분이야말로 사람들이 기꺼이 많은 돈을 지불하게 만드는 대목이다.

여기까지 얘기하면 패션을 좀 아는 사람들은 모르는 소리라고 면박을 줄지도 모르겠다. 명품 가방들을 성능은 별로면서 상표 값이나 올려 받는 존재들로 폄하한 것으로 여길 수 있기 때문이다. 물론 명품 가방도 다른 브랜드와 차별화되는 성능을 제공해주는 부분이 있을 게다. 유행을 덜 탄다거나, 가볍다거나, 마감이 잘돼 내구성이 좋다거나 하는 부분들이 그렇지 않을까 생각한다. 그러나 우리가 명품 가방을 원하고 그것을 구입할 때 이런 요소들은 사실 부차적으로 취급된다. 우리가 명품 가방을 사야만 하는 이유는 어디 중요한 자리에 나갈 때 뭐라도 제대로 갖춰놓고 있어야 무시당하지 않기 때문이다.

명품에 관한 학문적 논의는 프랑스의 사회학자 피에르 부르디외Pierre Bourdieu의 것이 잘 알려져 있다. 사람은 자신이 속한 사회

환경에 따라 구축된 아비투스habitus에 의해 취향을 표출하게 되고, 이런 행위를 통해 남과 다른 자신의 계층적 위상을 구분 지어 드러낸다는 것이다. 이러한 관점을 그대로 적용해보면 명품 가방을 사는 사람들의 생각을 두 가지로 나누어볼 수 있다. 첫 번째는 자신의 상류층적 지위를 다른 계층과 구별해 드러내고자 하는 욕망이 직접 작용하는 경우다. 이러한 경우에 해당하는 사람은 실제로 상류층에 속해 있을 것이며 그 가방을 사는 자신에 대해 아무런 위화감을 느끼지 못할 것이다. 돈 많은 상류층이라면 이 정도 가격의 물품을 구입하는 게 당연하다고 느끼고 소비하는 것이다.

명품 가방을 사는 사람의 두 번째 경우는 실제 자신이 어느 계층에 속하는지와 상관없이 앞서의 맥락에 따라 상류층적 생활에 편입되고자 하는 '바람'을 명품을 통해 나타내는 경우다. 이것은 정말로 명품 가방을 소유함으로써 상류층으로 진입할 수 있다는 착각일 수도 있겠고, 단지 잠깐 상류층이 된 것과 같은 기분을 누리고자 하는 짧은 즐거움일 수도 있다. 이렇게 누군가 상류층적 생활에 편입되고 싶다는 욕망을 갖고 이를 표현하기 위해 노력한다면 여기서도 '열등감'이라는 키워드를 제시할 수 있다. 즉, 그의 명품 가방 구입은 열등감에 의해 추동된 소비이다.

부르디외는 상류층이라는 지위를 구분하기 위한 코드를 해석하는 것은 문화자본의 역할이라고 설명한다. 문화자본이란 단순하게 표현하자면 상류층의 기호에 맞는 여러 문화적 코드를 스스로 해석하고 갖출 수 있는 능력을 이르는 말이다. 명품 가방의 명품으로서의 지위를 공고히 하는 것은 문화자본을 소유한 사람이 '명품 가방을 가진 사람'이라는 존재를 사회적 맥락에서 해석해주기 때문이다. 명품 가방을 아무리 소유해봤자 그것을 알아봐 줄 사람이 없다면 쓸모가 없다.

다시 말하자면 '상류층은 명품 가방을 갖고 있다'는 명제를 '명품 가방을 갖고 있다면 상류층이다'라는 착각으로 전화轉化하는 데 바로 이 문화자본의 역할이 필요하다. 명품 가방을 구입하는 사람은 이러한 문화자본의 해석 대상이 되고자 노력한다. 명품 가방을 소유한 '나'를 누군가 '상류층'으로 격상시켜 바라봐주길 원하는 것이다. 결국 이 두 번째 경우에서의 소비는 사회적 차원에서 강요되는 열등감 극복을 위한 결단의 차원에서 이뤄지는 것으로 볼 수 있다. 소비를 통해 열등감을 극복하는 것이다.

그렇다면 애초에 명품 가방을 살 구매력이 없는 사람은 어떻게 해야 할까? 이런 처지에 있는 사람이라고 해서 남보다 나은 존재가 되고 싶다는 욕망을 포기할 수는 없다. 이런 사람들이 선택하는 길은 명품 가방을 구입해 문화자본에 스스로를 종속시키는 논리 자체를 냉소하고 폄하하면서, 자신은 그런 논리에 굴복하지 않는 사람임을 내세워 남들에 대한 우위를 찾기 위해 노력하는 것이다.

즉, 이들이 보기에 명품 가방을 사는 사람들은 허망한 것을 좇는 불행을 반복하며 사는 것에 불과하다. 이런 허무에 빠지지 않기 위해 필요한 것은 단지 과시를 위한 소비가 아니라 나에게 진짜 필요한 대상에 제한된 자원을 현명하게 투입하는 합리적인 소비다. 이들은 자신의 이러한 '합리성'을 상류층이 되기를 선망하는 이들의 그것보다 우월한 것으로 자평한다. 이는 현명하고 합리적인 소비에 대한 논리로 재현돼 열등감을 둘러싼 또 다른 담론의 맥락을 형성한다.

가격 대
성능비

합리적 소비의 대표적인 예로는 컴퓨터 부품 구입 문제를 들 수 있을 것이다. 현대인은 컴퓨터로 꽤 많은 일을 한다. 농담 삼아 "샤워 빼고는 다 할 수 있다"라고 말할 정도다. 예를 들면, 나는 아주 어렸을 때부터 게임 마니아였다. 때문에 지금도 컴퓨터 게임을 즐기면서 여가를 보내는 경우가 많다. 나는 또 취미로 아마추어 밴드 활동을 하고 있다. 아마추어지만 서투른 실력으로나마 진지하게 음악을 하기 위해 어색한 자작곡들을 만들곤 한다. 이 곡들을 만들고 들으며 남들과 공유하는 데에도 컴퓨터가 사용된다. 또 내 직업은 현재로서는 기자다. 과거의 기자는 원고지에 펜으로 기사를 썼지만 오늘날의 기자들은 반드시 컴퓨터를 이용한다. 컴퓨터는 문서 작성에도 필요하지만 인터넷 검색을 통한 취재에도 필수 불가결하다. 인기 텔레비전 프로그램도 컴퓨터로 보는 경우가 종종 있다. 사람들과의 소통도 SNS 등을 통해야 하니 컴퓨터로 한다. 이쯤 되면 어디 산골에 처박혀도 컴퓨터와 인터넷만 있으면 못 할 일이 없을 정도다.

컴퓨터를 좋아하는 사람들에게 세월은 늘 야속하다. 컴퓨터 부품의 발전은 너무 급격하게 이루어져 모처럼 장만한 고성능 컴퓨터가 금세 시대에 뒤떨어지고 말기 때문이다. 그렇기에 컴퓨터의 각 부품들을 제때 업그레이드해서 내 컴퓨터를 그럭저럭 최신 상태로 유지하는 게 컴퓨터 마니아들의 큰 고민거리 중 하나다.

문제는 업그레이드의 주기가 너무 짧으면 돈이 많이 들고, 주기가 너무 길면 컴퓨터의 성능을 누린다는 차원에서는 손해를 보게 된다는 점이다. 그러므로 이 모든 것을 고려해서 적절한 주기에 적정한 부품을 구매해 가장 효율적인 컴퓨터 업그레이드를 진행하는 게 중요하다. 이 포인트를 파악하는 게 '컴퓨터 고수'의 실력이다.

고수는 그저 혼자 고수로 남기보다는 남들에게 은혜를 베풀어주는 걸 좋아하기 마련이다. 그래야 그가 고수라는 게 증명되기 때문인데, 컴퓨터의 고수들도 그런 행위를 통해 자신을 드러내길 즐겼다. 과거 모 인터넷 사이트의 컴퓨터 게시판에는 그 고수들이 모여 시기에 맞는 가격대별 최적의 컴퓨터 부품들을 선정, 정리하여 주기적으로 업데이트하곤 했다. 그들이 컴퓨터 부품을 선택하는 기준을 '가격 대 성능비'라고 부른다. 가격이 상대적으로 저렴하면서도 내가 필요한 부분을 최대로 반영할 수 있는가에 집중하는 것이다.

컴퓨터 업그레이드를 하려는 입장에서는 그들이 정리해놓은 표

중에서 자신의 예산에 맞는 구성을 찾아 필요한 대로 부품을 구매하면 된다. 스스로 부품을 찾고 가격대를 비교해보는 등의 고생을 할 필요가 없어 시간이 절약되는 데다 컴퓨터 고수들이 정리해놓은 것이니 믿음도 간다. 여기서 발견할 수 있는 사실은 가격 대 성능비에 따른 컴퓨터 부품의 업그레이드에도 효율성의 원리가 작동한다는 것이다.

언제나 그런 것은 아니지만 상품의 가격이 비싼 데에는 나름의 이유가 있기 마련이다. 컴퓨터 부품의 경우도 예외는 아니어서 어떤 부품은 내구성이 떨어지는 대신 높은 성능을 낼 수 있으며, 또 어떤 부품은 상대적으로 성능이 낮은 대신 문제가 발생해도 다른 부품들에 악영향을 미치지 않는 기능 등을 탑재하고 있다. 가격 대 성능비의 원리를 적용하면, 2년 주기로 부품을 교체할 예정인 사람이라면 굳이 정상 작동이 5년 보장되는 제품을 고를 필요가 없다. 같은 가격이라면 2년간만 정상 작동이 보장되더라도 좀 더 나은 성능을 발휘할 수 있는 제품을 선택해야 한다. 내가 가진 돈을 최소한도로 투입하되 가장 만족도가 높으리라 기대되는 제품을 고른다는 것, 이게 가격 대 성능비인데, 일반적 차원에서는 경제 주체로서 합리적 행위라고 할 수 있다.

여기서 눈여겨볼 것은 컴퓨터 마니아들 사이에서는 이런 방식으로 '합리적 행위'를 하지 못한 사람들에 대한 일정한 비아냥거림과 무시가 존재한다는 것이다. 이들에게 가격 대 성능비를 고려하지 못한 컴퓨터 부품 구입은 지식과 수완이 없다는 의미이며, 결국

이 때문에 불필요한 손해를 보았다는 의미다. 즉, 바보면 속고, 속으면 손해를 본다. 하지만 앞서 서술했듯이 비싼 제품은 대개 비싼 이유가 있으며 상품의 구매자가 그러한 이유, 예를 들어 성능보다는 안정성 같은 것들을 스스로 평가해서 선택한 것으로 본다면 비난을 할 이유가 없다. 가격 대 성능비를 따지는 태도는 경제주체의 합리적 행위에 포함되는 것이겠지만 컴퓨터 부품 구매에 있어서 컴퓨터 마니아들의 일반적 생각이 곧 합리적 행위의 전부인 것만은 아니다. 그래서 이들의 이러한 행태는 일반적 차원이 아닌 특별한 차원에서 다뤄질 필요가 있다.

다시 말하자면 이들이 인터넷 커뮤니티에 모여서 컴퓨터 부품들을 평가하고 자신의 합리적 소비를 과시하는 것은 빈곤한 주머니 사정에서 최적의 결과를 얻어내려는 것뿐이라고 할 수도 있지만, 어떤 측면에서는 '손해를 보는 모자란 사람'이 되지 않기 위한 것이라고 볼 수도 있다. 여기서 제기할 수 있는 하나의 전제는 '손해를 봐도 되는 사람', 즉 돈이 많은 사람에 대한 생각은 이 모든 과정에서 배제되어 있다는 것이다. 애초에 돈을 무한정 사용할 수 있다면 가격 대 성능비 같은 것에 신경을 쓸 필요가 없다. 앞서 언급했듯 가격이 높은 상품은 어떤 점에서든 다른 상품을 능가하는 장점을 갖고 있기 때문에 오직 비싼 부품들만을 구입하면 무조건 좋은 성능의 컴퓨터를 얻게 되기 때문이다.

가격 대 성능비라는 것은 그런 차원에서 보면 돈이 없는 사람들, 즉 컴퓨터 부품 구매자 사회의 약자들이 공유하는 담론이라고 평가할 수 있다. 어쨌든 이들은 비록 빈곤한 약자의 입장이지만 컴퓨터 부품을 열심히 연구해서 최적의 성능을 구현할 수 있는 지식으로 무장해야 손해를 보지 않는다는, 다시 말하자면 그렇게 할 때에야 비로소 '살아남을 수 있다'는 이데올로기를 전파하는 것으로도 해석할 수 있다. '가격 대 성능비' 담론은 약자의 담론이지만 이 담론 안에서 약자들은 '서열화'돼 더 많은 지식을 가진 사람에게 선망을 보내고 그렇지 못한 사람에게는 조롱과 멸시를 보낸다. 이런 담론의 구조는 다른 영역의 사례에서도 반복해서 발견된다.

대표적으로는 이러한 논리가 전통적인 가부장적 관점과 결합한 '된장녀' 담론 같은 것이 그렇다. 된장녀 담론은 한국에 거주하는 남성들이 만든 것이다. 핵심을 표현하자면 다음과 같다. 여성들은 애초에 모자라서인지 아니면 군대를 가보지 않아서인지는 모르지만 합리적 소비를 일부러 도외시하고 과시적 소비를 하는 경향이 있다는 것이다. 이는 명품 가방과 스타벅스 커피라는 '허세'로 귀결되는데, 된장녀는 이러한 소비 규모가 가능한 수입을 갖출 능력이 없기 때문에 부모나 남자친구에게 손을 벌리거나 이들의 순수한 마음을 이용해먹게 된다는 주장이다. 여기서 이 논리를 만든 한국 남성들은 대개 방금 언급된 '남자친구'에 자신을 대입한다. 2000년대 중반에 처음 제기된 된장녀 담론은 최근엔 좀 더 악독한 형태인 '김치녀'가 되어 여성에 대한 사회적 차별의 상징처럼 회자되고 있다.

재구매 의사
있음

나는 그야말로 자제할 수 없는 식탐이 있기 때문에 음식에 관심이 많다. 음식에 관심이 많다는 건 식당에도 관심이 많다는 의미다. 과거 홈페이지에 잠시 '식당 재판'이라는 시리즈 연재를 시도해보기도 했다. 주변에서 흔히 찾아볼 수 있는 식당을 방문해 음식을 맛보고 그야말로 진술한 소회를 남기는 것이다. 이 소박한 시도는 누군가 "그렇잖아도 영세한 식당을 비난하다니 이게 무슨 짓이냐"라는 반응을 보여와 그만두었다. 아무래도 식당 재판이라는 형식에 맞게 무죄냐 유죄냐를 평가했던 것이 반발심을 불러온 것 같다.

어쨌든 이른바 '맛집 블로그'를 찾아 돌아다니다 보면 재미있는 표현을 발견하게 된다. '재방문 의사 있음'이라는 말이 그것이다. 맛집 블로그는 어찌됐건 식당을 평가하기 위해 존재한다. 어떤 평가를 하기 위해 블로그의 운영자는 식당에 들러 자기 깜냥의 온갖 노력을 다한다. 정성스레 사진을 찍고, 얕은 지식을 전부 동원해 맛을 묘사하고, 나름의 점수를 매긴다. 물론 맛집 블로그의 운영자는 음식 전문가나 무슨 과학자가 아니기 때문에 그 모든 평가는 대부분 주관을 표현하는 데 쓰이는 어휘, 즉 '맛있었다', '신선했다', '기분이 좋았다', '감동했다' 등으로 채워져 있기 마련이다.

어찌됐건 순전히 논리로만 보자면 맛집 블로거의 몫은 그 식당을 평가하는 데에 그친다. 평가를 종합해서 그 식당을 방문할 것인지 말 것인지를 정하는 이는 블로거가 아니라 블로그의 독자다. 그러나 소비의 논리에서 가장 중요한 것은 식당을 어떤 기준으로 평가할 것인지가 아니라 하나의 상품으로서 식당을 소비할 것인가 말 것인가이다. 맛집 블로거의 주관적 표현들은 결국 이 식당을 하나의 상품으로서 소비할 것인지 말 것인지의 판단에 별다른 도움을 주지 않는다.

뒤에 비슷한 맥락을 서술하겠지만, 맛집 블로그에 대한 냉소주의적 규정도 문제다. 오늘날 맛집 블로그는 오히려 맛집에 대한 공정하고 객관적 평가를 불가능하게 만드는 온상으로 취급받고 있다. 마치 공정하고 객관적으로 식당을 평가하는 것처럼 글을 써놓고선 실제로는 돈을 받고 식당 홍보를 해주는 맛집 블로거들이 많기 때문이다. 결국 맛집 블로그의 독자 입장에서는 블로거의 장삿속에 속아 넘어가는 셈이다. 누가 진정성을 갖고 식당을 평가한 사람인지, 또 누가 돈을 벌기 위해 억지로 식당을 칭찬해준 사람인지 글만 봐서는 잘 구분할 수 없기 때문에 맛집 블로거 자체에 대한 판단을 하지 않으면 안 되는 분위기가 만들어지고야 말았다.

어느 맛집 블로거가 내린 평가의 진정성을 어떻게든 확인하고 싶다면 동원할 수 있는 방법에 무엇이 있을까? 자본주의에 기반한 소비의 시대에는 백 마디 말보다 한 번의 구매 결정이 더 중요하다. 말은 얼마든지 꾸며낼 수 있지만 결국 내 돈을 쓸 것이냐 말 것이냐는 현실적 위협을 감수하느냐 아니냐를 결정하는 '진정성'의 문제로 비치기 때문이다. 이제 우리가 어느 식당을 긍정적으로 평가하기 위해 필요한 것은 음식에 대한 온갖 지식과 요식업의 현실을 감안한 경험적 추론이 아니다. 사람들이 궁금해하는 것은 과연 내가 그 식당을 내 돈 주고 다시 가야겠다는 마음을 먹을 것인가이다. 이러한 현상은 식당과 맛집 블로거의 사례에서만 발견할 수 있는 게 아니다.

이런 판국에서는 때로 취향의 문제가 우열의 문제로 둔갑한다. 이를테면 내가 가장 좋아하는 식당을 맛집 블로거가 '재방문 의사 없음'으로 평가했다면 어떻게 해야겠는가? 담론의 모범 답안은 맛집 블로거의 '주장'을 주장으로 받아들이고 나 자신의 주장은 그와는 다르다고 선언하는 것이다. '재방문 의사 없음'의 표현 속에는 그야말로 여러 의미가 담길 수밖에 없기 때문이다. 블로거의 취향 문제거나, 음식이 아닌 위생의 문제거나, 식당의 음식을 다루는 능력 자체가 문제거나.

그런데 오늘날 열등감의 문법을 기준으로 해서는 일이 이렇게 돌아가지 않는다. 맛집 블로거가 가진 권위가 크면 클수록 '재방문 의사 없음'의 대상이 된 '나'(스스로가 식당 주인이 아니더라도 그렇게 느낄 것이다)는 좀 더 열등한 존재가 된다. 그렇기에 내가 긍정적으로 평가한 식당을 맛집 블로거가 폄하하면 '나'는 이러쿵저러쿵 화를 내기 시작한다. 화를 내는 게 아니라 재빨리 태도를 바꾸는 방법을 택하는 사람도 있다. 그 식당 음식이 맛있다고 해왔으나 사실은 이러저러한 부분이 옛날부터 마음에 걸렸었다, 이런 식으로 말하는 것이다. 이건 약간의 망신을 감수하더라도 우월한 존재가 되는 길로 이어지는 막차에 탑승하기로 결정했다고 비유할 수 있다. 아예 침묵을 선택하는 길도 있다. 나의 부끄러운 소비를 남들에게 숨기고 그럴듯한 자기합리화를 통해 자신의 마음을 다스리는 거다.

영화의 경우도 마찬가지다. 앞의 논리와 똑같은 방식으로 어느 영화 평론가가 영화에 대한 비평을 시도했을 경우, 사람들이 요구하는 것은 오로지 '결론'이다. 여기서 결론이란 이 영화가 잘 만들어진 것인지 아닌지가 아니다. 영화표 값을 주고 볼 만한 영화인지 아닌지만이 중요하다. 내러티브의 사회적 의미, 각 쇼트의 연결, 다양한 카메라 시점의 기술적 배치 등은 아무래도 상관없다. 영화 잡지나 포털 사이트의 별점과 같은 시스템은 이런 세태를 그대로 반영한다. 이제 사람들은 볼 만한 영화를 선택하기 위해 관련 지식에 의존한 복잡한 사고 과정을 거칠 필요가 없다. 별점이 일정 이상을 넘는, 그저 '내 돈 주고 볼 만한 영화'를 선택하면 된다. 만일 내가 모처럼 큰마음을 먹고 선택한 영화가 평론가들에게 낮은 점수를 받았다면 '나'는 바로 그 사실을 확인하는 순간 열등한 존재가 된다. 내 마음에 든 영화가 포털에서 저조한 득점을 하고 있다면 음모적 세력이 개입했거나 영화 외적 맥락이 평가에 개입했기 때문이다.

이러한 상황은 비평의 종말을 초래하고 있다. 비평적 관점은 "나는 재미있게 봤는데 왜 시비냐"라는 '재구매 의사 있음'을 둘러싼 인정 투쟁의 수단으로 비화된다. 이제 비평은 영화를 통해 사회 문제를 논하고 인식의 지평을 넓히는 도구로써 기능하는 게 아니라

'내 돈 주고 볼 만한 영화 가이드'를 자처하거나 기껏해야 '감독의 숨은 의도 알아맞히기' 정도로 전락하고 있다. 우리가 감독의 숨은 의도를 파헤침으로써 영화를 보다 구매할 가치가 있는 상품으로 승격시키기 때문에 영화를 만드는 사람들도 굳이 품격 있는 비평의 대상이 되기 위한 노력을 할 필요가 없다. 오로지 '재구매 의사 있음'의 대상이 되는 것만이 중요하다. 영화뿐만이 아니라 오늘날 우리가 접하는 수많은 상품들의 콘셉트가 이와 같은 식의 맥락 안에 위치한다. 이것이 자본주의 사회에서 열등의식을 먹고 자라는 소비주의적 효율성의 핵심이 아닐까 한다.

'잡캐'에 대한 무시

다시 전으로 돌아가서, '합리적 소비'의 '합리'를 다른 영역으로 가져오면 '효율'이 되는 경우도 있다. 최근 몇몇의 대학 교수들과 대화를 나눌 기회가 있었다. 학계의 여러 부조리를 말하던 이 교수님들은 재미있는 주제의 이야기를 꺼냈다. 요점을 말하자면 누군가 학문을 닦는 데 있어서 한길만을 걸어오지 않았다면, 즉 외도를 했다면 그 사람이 실제로 낸 성과와 관계없이 저평가되는 한국 특유의 문화가 존재한다는 얘기다. 예를 들어 물리학자라면 학부, 석사, 박사를 모두 물리학 관련 전공으로 해야만 학계에서 인정받을 수 있다. 어떤 천재가 학부에서 음악을 전공하고 대학원에서 물리학을 전공한 후 음악과 물리학을 연결해 독특한 대중적 성과를 거두었더라도 학계에서는 그를 무시한다는 거다. 물론 학계에 몸을 담고 있지 않은 나로서는 실제 학계에서 어떤 형태로 이런 식의 이야기들이 오가는지, 그것이 어느 정도로 부당한 형태를 띠고 있는지 체감할 방법이 없다. 다만 어렴풋이 짐작해보기로 학연과 지연이 강한 위력을 발휘하는 한국적 인간관계 속에서 일어날 법한 일종의 전근대적 현상이 아닐까 하는 의심을 가져볼 뿐이다.

그런데 다소 의아한 것은 이러한 인간관계 등이 결국 어떤 대중적 성과를 거두는 것에 대한 불신과 배척으로 이어진다는 이야기도 나온다는 점이다. 이를테면 음악과 물리학을 연결해 대중적 성과를 거둔 사람이 있다고 가정할 때 학연과 지연으로 이뤄진 전근대적 학문 커뮤니티의 입장에서는 이 사람을 적극적으로 영입해서 자신들에게 유용한 방식으로 활용하려는 태도를 취하는 게 합리적일 텐데, 웬만해서는 그렇지 않다는 게 이날 대화를 나눈 교수님들의 증언이었다. 오히려 이런 의식을 가지는 경우가 많다는 것이다. "대체 저 친구가 뭘 알기에 이렇게 설쳐대는가?"

사실 '저 친구'의 지식수준에 대해서는 그의 성과를 놓고 따로 학계가 검증해볼 수 있다. 이 검증 결과를 놓고 토론을 벌이면 될 일이다. 그러나 위의 교수님들이 증언하는 학계의 반응은 그런 차원의 것이 아니다. 다시 내 식으로 요약하자면 학계의 반응은 '30~40년

씩 물리학만 공부한 우리도 성과를 못 내서 아등바등인데 음악을 전공하던 사람이 도대체 무엇을 안다고 저러는가?'로 표현할 수 있을 것 같다.

학계에 몸담고 있지 않은 데다 학위를 갖고 있는 것도 아니므로 학계에 대한 얘기를 계속하기는 무리인 듯싶다. 다만 위의 사례에서 연상되는 나의 경험을 토대로 이야기를 이어갈 수 있을 듯하다. 많은 사람들이 즐기는 롤플레잉 형태의 온라인 게임은 보통 사용자가 원하는 유형의 캐릭터를 성장시킬 수 있는 시스템을 갖춘 경우가 많다. 자신이 소유한 캐릭터가 '전사'를 지향한다면 힘과 근접 싸움 능력을 우선적으로 성장시키는 전략을 택해야 한다. 그렇지 않고 '마법사'를 지향한다면 지식과 마법 능력을 성장시키는 전략을 선택해야 한다. 만일 마법사를 지향해서 지식과 마법 능력을 향상시키는 데 집중하다가 왠지 다시 전사가 좋을 것 같이 노선을 바꿔 힘과 근접싸움 능력을 향상시키기로 했다면 그 캐릭터는 약한 캐릭터로 취급받는다. 이 캐릭터의 경우 같은 레벨에서는 애초에 오로지 전사가 되기 위한 훈련만을 받아온 캐릭터를 이길 수가 없기 때문이다.

이런 캐릭터를 보통 '잡캐'라고 부른다. 게임의 다양한 측면, 그러니까 이 경우에는 근접 전투와 마법을 동시에 사용할 수 있는 장점을 가졌지만 개별 능력을 놓고 본다면 결코 제대로 성장한 캐릭터를 능가할 수 없는 특성을 가진 캐릭터다. 따라서 이런 캐릭터를 소유한 사람은 조롱을 당하거나 멸시를 받는다. 대표적인 예가 일본의 롤플레잉 게임인 〈파이널 판타지〉 시리즈에 등장하는 '적마도사'라는 캐릭터다. 적마도사는 공격용 마법과 치료용 마법을 모두 사용할 수 있고 검술에도 능하지만 모든 능력이 평균에 머무르는 애매한 캐릭터다. 그래서 모 인터넷 사이트에는 적마도사가 어중간한 능력을 갖추고 있지만 그래도 무시하지 말아야 한다는 내용의 "적마도사 까지 마!"라는 제목의 글이 거의 1년 이상 반복 게시되기도 했다. 이런 어려움에도 불구하고 굳이 잡캐를 갖고 싶은 사람은 덜 진지한 태도로 게임을 할 때나 활용하는 일종의 보조적 수단으로 캐릭터를 키우는 경우가 많다.

보통 온라인 게임에서 준비된 콘텐츠의 심층적 부분까지 모두 즐기기 위해서는 잡캐가 아니라 효율적으로 키워진 캐릭터가 필요하기 때문에 잡캐에 대한 이런 부정적 평가는 게임 시스템에서 연유하는 경우가 많다. 그래도 대부분 캐릭터를 성장시키다 보면 몇 차례의 시행착오는 겪을 수밖에 없기 때문에 강력한 캐릭터라 할지라도 조금은 이상한 단점을 지닌 경우가 종종 있다.

한국 게이머들은 '최대한 효율적인 방식으로 캐릭터를 성장시키기 위해서는 무엇을 해야 하는가'라는 질문에 답을 내는 능력이 아주 탁월하다. 한국 게이머들은 늘 이것을 연구하고 매뉴얼화한다. 레벨이 몇이면 어떤 스킬을 연마하고, 이후 레벨 몇이 더 오르면 어떤 특성을 더하며 가장 레벨을 빨리 올릴 수 있는 사냥터는 어디이고…… 하는 식으로 표준화를 시켜놓는 것이다. 이 게임을 잘하고 싶다면 이렇게 만들어진 매뉴얼만 따라가면 된다. 과거 한참 유행했던 〈스타크래프트〉라는 게임에서도 이와 비슷한 개념이 등장한다. 이른바 '빌드'라는 것이다. 외국 게이머들은 한국 게이머들의 이러한 능력에 혀를 내두른다. 오죽하면 한국인들과는 게임을 하고 싶지 않다고 입을 모아 말할 정도다.

하지만 한국 게이머들의 이런 특성에 대한 비판도 있다. 온라인 게임은 즐기기 위한 것이고 캐릭터를 효율적으로 키워나가는 방법을 찾아가는 과정 자체도 하나의 재미인데, 이에 지나치게 진지하게 접근하다 보니, 재미를 위한 게임이 아닌 경쟁에서 이기기 위한 게임으로 상황을 바꿔버린다는 것이다. "한국 게이머들은 이기기 위해 재미를 포기하고 있다"라는 비판을 받아들여도 좋을 정도다. 물론 앞서 언급했듯이 이건 더 큰 재미를 위해 지금 당장의 재미를 포기하는 것으로 생각할 수도 있는 부분이다.

단정해서 말하기에는 온라인 게임마다 사정이 다르고 시스템이 다르다. 하지만 여기에서 하나의 통찰을 얻는 것은 가능할 것 같다. 한때 '통섭'이니 '융합'이니 하는 말들이 학계에 유행했었다. 서로 다른 분야의 학문들이 교차할 때 시너지를 일으켜 새로운 성과를 낼 수 있다는 뜻이겠다. 앞서 교수들과의 대화를 돌이켜보면 통섭이나 융합을 통해 새로운 성과를 내기에 용이한 소양을 갖춘 이들은 학계의 잡캐들이라고 말할 수 있을 것이다. 이들을 대하는 학계의 태도를 보면 효율적으로 키워진 캐릭터들의 잡캐에 대한 무시가 겹쳐 보인다. 우리는 계속해서 '효율'을 말하지만 이를 통해 잃는 것들에서 위기가 도래할 수 있다.

하나만
잘해도 돼

이런 상황은 교육 문제에서도 쉽게 드러난다. 나는 소위 '이해찬 1세대'에 속하는 사람이다. 이해찬 1세대라는 말은 김대중 정부에서 교육부 장관을 역임했던 이해찬 전 총리가 만든 입시정책이 적용된 첫 세대를 일컫는 말이다. 당시 이해찬 장관은 "한 가지만 잘해도 대학에 갈 수 있다"라는 표어를 통해 자신의 교육 정책을 설명한 바 있다. 이전까지의 교육제도는 국어, 영어, 수학 등의 기초학문을 중심으로 다양한 과목에서 일정 정도 이상의 성과를 거둬야 하는 식으로 설계돼 있었다. 하지만 이해찬 장관 체제에서 학생들의 적성과 특기를 살려 이를 입시제도에 반영하자는 취지로 정책이 변경됐다. 이를 가능하게 하기 위해 일선 고교에서는 다양한 방식의 수행평가와 실험적인 수업 방식 등이 실시됐다.

물론 이 제도를 처음 경험해야 했던 우리 이해찬 1세대는 변화된 상황에 제대로 적응하지 못했고, 보수 언론은 우리에게 '단군 이래 최저 학력'이라는 '명예로운' 수식어를 붙여주었다. 엎친 데 덮친 격으로 2001년 치러진 대입 수학능력시험의 난이도가 높아 우리 세대가 특별히 공부를 못한다는 식의 평가는 일파만파로 번져 민주 정부의 교육제도가 형편없다는 세간의 선입견을 강화하는 데 기여했다.

이해찬 당시 장관이 추진한 교육제도의 당위나 적합성을 지금 힘들여 논할 필요는 없을 것이다. 다만 이러한 변화가 일종의 '효율성'을 염두에 두고 진행됐다는 사실을 언급할 필요는 있다. 교육제도를 설계할 때는 개인의 행복을 중심에 놓고 사고할 필요도 있겠지만 무엇보다도 국가적 필요가 우선하기 마련이다. 교육 정책을 입안하는 사람이라면 국가가 앞으로 어떤 산업을 중심에 놓고 발전할 것인지, 이 청사진에서 필요한 인적 자원은 어떤 성질의 것인지, 이 인적 자원을 만들기 위해 수행되어야 할 교육은 어떤 것인지의 순서로 문제를 따져볼 수밖에 없다는 얘기다.

외환위기 이후 경제 관료들은 한국의 새로운 성장 동력을 서비스 산업, 고부가가치 제조업, 금융 산업 등에서 찾으려 해왔다. 김대중 정부의 지식 관련 산업들에 대한 우대나 노무현 정부의 동북아 금융허브론, 이명박 정부의 녹색성장론, 박근혜 정부의 창조경제론이 여기에서 벗어나지 않는다. 이러한 산업들에는 높은 학력과 전문성이 필요한데, 평범한 수준의 한 개인이 이를 갖추기 위해서는 효율적인 방식의 교육이 필요하다. 한정된 능력을 자신이 잘할 수 있는 분야에 전면적으로 투입하고 나머지 분야에 대해서는 '잊어버려야' 할 필요가 생겨난 것이다. 즉, 이제 '잡캐'는 필요 없다. "하나만 잘해도 대학에 갈 수 있다"라는 표어는 이런 효율성을 추구하고자 하는 결과로 해석할 수 있다.

학벌사회에서 교육에 대한 이러한 효율성은 또 다른 방식으로 표출되고 있다. 흔히 엘리트 교육으로 불리는 학벌주의는 과거 고등학교와 대학교 출신을 중심으로 형성된 주류 사회에서 볼 수 있었다. 대표적인 예가 '경기고-서울대 법대'의 조합이다. 경기고를 나오고 서울대 법대를 나오면 그다음에는 어느 위치에서 무슨 일을 하든지 기본 이상의 미래가 보장된다. 꼭 이러한 조합에 따르지 않더라도 일단 경기고를 나오고 명문대를 졸업하면 인생이 아주 안 풀리는 함정에 빠지지 않는 이상 대개는 인맥에 의한 나름의 혜택을 받기 마련이다.

오늘날 이러한 엘리트 학벌주의는 유치원에서부터 시작된다. 비싼 영어유치원에서 형성된 커뮤니티가 초등학교로 이어지고, 이것이 계속 연결돼 사회에 나갈 때까지 긍정적 영향을 받을 수 있는 것이다. 결국 이 역시 앞 장에서 예로 든 온라인 게임의 특화된 방식과 유사한 형태로 정식화된다. 영어유치원-국제초·중-국제고 및 특목고-명문대로 이어지는 정해진 코스에 기를 쓰고 합류해야 하는 상황이 펼쳐지는 것이다. 이 대열에 들어가기 위해서는 엄청난 재정적 능력이 필요하므로, 애초에 이 코스에 합류하려는 생각 자체를 포기하는 사람들이 당연히 생겨난다. 엘리트 코스에 합류할 수 없는 사람들은 열등감을 극복하기 위해 그 바로 아래 단계의 차원에서 다시 엘리트 코스를 형성하고 이것은 결과적으로 계급적 피라미드 형태로 구현된다.

최상위의 엘리트 코스에 편입되지 못한 열등감을 극복하는 방법으로 조금 다른 방식의 것도 있다. 최근 학부모들 사이에서는 어렸을 때 아무리 엘리트 코스에 충실한 교육을 해도 사춘기 때 방황을 하면 모든 게 헛수고라는 식의 주장이 그럴듯한 근거까지 붙어 돌고 있다고 한다. 지금 엘리트 코스에 진입하지 못했더라도 아이들의 사춘기 이후를 노리면 가망이 없는 것은 아니라는 소리다. 물론 사춘기의 방황이 아이를 엘리트 코스에서 이탈시킬 가능성은 언제나 존재한다. 그러나 이런 주장을 학부모들이 일종의 자기 위로로써 공유하고 있다는 평가도 부정하기 어려운 것은 사실이다. '일찍부터 엘리트 코스에 합류해봐야 소용없다'는 인식과 엘리트 코스에 합류하지 못한 것에 대한 질투 및 죄책감이 공존하는 상황에서 우리는 열등감이 어떻게 냉소주의로 전화하는지에 대한 단초를 발견할 수 있다.

생애주기별 열등감의 악순환

이렇게 보면 우리는 일생을 통틀어 열등감에 지배당하고 있다는 생각마저 든다. 실제로 우리는 태어나면서부터 열등감에 노출되는 신세였다. 태어나기 전에 이미 손위의 형제가 있었다면 문제는 더 명확해진다. 어릴 때부터 우리는 형제, 자매, 사촌 혹은 옆집에 사는 같은 또래 친구와 끝없이 비교되면서 객관화된다. 우리 사회의 부모들은 종종 자식의 부족함을 탓하면서 죄책감을 느끼며 또다시 자신을 주변의 다른 부모들과 비교한다. 그러다 보니 인생 전체가 열등감과 이를 탈출하기 위한 소박한 시도들의 반복이다.

구체적으로 열등감은 우리가 처음 사회적 경험을 하게 되는 교육기관에서부터 강요된다. 초등학교, 중학교, 고등학교를 거치는 동안 우리는 위에서 언급한 '엘리트 코스'에 합류하지 못한 것에 대한 열등감을 안고 동시에 남은 자들끼리의 경쟁에 노출돼야 했다. 1등부터 꼴등까지 일렬로 성적을 매기는 것은 기본이며 이 성적의 정도에 따른 차별대우는 늘 당연한 것으로 여겨졌다. 공부를 못하는 아이가 학교폭력의 가해자가 되면 교사들에 의해 곧바로 진압되지만 공부를 잘하는 아이가 같은 일을 하면 상대적으로 덜한 처벌을 받는다.

과거 초·중등 교육에서 엘리트 코스에 합류하지 못한 학생들은 대학입시에서 이를 만회할 기회를 얻고자 했다. 그렇기에 대부분의 학생들이 고등학교 2, 3학년 시기에 대학입시를 대비해 자기학대에 가까운 노력을 하는 건 그리 이상한 일이 아니었다. 우리 세대는 SKY(서울대. 고려대. 연세대), 인서울(서울 내에 있는 대학), 지잡대(지방에 있는 잡스러운 대학)의 3분 구도에 익숙했다. 명문대에 가지 못해도 최소한 서울권에 있는 대학에는 가야 한다는 것이다. 이런 기준을 더욱 세분화해 1등 대학부터 '인서울' 꼴등 대학까지 순위를 내는 행태가 매년 반복된다. 물론 여기에는 나름의 사정을 업고 이를 조장하는 보수 언론의 역할이 큰 영향을 미친다.

오늘날의 아이들은 애초에 초·중등 교육에서 엘리트 코스에 합류하지 못한 경우 자기가 무슨 큰일을 하는 사람이 될 거라는 희망을 자연스럽게 버리는 경우가 허다하다. 이는 앞서 언급했듯이 학벌주의가 유치원 수준까지 심화됐기 때문이기도 하지만 동시에 아이들이 '효율성'에 대한 직관을 일찍부터 얻을 수 있도록 이 사회가 배려(?)해주기 때문이기도 하다. 대표적인 예는 앞에서도 몇 차례 인용한 온라인 게임이다. 아이들은 온라인 게임을 즐기면서 자신의 신세가 '잡캐'와 비슷하다는 걸 직관적으로 알게 된다. 온라인 게임에서라면 캐릭터를 처음부터 다시 만들어 키울 일이지만 현실에서는 그렇게 할 수도 없다. 그러니 체념하는 것이다.

이런 교육과정에서 겪게 되는 열등감을 모두 체현하고 나면 취직 활동에서 열등감을 감당해야 한다. 만성적인 청년실업과 불안정 노동의 확대는 젊은 사람들로 하여금 누가 어떤 직업을 갖게 됐느냐를 놓고 열등감과 수치심을 느끼게 하고 있다. 의사나 변호사 등의 전문직종에 종사하거나 대기업의 안정적인 일자리를 차지한 사람들은 당당히 어깨를 펴고 사회생활을 할 수 있지만 그렇지 못한 사람들은 일상적 불안감에 시달리며 친구들과의 교류에조차 어려움을 겪는다. 연봉이 낮으면 낮은 이유를 설명해야 하고 불안정한 고용 환경에도 불구하고 중소기업을 택한 이유 역시 그럴듯하게 이야기할 수 있어야 한다. 경력을 쌓고 안정적인 일자리로 이직을 하겠다거나 경험을 토대로 사업을 하겠다거나 하는 식으로 말이다.

어떤 처지에 있는 누구와 결혼하느냐의 문제도 우리를 열등감에 노출시키는 하나의 통과의례다. 경제적 처지가 상대적으로 좋은 배우자를 만나면 남들의 시샘을 받지만 그렇지 않은 경우 결혼에 대한 이런저런 설명을 내놓기 망설여야만 한다. 그나마도 결혼을 하면 다행이다. 우리 사회는 경제적으로 충분한 준비가 되지 않았을 경우 결혼을 하지 못하는 환경이 조성돼 있다. 대표적으로는 집 문제다. 집값이 비싸니 두 사람이 가정을 꾸릴 번듯한 환경을 만들기가 하늘의 별 따기다. 아이를 낳는 문제까지 고려하면 어려움은 두 배 세 배가 된다. 이런 사회적 부조리에 눈을 감고 대부분의 사람들은 결혼과 출산, 육아와 관련한 것들을 어떤 '자격'의 문제처럼 생각한다.

명절이 되면 결혼하라는 이야기를 듣기 싫어 친척들을 만나고 싶지 않다는 젊은이들의 우울한 목소리가 하늘을 찌른다. 부모나 친척들이 결혼을 종용하는 이유는 남의 삶에 쓸데없이 참견하면 안 된다는 개인주의적 윤리관이 확립되지 못한 탓도 있겠지만, '결혼을 하지 않은 사람'을 '자격을 갖추지 않은 사람'으로 취급하는 문화가 있기 때문이다. 이 문화의 기원을 찾기 위해서는 조선시대나 그 이전의 사회로 거슬러 올라가 봐야 할지도 모르겠지만 굳이 그럴 필요는 없다. '자격을 갖추지 않은 사람'의 문제는 결국 열등감의 문제이기 때문이다. 결혼을 강요하는 주체가 부모인 경우 이 문제는 더욱 분명해진다. 부모는 결혼을 하지 않은 자녀가 창피하다. 다른 집 아이들은 결혼도 하고 아이도 낳고 이 사회가 요구하는 '정상적인' 삶을 잘 살고 있는데 자기 아이는 그렇게 하지 않고 있기 때문이다. 즉, 결혼하지 않은 자녀를 둔 부모는 자신이 양육을 제대로 하지 못했다는 열등감에 시달릴 수밖에 없는 것이다. 결혼을 하지 않았다는 이유로 구박받는 사람들은 사회가 기성세대에게 강요하는 열등감의 피해자다.

현대 사회의 젊은이가 이 모든 난관을 뚫고 사회가 강요하는 어떤 '정상성' 내로 진입하기에 성공했다면 아이를 낳고 기르는 일이 남는다. 여기서 열등감은 사회적 차원에서 반복 재생산된다. 이제 자신이 강요당했던 일들을 아이를 통해 다시 시작해야 할 때이기 때문이다. 아이를 유치원에 보내면서부터 열등감 극복을 위한 경쟁과 이로 인한 악순환이 다시 시작된다. 과연 이 젊은이는 자신의 아이를 영어 유치원에 보내는 데 성공할 것인가? 만일 실패한다면 그는 남은 인생의 의미를 어디서 찾아야 할까? 패배한 사람의 입장에선 성공과 승리에 대한 냉소를 선택하거나 '열등하면 죽어야 한다'는 논리를 내면화하는 게 가장 효율적인 해법이다.

해피아의 기원

이쯤에서 다시 세월호 참사로 돌아와 보자. 세월호 참사에서 가장 많은 사람들이 제기했던 의문은 세월호의 안정성을 해칠 수 있는

냉소 사회

선실 증축 및 선체 개조가 이뤄지고 제한 중량을 초과하는 화물을 싣기 위해 평형수를 덜 주입하는 등의 일이 벌어졌는데, 왜 아무도 이런 점들을 감시하거나 단속하지 않았느냐는 것이다. 국가 기구에 의해 상시적으로 관리되어야 할 사항들이 왜 아무렇게나 해도 되는 것으로 취급되고 있었는지에 대해 많은 사람들이 의문을 제기한다.

이에 대한 언론 등의 답은 '안전 불감증'이다. 안전에 다소 위해를 가하더라도 실제 사고가 날 확률이 적기 때문에, 이 사고가 일어날 확률이 보여주는 리스크보다 규정을 어겨서 얻을 수 있는 이득이 더 크므로 이를 관철하기 위한 다양한 꼼수들이 동원됐다는 것이다. 세월호를 운용한 회사 측이 해양수산부로 통칭되는 해운산업을 관리 감독하는 관료들에 대한 온갖 로비를 벌였으리라고 추측하는 것은 결코 어려운 일이 아니다. 그런 이유로 세월호 참사 이후 대통령까지 직접 나서서 '관피아 척결'을 부르짖게 됐다.

'관피아'라는 말은 '관료'에 '마피아'를 더한 말로 관료들이 오로지 자신의 이득만을 추구하자는 사적 욕망을 공적 역할보다 우선해 벌이는 온갖 부조리들을 표현할 때 쓴다. 해양수산부 관료가 퇴임 이후 선박의 안전을 관리 감독하는 기관에 재취업하고, 해운사로부터 금품이나 향응 등을 제공받은 후 다시 해양수산부의 아래 세대 관료들에 영향력을 행사하여 선박의 안전성에 대한 관리 감독 기능을 철저히 무력화했다는 것이다.

관료 사회의 이런 문제는 고질적인 것이고 한국 사회의 또 하나의 단면을 보여주는 것이기 때문에 따로 다뤄볼 필요가 있으나 일단 소위 '관피아' 자체에 대한 문제는 잠시 접어놓도록 하자. 여기서 눈여겨볼 것은 해양수산부 관료들이 해운사와 한국선급, 해운조합 등 선박의 안전 관리 등을 맡은 기관들과 끈끈한 관계를 맺게된 계기들이다. 관료들의 그런 안이함은 하나의 문화로서 전해 내려온 것일 터다. 따라서 그런 문화의 기원을 찾아 올라가 보는 것역시 이 사건을 이해하기 위한 의미 있는 작업일 수 있다.

박정희 정권이 수립된 다음해인 1962년 본격적인 형태의 경제개발계획에 시동이 걸리면서 해운 산업 발전의 필요성이 대두됐다. 국가 주도의 수출 중심 자본주의 체제를 건설하기 위해서는 당시 가장 유력한 운송수단이었던 선박을 만들고 활용하는 산업의발전이 절실했기 때문이다. 항만과 선박에 관한 사항에는 국가 안보적 문제 역시 결부돼 있었기 때문에 해운 산업의 진흥 계획을 세우는 데에는 이러한 판단도 함께 작용했다. 따라서 1967년에는 해운 산업의 진흥을 위한 '해운진흥법'이 제정됐고, 이후 이 법에 의하여 해운업과 조선업이 동반 성장하는 성과가 나왔다.

1976년에는 교통부의 외청으로서 항만청이 만들어졌고 항만청은 1년 만에 다시 해운항만청이 됐다. 이를 계기로 주요 지역의 항만은 대형화됐으며 선박들 역시 대형화·고속화·전용선화·컨테이너화 등을 목표로 발달하게 되는데, 실상을 들여다보면 다소 건전하지 못한 사례들이 횡행했던 것 같다. 정부가 한국산업은행 등을통해 적극적으로 해운회사의 선박 구입 비용 등을 지원하면서 거품이 형성돼 사실상 '투기판'이 벌어졌다는 얘기다.

　1984년 해운 산업 합리화 계획의 실무를 맡게 된 강만수 전 기획재정부 장관의 얘기를 들어보면 당시의 어지러웠던 상황이 그대로 드러난다. 강만수는 저서인 『현장에서 본 한국 경제 30년』에서 당시 상황에 대해 "정부가 뒷돈을 대 벌어진 투전판"이었다고 묘사했다. 당시의 해운회사들은 건전한 일부를 제외하고는 정부로부터 받은 지원금으로 중고선을 싸게 구입하고 가격이 오르길 기다렸다가 되팔아 차액을 남기는 사실상의 투기꾼에 지나지 않았다는 것이다.

　당시 해운 산업은 건설 산업에 이어 부실 채권 정리의 필요성이 제기된 2순위 산업이었다는 점을 보면 내부의 부조리가 건설 산업보다 더하면 더했지 못하지 않았을 것이라는 추측이 가능하다. 이런 세태는 지금도 시장화된 형태로 남아 있다. 이른바 글로벌 시장의 경우 선박과 해운을 소재로 한 파생 상품이 존재할 정도다. 정부는 이 과정에서 배를 만들고 사고파는 데 어떤 형식으로든 금융적 지원을 한다. 박근혜 대통령의 대선 공약에 '선박금융공사 설립'이 있었던 것 역시 이를 반영한 것으로 볼 수 있다.

　어쨌든 강만수의 회고에 의하면 당시 해운회사들은 도산 위기에도 채무를 은행에 떠넘기기 위해 장부가 없다고까지 주장하며 버텼다. 이들을 관리 감독하고 통제했어야 할 해운항만청은 사태 해결은커녕 정확한 해운회사의 숫자도 파악하지 못하고 있었다고 한다. 급기야 정부 부처 중 가장 큰 힘을 가진 재무부, 그리고 그중에서도 핵심 부서인 이재1과가 나서서 해운 산업 합리화 계획을 주도하게 됐으나 이마저도 근본적 문제 해결을 이루지는 못했던 것 같다. 결국 1987년 국내 최대 해운회사였던 범양상선 회장이 자신 휘하의 사장에게 "인간이 되시오"라는 유서를 남기고 자살하는 사건까지 일어났으니 말이다.

이렇게 엉망진창인 체계에서 당시 해운항만청 관료들과 해운회사들의 끈끈한 관계를 추측하지 못할 바가 아니다. 나름 고등시험을 통과한 해운 관료들이 과연 능력이 없어서 해운회사의 수도 파악하지 못했다고 했겠는가? 그런 무능의 배후에 무슨 사연이 있으리라는 점은 현대 사회를 살아가면서 평균적 수준의 직관을 쌓아온 사람이라면 누구나 짐작할 수 있을 것이다.

유병언 전 세모그룹 회장이 세모해운을 부산에 설립한 것이 1989년의 일이었다. 이후 세모해운은 1997년 최종 부도 처리가 되기 전까지 23척의 연안여객선을 운항하는 국내 최대의 연안여객선사로 부상했다. 이 과정에 어떤 부당한 로비와 뒷거래가 오갔을지는 굳이 구체적으로 추측해보지 않아도 될 것이다. 물론 위에 설명한 대형 상선이나 화물선을 다루는 해운회사에 비하면 연안여객선사인 세모해운은 보잘것없는 규모였을 수 있다. 하지만 이런 관행과 관료 문화를 그대로 간직한 채 체제가 유지됐기 때문에 오늘날의 참사가 발생했다는 주장에는 큰 무리가 없을 것이다.

냉소 사회

체제적 열등감을
극복하기 위한 시도

국가적 목표를 위해 정부가 나서서 적극적으로 해운 산업을 육성하려 했고, 이 과정에서 권력을 갖게 된 관료들이 해운회사와 결탁해 해피아적 관료 문화를 재생산해왔다는 가정은 어떨까? 결국 국가 주도의 수출 중심 자본주의를 뒷받침하느라 생겨난 관료 사회의 문제가 참사의 한 원인이 됐다는 게 관피아 논란의 핵심이다. 그렇다면 여기서 국가는 왜 수출 중심의 자본주의를 고집했는지 한번 되짚어볼 필요가 있다. 당시에 만들어진 경제 체제가 우리의 관념과 행동양식을 규정하는 하나의 문화로 고착화됐고 이것이 앞서 제기한 '효율성 신화'의 근본을 이루고 있다고 보면 어떨까?

박정희 정부의 경제개발계획은 어떤 측면에서 보면 체제 대결의 수단으로서도 시행되었다 볼 수 있다. 그 대표적인 예로 1972년 이른바 10월 유신 직후 1973년 1월 발표된 '중화학공업화'는 다분히 방위 산업의 발전을 고려한 위기 극복 방안의 성격이 짙었던 것으로 판단된다. 당시 한국 경제는 고도성장의 한계로 인한 내적 모순과 미국의 새로운 대외 전략이었던 '닉슨 독트린' 등으로 인한 주한 미군 감축으로 위기에 처해 있었다. 그렇기 때문에 박정희 정권은 '중화학공업화'를 통해 현대적 무기를 대량생산하는 체제를 구축하고 '국민의 과학화'를 통해 기술자 및 기능공을 육성함으로써 산업구조 고도화와 안보를 위한 자주국방 실현이라는 두 마리 토끼를 잡자는 목표를 세웠던 것이다.

이는 당시 국제 정세를 반영한 판단으로 받아들일 수도 있겠으나 결국 북한과의 체제 경쟁에서 확실한 우위를 점하기 위한 것으로도 판단할 수 있다. 박정희 정권은 성립 직후부터 강력한 반공주의를 내세우며 북한 체제와 군사적·경제적 대결 벌이기를 주저하지 않아왔다. 당시 닉슨 독트린으로 상당한 규모의 주한 미군 감축이 우려되는 상황에서 다분히 북한 체제를 의식한 정책을 내놓을 수밖에 없었던 것 아니냐는 해석이 가능하다. 중화학공업화는 정작 1972년 발표된 제3차 경제개발 5개년 계획에 포함되지 않았었고, 이런 발표가 따로 있을 것이라는 사실 자체를 아는 내각 인사도 거의 없었다는 정황이 이런 판단을 뒷받침한다. 심지어는 이 계획을 국가가 주도하기 위한 자금 조달 문제가 중화학공업화 발표 후 20일이나 지난 시점에서 김종필 당시 총리를 위원장으로 하는 중화학공업화 추진위원회의 구성을 통한 외자 도입 및 기금 신설이라는 막무가내의 형태로 결론 내려질 정도였다.[2]

이런 상황은 어떤 관점에서는 '체제적 열등감'을 극복하기 위한 시도로 해석 가능한 부분이 있다. 그리고 이 열등감은 단지 북한과의 관계에서만 존재해온 것이 아니다. 북한과의 체제 경쟁에서는 1970년대 중반에 접어들면서 이미 남한의 확고한 우위가 점해졌기 때문이다. 고도성장기의 체제적 열등감은 '중진국'이니 '개발도상국'이니 하는 어휘들을 통해 세계경제를 대상으로 발현되고 있었다. 박정희 정권이 "우리도 한번 잘살아보세"라는 가사의 노래를 유행시킨 맥락이 무엇이겠는가? 경제개발 과정 내내 우리는 우리보다 나은 처지의 국가를 따라잡기 위해 전력을 기울여야 했고, 이는 가히 총력전이라고 할 만했다.

박정희 대통령이 중화학공업화 천명 후 군사병기를 포함해 정밀기계부터 초대형 제품까지 모든 것을 한 곳에서 만들자는 계획으로 구상한 창원 산업단지를 개발할 당시 "모든 것을 히타치보다 크게 만들라"라고 지시했다는 것 역시 이러한 해석을 뒷받침한다.[3] 히타치는 일본의 주요 종합기계 메이커다. 최소한 그 정도는 이길 만한 규모의 산업단지가 필요하다는 의미다. 이런 결정은 재정 상황이나 생산성 등을 면밀하게 계산한 결과로 내려진 게 아니다. 그냥 '의지'와 '당위'였다. 그 의지와 당위를 구성하는 추진력의 원동력이 체제적 열등감으로부터 왔다고 본다면 어떨까?

1997년 IMF 구제 금융 실시 당시 우리나라 관료들과 기업들이 영어를 몰라 위기를 간파하지 못했다는 식의 황당한 비난이 세간을 떠돌아다닌 것도 일종의 체제적 열등감이 표현된 것으로 해석할 수 있다. 실제 1994년 5월 16일자 《한겨레》는 1986년 한미 보험협상에서 한국 시장에 보험 영업허가를 내주는 미국 보험회사의 수를 두고 일어난 울 수도 웃을 수도 없는 사례를 보도했다. 미국 측이 보험회사의 수를 'a couple of(두어 개)'로 표시한 것을 한국 측이 'a few(몇몇 개)'로 수정해달라고 요청하여 받아들여졌는데 나중에 알고 보니 후자의 표현이 오히려 한국 측에 불리한 것이었다

는 얘기다. 영어 실력이 없어서 외국과의 협상 자리에서도 제대로
된 대응을 하지 못하는 슬픔이 표현된 부분인데, 다행스럽게도 기
사 말미에는 이런 부족한 통상 관료들이었지만 불과 8년 만에 향상
된 영어 실력을 갖춘 인재들이 속속 등장하고 있다는, 그야말로 희
망적인 한국의 모습을 묘사했다.

비슷한 맥락에서 이명박 정권이 한국의 OECD DAC(개발원조위
원회) 가입과 G20 서울회의 유치 등에 대해 "받는 나라에서 주는
나라로의 전환"이라는 등의 수사를 붙여 홍보했던 것은 체제적 열
등감에 기초한 서사의 화룡점정이다. 이 "수원국에서 원조국으로
의 전환"이라는 표현은 사실 고도성장기 말미에서부터 계속 어떤
염원처럼 등장해왔는데, 결국 6·25 전쟁 이후 붕괴된 경제를 붙들
고 무리를 해가며 고도성장을 이룩해 다른 나라들과의 격차를 줄
여나갔고 끝내는 그들을 앞질러 남을 도와줄 수 있는 나라로 성장
했다는 감동적 스토리가 담긴 것으로 볼 수 있다.

이명박 정부는 산업화-민주화-선진화라는 도식을 반복해서 제
시했는데 이 역시 효율적인 고도성장을 위해 민주주의를 희생한
산업화 시대, 그간 희생한 민주주의를 나름대로 이룩한 민주화 시
대, 그리고 무언가를 희생하는 형태로 다시 자본 축적을 시도하는
선진화의 시대가 이어지는 게 자연스럽다는 식의 서사이다. 이를
통해 좀 더 사고를 확장해본다면 국가 주도의 수출 중심 자본주의
체제의 성립부터 오늘날의 '안전 불감증'에 이르는 과정을 꿰뚫는
체제적 열등감과 이를 극복하기 위한 효율성의 추구라는 게 존재

했다고 볼 수도 있다.

강만수 전 기획재정부 장관이 회고록과 다수의 언론 인터뷰를 통해 1997년 외환위기를 회고하며 "대내 균형과 대외 균형이 충돌할 때에는 대외 균형을 우선해야 한다"라고 발언한 것은 '효율성의 신화'를 거시 경제 정책에서 보여주는 단적인 예로 제시할 수 있을 것 같다. 경제 위기 상황에서는 물가의 폭등을 감수하고서라도 환율 관리 등의 정책을 통해 경상수지를 방어해야만 한다는 논리이기 때문이다. 물론 이 발언이 단지 경제 정책의 어떤 효과를 언급하는 것에 지나지 않는다고 한다면 상식적인 수준에서 하나의 주요한 의견으로 받아들일 수도 있다. 강만수는 1997년 외환위기를 성공적으로 방어하지 못한 트라우마를 지닌 경제 관료의 대표 인물이고, 당시의 위기가 대내 균형을 위해 대외 균형을 희생한 결과라는 정책적 결론을 말하고 있는 것이기 때문이다. 하지만 그것과는 별개로 이 논리 뒤에 숨어 있는 '한국적 효율성'을 발견하는 것은 그리 어렵지 않은 일이다.

앞서 언급한 박정희 시대의 중화학공업화와 관련해 이 정책이 사실상 10월 유신과 함께 발표된 것이나 다름없다는 점은 이러한 한국적 효율성의 증거로 볼 수도 있다. 당시 중화학공업화를 실질적으로 계획하고 추진한 오원철 당시 청와대 제2경제수석비서관이 퇴임 이후 "하나 없이는 다른 하나도 존재할 수 없었다"라면서 유신과 중화학공업화가 동전의 양면이나 다름없었다고 주장했는데, 이는 고도성장을 위해 민주주의를 포기한 것이라는 결정적 증

언으로 받아들여지고 있다.⁶

고도성장이 포기해버린 것들의 목록에는 단지 민주주의의 이름
만 올라 있지 않다. 1970년대는 미국에서 신자유주의 경제학을 공
부하고 돌아온 인사들이 KDI(한국개발연구원) 등을 통해 대거 관가
로 유입된 시기다. 이들은 박정희 정권의 국가 주도 개발 정책에
노골적인 반감을 표시하며 '안정, 개방, 자율'로 요약되는, 그들 입
장에서의 신자유주의 정책을 추진하려 했다.

그러나 이들의 시도는 번번이 박정희 대통령 본인의 의사에 의
해 무력화됐으며 박정희 대통령이 사망한 10·26 이후 전두환 정권
에서 잠시 빛을 보는 듯했으나 재계의 반발과 정치권력 내부에서
의 혼란 등을 겪으며 1997년 외환위기 이후에야 전면에 등장할 수
있게 됐다. 사실상 외환위기 이전까지는 이들이 주장한 '이상적'
경제 모델이 안착할 수 없었던 정치사회적 환경이 강력하게 존재
했었다는 것이며, 앞서의 민주주의뿐 아니라 신자유주의에 대하여
도 '시기상조론'에 의한 유예가 적용됐다고 볼 수 있다.

이러한 사례는 고도성장 이외의 다른 것은 '일단' 유예하거나 포
기하자는 사회적 욕망들의 존재를 드러낸다. 이 사회적 욕망들을
효율성의 신화를 유지한 원동력으로 본다면 세월호 참사의 기원에
대한 하나의 힌트를 얻을 수 있을 것이다.

냉소 사회

동전의
양면

그렇다면 여기서 한 가지 질문을 던져볼 수 있다. 체제적 열등감이니 뭐니 하지만 결국 유예된 것들을 이제라도 하면 되는 것 아닌가? 민주주의를 강화하고 시장원리에 맞는 경제 정책을 펴서 체제를 정상화하면 되는 것 아닌가? 하지만 이는 그렇게 단순한 문제가 아니다. 언제나 문제는, 하는 게 당연한 것을 현실에서는 할 수 없다는 데에서 온다.

누군가 온라인 게임에서 전사에 특화된 캐릭터를 그 게임이 보장하는 최상위 레벨까지 성장시켰다고 가정해보자. 그가 이 게임의 다른 콘텐츠들을 즐기기 위해 마법사로서의 삶을 다시 살고자 한다면 보통의 경우 가능한 유일한 선택지는 현재의 전사 캐릭터를 마법사로 활용하는 게 아니라 캐릭터를 처음부터 다시 생성하는 것이다. 왜냐하면 효율적으로 육성된 전사 캐릭터를 키우기 위한 과정 자체가 다른 직업의 가능성을 배제하도록 설계돼 있는 게 대다수 온라인 게임의 시스템이기 때문이다. 느낌이 오지 않는다면 무기니 갑옷이니 하는 게임 요소들을 떠올려보자. 거의 모든 게임에서 전사는 전사용을, 마법사는 마법사용의 장비를 사용하는 게 이롭다.

다시 앞으로 돌아가서 박정희 정권에서 중화학공업화와 관련

해 매우 중요한 역할을 맡았던 오원철 전 청와대 제2경제수석비서
관의 말을 떠올려보자. 위의 논의에서 오원철의 중화학공업화와
10월 유신이 동전의 양면이라는 증언은 민주주의를 포기하는 대
신 고도성장의 연장을 선택한 것으로 받아들일 수 있는 말이라고
해석했다. 하지만 이 말은 여기서 좀 더 나아간 바를 의미하는 것
이다. 즉, 당시 중화학공업화 선언은 무엇을 포기하고 무엇을 선택
한 것의 문제이기도 하지만 동시에 그러한 '포기'를 적극적으로 선
택했다는 얘기다. 중화학공업화는 10월 유신과 불가분의 관계이며
10월 유신이 없었다면 중화학공업화는 가능하지 않았다는 거다.
10월 유신으로 일어난 권력 구조의 변동이 중화학공업화를 추동하
는 힘으로 작용했기 때문이다.

이렇게 형성된 고도성장을 위한 체제에서 신자유주의자들이 반
복해서 실패해왔다는 사실은 중요한 시사점을 보여준다. 1982년
에 사채 시장의 큰손인 장영자가 권력과의 유착을 통해 천문학적
규모의 어음 사기를 일으킨 일이 있었다. 세간에 '장영자 사건'으
로 유명한 그 건이다. 이 일로 여당 주요 정치인의 운명이 갈리고
경제 정책에 대한 불신이 커지는 등 전두환 정권은 치명적인 상처
를 입는다. 이를 만회하기 위한 조치로서 인사 개혁 등이 실시되는
데, 당시 경제기획원 인사들이 이 틈을 타 재무부로 진출하는 일까
지 벌어진다. 관료 사회에서는 이를 '경제기획원 재무부 점령 사
건'이라고 불렀다.

당시 김재익 청와대 경제수석비서관은 경제 관료들 사이에서 대

냉소 사회

표적인 이상주의적 신자유주의자로, 전두환 당시 대통령의 경제 교사로 이름나 있었다. 김재익은 금융 자율화를 포함한 상당한 규모의 금융 개혁을 구상하고 있었는데, 김재익의 출신 부처인 경제기획원에는 같은 견해를 가진 인사들이 즐비했던 반면 세제 및 금융 실무를 담당하는 재무부 소속 인사들은 이에 대한 노골적인 반감을 표현하는 경우가 잦았다. 따라서 김재익의 입장에서는 장영자 사건으로 생긴 재무부의 빈자리에 자신과 같은 견해를 가진 사람들을 넣어 원하는 바를 이뤄야겠다는 마음을 먹게 됐을 것이다.

결국 김재익 수석과 좋은 짝을 이룬 강경식 경제기획원 차관보가 재무부 차관으로 이동하고 다시 재무부 장관으로 승진하면서 일련의 금융 개혁이 실시된다. 이 중에는 금융실명제와 금융회사 설립의 무제한 허용 등의 파격적 조치들이 포함돼 있었다. 당시 재무부의 핵심 인사들이 이 같은 구상에 사실상 반대 의사를 피력했지만 전혀 소용이 없었다.

그러나 금융실명제는 기업과 정치인, 청와대 핵심 관료 등의 반대에 밀려 시행 시기가 무기한 연기된 채로 국회에서 통과됐다. 강경식의 회고에 의하면 금융실명제 실시 당시 KBS의 텔레비전 토론에 출연했는데 토론에 참여한 가정주부가 "장관이 된 지 얼마나 됐다고 그런 엄청난 조치를 취하느냐"라는 질문까지 했다고 한다.[5] 금융실명제 실시에 대한 광범위한 의문과 반발이 세간에 존재했음을 나타내는 에피소드다. 결국 금융실명제는 1993년 김영삼 정권에 이르러서야 대통령이 긴급명령을 발동하는 형태로 전격 시행될 때까지 사실상 박제된 상태로 법률안으로서만 존재하게 된다.

실시 6개월 만에 중단된 금융회사 설립 무제한 허용 방침의 경우는 사채 양성화를 위해 제한적으로 인가됐던 단기자금회사가 한꺼번에 기존 20개에서 32개로 늘어나는 결과로 이어졌다. 이들 단기자금회사는 1990년대 들어 종합금융회사로 전환한 이후 단기 외채를 무분별하게 취급함으로써 1997년 외환위기의 도화선으로 작용했다는 비판을 받은 뒤, 사실상 일부를 제외하고 대다수 퇴출됐다. 신자유주의자들이 정부 내 부처를 점령하다시피 해서 추진한 정책조차 제대로 받아들여지지 않거나 실패해버린 것이다.

물론 전두환 정권 시기에 신자유주의자들의 생각이 다수 수용되어 정부가 안정화 정책을 강력하게 밀어붙인 것은 사실이다. 덕분에 아직까지도 "전두환이 물가는 잡았는데……"라고 회고하는 어른들이 많다. 당시 경제성장률 8% 수준의 고성장 기조와 제2차 오일쇼크 등의 외부 충격이 가해지는 속에서도 1981년부터 1987년까지 물가 상승률이 6.1%(1982년부터 따지면 3.5%이다)에 불과했던 것은 김재익 등 신자유주의자들이 상당한 힘을 갖고 안정화 정책을 고수한 데에 힘입은 바가 크다. 1983년 아웅산 테러로 인해 김재익이 사망하지 않고 허화평 당시 청와대 정무수석비서관과, 허삼수 사정수석비서관 등 김재익에 적대적이었던 청와대 실세들이 좀 더 일찍 정리됐더라면 상황은 다를 수도 있었다는 가정을 해볼 수도 있다. 하지만 이 논의는 관료 개개인의 성과와 잘잘못을 가리자는 것이 아니며, 결과론적으로 체제가 그들의 이상을 담보해주지 못했다는 점을 평가하자는 데 의의가 있다.

전무후무한 군사독재자인 전두환 대통령으로부터 "경제는 당신이 대통령이야"라는 말까지 들으며 사실상 경제 정책에 대한 전권을 행사했던 김재익이 있었는데도 왜 당시의 신자유주의 정책이 결실을 맺지 못했는지를 생각해보면 앞서 인용한 오원철의 중화학 공업화와 10월 유신이 동전의 양면이라고 한 말의 의미를 이해할 수 있다. 국가 주도의 수출 중심 자본주의 체제를 바탕으로 한 고도 성장과 김재익 등이 밀어붙였던 이상론으로서의 신자유주의는 양립할 수 없으며 동전의 양면으로서도 존재할 수 없었던 것이다. 신자유주의적 개혁 조치들은 1993년 꾸준히 이에 반대해온 재계가 자신들의 요구를 신자유주의의 문법을 활용해 표현하면서 개혁의 성질이 변질되고, 1997년 외환위기라는 체제 전환적 일대 사건을 겪고 나서야 제대로 힘을 받고 추진될 수 있었다.

세월호 참사는
위기가 아니었다

열등감을 논하다 말고 웬 지루한 경제 정책 얘길 이렇게 늘어놓느냐고 할지도 모르겠다. 경제를 전공한 것도 아니고 그 분야에 해박한 지식을 지닌 것도 아니지만 어둠 속에서 더듬듯 관련 서적을 뒤

적어 위 내용을 소개한 데는 나름의 이유가 있다. 세월호 참사 이후 구난 과정에서의 문제를 고찰해보기 위해서다.

일부 언론은 세월호 참사 이후 전형적인 형식의 통탄을 다루기도 했다. 자본주의 사회가 안전을 도외시하고 오직 이윤 추구에만 집착했기에 오히려 체제 자체를 위기에 빠뜨린 세월호 참사와 같은 사태가 벌어졌다는 거다. 세월호 참사는 체제의 위기를 불러올 한계를 보여준 것이므로 이제 더 이상 그간 이어져왔던 형태의 체제는 작동을 유지할 수 없다는 게 이런 주장의 핵심이다.

그런데 비극적이게도 체제는 세월호 참사 때문에 위기를 맞이하기는커녕 오히려 이 참사를 눈앞에 두고서도 한 치의 망설임이나 어려움 없이 그야말로 매끄럽게 작동했다는 것이 진실인 것 같다. 해양경찰은 세월호 침몰 직후 승객들을 구조하기 위해 출동했지만 이미 상당히 기운 배에서 할 수 있는 일이 크게 없었다는 취지의 주장을 내놓고 있다. 전복이 너무 빠른 속도로 진행됐고 세월호 선내로 진입하기 위한 장비가 제대로 갖춰져 있지 않았다는 설명이다.

여기서 짚어야 할 것은, 그렇다면 해양경찰의 장비들은 도대체 어디로 갔느냐는 것이다. 다수의 언론이 지목하듯 정부는 대형 사고 시 인명 구조를 민간에 '아웃소싱'하는 방향으로 정책을 추진해왔다. 2012년 시행된 수난구호법 개정안이 그 대표 사례다. 이 개정안의 핵심 내용은 한국해양구조협회라는 민간 기구가 해수면에서의 수색 구조, 구난 등의 업무를 정부에 협조해서 수행할 수 있다는 것이다. 정부가 재난 상황에서의 구조 자체를 사실상 포기하겠다는 것으로 받아들일 수 있다. 2011년 국회에 출석한 해양경찰청의 고위 관료는 수난구호법 개정안에 대한 설명을 하면서 "저희들이 장비를 보유하고 있을 때는 오히려 더 많은 비용이 들어갑니다", "네트워킹을 잘 만들어놓고 활성화를 시키면 예산도 절감되고……"라고 발언했다. 이 발언은 정부가 재난 구조에 대한 자신감을 상실함과 동시에 효율성을 위해 국가의 대표적인 권리와 의무를 스스로 포기했음을 그대로 보여준다.

사업에 대한 제대로 된 타당성 검토나 재정 계획도 없이, 오로지 당위와 의지만으로 고도성장을 주도했던 기득권 세력의 그 기개는 도대체 어디로 갔는가? 고도성장 시기의 체제적 열등감이 선진국과의 격차가 엄청난 상황에서 북한과 체제 경쟁을 해야 했던 처지에서 비롯됐다고 한다면, 신자유주의 시대의 체제적 열등감은 정부가 실패를 거듭하는 상황에서 연유하는 것으로 보인다. 노무현 전 대통령은 재임 시기에 "권력은 이미 시장으로 넘어간 것 같다"라고 발언한 바 있다. 당시 맥락을 살펴보면 이 발언이 세간에서 회자되는 것처럼 시장에 대한 국가의 전면적인 백기 투항을 의미하는 것은 분명 아니다. 다만, 맥락을 고려하더라도 이 발언이 정부의 시장에 대한 어떤 태도를 반영하고 있는 것은 분명하다. 이후 이어지는 발언들에 "우리 사회를 움직이는 힘의 원천은 시장에서 비롯되고 시장에서의 여러 가지 경쟁과 협상에서 결정되는 것 같다", "정부는 시장을 어떻게 공정하게 관리하느냐가 중요한 문제이다", "중소기업들도 함께 갈 수 있는 대책이 있어야겠는데, 이것은 기본적으로 시장에서 이뤄져야지 정부가 정책적 간섭을 통해서는 잘되지 않을 것 같다" 등의 내용이 포함돼 있기 때문이다. 즉, 어떤 면에서는 이제 정부가 시장에 열등감을 느끼고 있는 셈이다!

이러한 체제적 열등감을 해소하기 위해 신자유주의 시대의 정부는 공공적 영역을 사실상 포기하고 시장에 떠맡기면서 '작고 효율적인 정부'라는 허상에 스스로를 가둔다. 정부가 포기하고 시장에 내준 공공적 영역은 시장의 본능대로 오로지 '돈'을 위한 공간으로 재편된다. 이 공간에서 중요한 것은 오로지 돈이지 사람의 목숨이 아니다. 세월호 사고 직후 민관의 대응은 이런 천박한 체제의 민낯을 아무런 부끄러움도 없이 보여줬다.

사고 직후 구조 당국은 매우 능숙하게도 구조 및 구난 업무를 언딘 마린 인더스트리라는 구난업체에 신속히 위임했다. 언딘 마린 인더스트리가 국제구난협회ISU의 정회원 자격을 가진 국내 유일의 업체이므로 전문성을 보장받을 수 있다는 이유에서다. 국제구난협회는 인명 구조를 위한 단체가 아니라 해상 사고에서 사후 처리를 말끔하게 할 능력을 가진 회사들의 전문성을 보증하는 일종의 이익단체다. 여느 사고와 마찬가지로 해상 사고 역시 반드시 보험과 연관되어 있을 수밖에 없는데, 우리가 흔히 겪는 자동차 사고에서 보듯 보험에서는 사고의 책임이 누구에게 있는지가 가장 중요하다. 따라서 실력 있는 업체가 최대한 이 책임을 명확한 형태로 가릴 수 있도록 구난작업을 진행해야 하는데, 보험사의 입장에서는 어떤 업체의 실력이 뛰어난지를 상시적으로 알고 있을 수 없다는 게 문제일 터다. 그런 이유로 보험사의 입장에서는 국제구난협회를 통해 구난업체를 선정하는 게 일처리에 있어서 효율적이다. 세월호 사고 직후 언딘 마린 인더스트리가 구조 작업을 사실상 독점하게 된 이유는 바로 여기에 있지 않았을까 한다.

언딘 마린 인더스트리는 어떻게 국제구난협회의 정회원 자격을 획득하게 됐을까? 국제구난협회의 정회원 자격은 회원 2개 사가 동의하면 얻을 수 있다. 이 협회의 구성이 어떻게 되어 있는지는 알 수 없지만, 이 2개 사의 동의에 무엇이 작용했는지를 추측해볼 필요는 있을 것 같다. 언딘 마린 인더스트리는 이전까지 다소 어려운 처지에 있었으나 2010년 천안함 침몰 이후 구조 작업에 참여하고 이명박 정부가 내세운 '녹색성장'과 관련한 기술들을 개발하면서 본격적으로 성장했다. 국제구난협회 정회원 2개 사가 언딘 마린 인더스트리의 전문성을 평가했다면 바로 이런 부분이 주되게 다뤄졌을 가능성이 높다.

여기서 한 단계 더 나아간 추리가 가능해진다. 혹시 천안함 침몰 이후 구난과 관련한 전문성을 갖춘 업체가 필요하다는 이유로 정부 또는 유력한 관계자가 언딘 마린 인더스트리 측에 일종의 '배려'를 했을 가능성은 없는가? 국제구난협회의 정회원이 되는 데 좋은 평가를 받을 수 있는 기술을 개발하도록 다양한 경로로 도움을 준다거나 정부가 '투자'의 형태로 지원을 해주는 등의 조치를 취할 수 있도록 중간에 누군가가 개입했을 가능성도 생각해볼 수 있지 않겠는가? 만일 이런 일들이 실제로 벌어졌다면 누군가가 개인적 이득을 취하는 데 상당한 도움이 되었겠지만, 이것이 국가적 차원에서 명분이 없는 일만은 아니라고 여길 수 있다는 점에 집중해봐야 한다. "우리나라도 이제는 제대로 된 구난업체 하나 정도는 있어야지", "지금 해양 구난에 있어서 다른 나라에 뒤처지면 영영 따라갈 수 없지" 하는 식의 명분이 작용했다면 언딘 마린 인더스트리에 어떤 '배려'를 국가가 '효율적'으로 해주는 데 망설일 필요조차도 없었을 것이다.

세월호 참사 이후 구조 작업과 관련해 언딘 마린 인더스트리에 대한 의혹이 대중적 차원에서 강하게 불거져 나오지 않았다면 상황은 이들이 의도한 대로 순조롭게 흘러갔을 것이다. 실종자들은 '에어포켓' 내에 생존할지도 모른다는 것이 아닌, 사고 직후 사망한 것으로 기정사실화됐을 것이고, 선체 인양 작업 등 최대한의 보험금 수령을 위한 또 다른 다양한 작업들 역시 일사천리로 진행됐을 것이다.

이런 가설을 전제한다면 사고 직후 선장과 선원들이 승객 구조에는 관심을 갖지 않고 어디엔가 전화 통화를 하며 시간을 끌었던 이유 역시 추측이 가능하다. 회사 측의 과실을 최소화해 보험금 수령 및 유가족들에 대한 배상과 보상에 있어 유리한 상황을 조성하려 한 것이 아닌가 하는 의문이다. 이렇게 해서 지급된 보험금은 피해자들의 보상에 쓰이게 되지만 보험금의 수령에 시간이 걸릴 수 있으므로, 그 전에 정부가 먼저 보상에 대한 책임을 지고 추후에 회사 측에 구상권을 청구하게 된다. 정부가 구상권 청구를 통해 전체 보상액을 충당하지 못한 경우 남은 금액은 전부 정부가 책임을 져야 한다. 즉, 세월호의 선사인 청해진해운이 보험금을 최대로 수령해야 원하는 그림이 그려지는 것인데, 이런 시나리오라면 언딘 마린 인더스트리 측이 막중한 임무를 지게 되는 셈이다.

이런 반론을 제기해볼 수도 있겠다. 그렇다면 보험사들은 바보인가? 언딘 마린 인더스트리 등에 대항해 보험금 지급을 최소화하기 위한 노력을 하지 않겠는가? 보험금 액수가 한두 푼이 아닐 텐데? 세월호는 두 군데 보험사에 총 113억 원어치의 화재보험에 가입했다. 보험사로서는 이 정도의 보험금을 지급하게 될 경우 분기당 실적이 악화되는 리스크를 감수해야 한다.

하지만 금융화된 자본주의 사회에서 보험사가 승승장구할 수 있는 배경은, 어떤 경우에는 보험금을 지급하는 것도 회사에 그렇게 나쁜 영향만 미치지는 않는다는 데 있다. 첫째, 보험사로서는 보험금을 지급함으로써 잠재적 보험 소비자들에게 역으로 좋은 영향을 끼칠 수 있다. 둘째, 보험사는 보험을 실제로 지급하게 될 경우에 대비하여 자신들의 보험 계약을 재보험사에 맡겨 일종의 리스크 분산을 시도한다. 재보험사는 이렇게 넘어온 리스크를 다양한 방법을 통해 매끄럽게 감당하는 것으로 자신의 능력을 뽐낼 수 있다.

즉, 세월호 참사 직후 구조 당국의 지휘하에 신속하게 언딘 마린 인더스트리라는 구난업체가 구조 작업을 전담하다시피 하게 된 것은 이후 보험 처리를 최대한 무리 없이 하려는 의도였다는 추측도 가능하다는 것이다. 요약하자면 글로벌 경제라는 관점에서 뒤처지지 않아야 한다는 체제적 열등감으로 인한 위기의식이 국제구난협회 정회원 자격을 가진 업체가 탄생하는 배경이 됐고, 자신감을 잃은 국가가 당연히 맡았어야 할 구조 작업을 시장에 떠넘기면서 시장화된 형태의 사고 뒷수습에만 체제의 관심이 쏠리게 됐으며, 결국 '인명의 구조'는 온데간데없고 오직 돈을 어떻게 할 것인가의 문제만 남게 된 것 아니냐는 생각을 해볼 수 있다. 이 과정 자체가 오늘날 우리가 속한 체제의 모습을 그대로 보여준다는 것이 문제의 핵심이다. 즉, 세월호 참사는 체제가 감당하지 못할 위기가 벌어진 것이라기보다는 오히려 사람 목숨에 관한 문제만 빼면 재난이 체제의 일부로서 '효율성'의 이름 아래 무리 없이 소화되고 있다는 현실을 보여주는 하나의 사례라고 말할 수 있다. 그런 차원에서 말하자면, 세월호 참사는 체제의 위기가 결코 아니었다.

2 박지훈, 「한국 신자유주의의 기원: 1979년 4월~1998년 2월」, 서강대학교 대학원, 2007.

3 정장열, 「"무조건 히타치보다 크게 산단 규모 가장 신경 썼다"」, 《주간조선》 2299호, 2014년 3월 24일.

4 김형아, 신명주, 『박정희의 양날의 선택: 유신과 중화학공업』, 일조각, 2005.

5 강경식, 『국가가 해야 할 일, 하지 말아야 할 일』, 김영사, 2010.

냉소 사회

2

인 터 넷 시 대 의
새로운 현상들

열등감을
극복하는 법

지금껏 봤듯 체제적 열등감이 만들어낸 어떤 세태들은 우리 삶의 작은 부분까지 규정하는 하나의 강고한 체제로서 이미 기능하고 있다. 하지만 개인의 차원에서는 정신 건강을 위해 이러한 열등감을 극복하려는 다양한 모색을 또 하지 않을 수 없다. 인터넷 공간은 이런 모색들이 하나로 모이는 장소인데, 그 특성 때문에 인터넷 공간이라는 형식에 맞는 열등감 극복의 모색 방식을 등장시켰으며 이를 통해 다시 열등감을 재생산하는 구조가 만들어져 있다는 점은 흥미롭다.

인류는 이제 인터넷을 통해 과거에는 생각지도 못했던 형태의 교류를 할 수 있게 됐다. 네트워크를 통한 다多 대 다多교류가 활성화되면서 인터넷을 통한 커뮤니케이션은 일종의 자기 전시라는 맥락을 포함한 형태로 고정됐다. 인터넷이 아닌 공간에서는 감정 표현이 일회적이고 폐쇄적인 형태로 이뤄진다. 말은 공기 중으로 산산이 부서져 자취를 감춰버리며, 감정을 표현하는 한순간이 지나면 그 장면을 기억하는 몇몇의 사람들에 의해서만 그렇게 표현된 감정이 공유된다.

하지만 인터넷에서는 모든 것이 기록으로 남으며 또 그 모든 것이 평가의 대상이 된다. 이는 다시 말하자면 주체의 입장에서 남들의 모든 감정 표현을 언제든 관찰할 수 있다는 것이며, 이를 다시 뒤집으면 애초에 인터넷을 통한 표현을 할 때에 남의 평가 대상이 되리라는 것을 미리 전제하고 할 수밖에 없다는 이야기가 된다. 이것이 인터넷에서의 모든 활동이 자기 전시로 귀결되는 원리다.

덕분에 과거 같으면 '엄마 친구 아들' 유의 풍문을 통해서나 접했을 잘난 사람들을 인터넷에서 셀 수 없이 보게 되었다. 그들이 일제히 자신의 능력을 전시하기 때문이다. 그들의 능력이 허세에 그치고 마는 것인지, 아니면 진짜로 실체가 있는 것인지도 검증할 수 있다. 그들의 능력이 실제로 별 볼 일 없다면 '저런 사람도 이렇게 유명세를 얻는데 나는……'이라는 형태의 열등감이 표출되며, 그들의 능력이 실제로 대단하다면 '세상에 저렇게 잘난 사람도 있는데 나는……'이라는 형태의 열등감이 또 생산된다.

이런 형태의 열등감을 해소하는 방식은 어떤 면에서 두 가지로 나누어볼 수 있다. 하나는 '냉소'하는 것이다. 자신을 냉소적인 사람으로 규정하면서 남들의 잘난 능력을 일부러 평가해주지 않는 캐릭터를 고수하는 것이다. 여기에 필요한 건 그들의 잘난 능력을 평가할 수 있는 자기 자신의 '공정한 잣대'를 다른 사람들에게 전시하는 것이다. 그래야 자기보다 잘난 사람을 시기하는 치졸한 사람으로 인식되지 않는다. 즉, 여기서 '나'는 어찌됐건 '잘난 사람'이고, 이 방식은 내가 실제 잘난 사람이 되는 것보다 훨씬 효율적이다.

열등감을 해소하는 두 번째 방식은 '열광'하는 것이다. 잘난 사람의 우수한 능력을 적극적인 태도로 받아들이면서 그들의 존재 자체에 열광하고, 그들과 대비되는 '못난' 존재들에 대해서는 적대적 태도로 일관하는 것 말이다. 이들은 잘난 사람의 능력을 동일시할 수 있는 인간관계의 틀 안으로 몸을 던지고 그 안에서 되도록 오랫동안 머문다. 때로는 못난 존재들에 대한 적대감이 혐오의 형태로 발산되기도 한다. 여기서의 '나'는 '잘난 사람들의 하나'이며, 이 역시 잘난 사람들의 일원이 되기 위한 효율성 추구의 결과이다. 이러한 두 태도의 충돌은 한국의 인터넷 커뮤니티에서 종종 발견되는 바다.

나는 과거 총싸움 게임에 열광했다. 당시 같은 게임을 즐기던 사람들이 커뮤니티를 형성해 웹사이트 내에서 활동했던 일이 있었는데, 이 부분과 관련해 흥미로운 사례들을 발견할 수 있었다. 첫 번째 사례는 게임을 잘하는 사람이 다른 주제에 관한 발언에도 강한 영향력을 갖게 된다는 것이다. 이를테면 게이머 커뮤니티도 사람들이 모이는 곳이므로 시사와 관련한 여러 논쟁을 벌이는 경우가 있을 수밖에 없는데, 그때마다 게임을 잘하는 사람의 의견에 일부 사람들이 무비판적으로 따라가는 현상이 일어났다. 게임을 잘한다고 해서 정치나 경제, 사회 문제에 대한 지식도 많을 거라고 생각하기는 어려운 일인데, 그런 것과 관계없이 그저 게임 잘하는 사람의 발언에 지지자들이 긍정적으로 호응하는 일들이 벌어진 것이다.

이 게임 고수의 지지자들을 앞서 말한 부류로 나눈다면 '열광하는 자들'로 규정할 수 있을 텐데, 이 열광의 정체는 앞서 살펴본 열등감의 문법에서 고스란히 드러나는 '능력'에 대한 환호이면서 동시에 '사회적 의견'이라는 것에 대한 냉소다. 게임 고수와 한편이 되느냐 '사회적 의견'에 대한 생각의 차이를 따지느냐에서 전자를 선택한 것이기 때문이다. 즉, 여기서 사회적 의견에 대한 열광하는 자들의 태도는 '판단 중지'라고 요약할 수 있다. 열광을 유지하기 위해 어떤 문제에 대한 판단을 중지한 것이다.

이런 상황은 게임의 부정행위에 대한 판단을 두고도 반복해서 일어났다. 한 게임 고수가 불법적(?) 프로그램을 활용해 좋은 실적을 올리고 있다는 의혹이 제기된 일이 있었는데, 이 때문에 당시 커뮤니티 내에서 큰 논란이 벌어졌다. 논쟁의 구도는 단순했다. "이 증거를 보라! 이자는 (비유적 의미에서) 범죄자다!"라는 주장을 내놓은 '냉담자'들과 "게임 고수가 굳이 불법 프로그램을 사용할 이유가 없다!"라는 '열광적 신도'들의 '능력의 인정' 여부를 둘러싼 충돌이었다.

해당 프로그램은 총싸움 게임에서 아주 중요한 조준을 자동으로 해주는 프로그램으로, 이 프로그램을 사용할 경우 게임을 전혀 못하는 사람일지라도 좋은 성적을 낼 수 있다. 하지만 게임을 못하는 사람이라면 이 프로그램을 사용하는 티가 너무 많이 나기 때문에 그런 사람은 어떻게든 모두의 합의하에 공동체 내에서 걸러질 수 있다. 하지만 게임을 원래부터 잘하는 사람이 이 프로그램을 지능적으로 사용해서 성적을 올리려고 시도할 경우라면 정황만 갖고 판별하기 애매한 부분이 커지기 때문에 반드시 논란이 벌어지는 상황으로 이어진다.

이 경우 역시 그가 프로그램을 사용하는 것으로 의심되는 장면이 동영상으로 찍혀 확보가 되어 있음에도 불구하고 그렇다, 아니다의 논란이 크게 벌어졌다. 문제를 제기한 이들은 모두가 게임을 지속적으로 즐기기 위한 '정의'를 내세웠고, 의혹의 대상이 된 사람을 변호하는 이들은 게임 고수의 실력에 열등감을 느낀 일부 이용자들이 음모론적 문제 제기를 일삼고 있다고 맞섰다. 재미있는 것은 이 상황에 대한 당사자의 대응 방식이었는데, 그는 자동 조준 프로그램을 사용했다는 혐의를 벗기 힘들다고 판단한 것인지 '사촌동생'이라는 가상의 인물을 인터넷 공간에 등장시켜 "복수심 때문에 사촌 형의 아이디를 도용해 자동 조준 프로그램의 사용을 발각되게 해 명성에 먹칠을 하고 싶었다"는 고백을 연출하는 등 일종의 여론 조작을 시도했다가 들통이 나기까지 했다. 이런 상황을 고려하면 누가 봐도 이자는 그 프로그램을 활용해 공정하지 못한 행위를 해온 바가 분명했다.

하지만 여전히 의혹의 당사자를 변호하는 이용자들 덕분에 결국 논란은 종결되지 않았고, 아주 오랜 시간이 지나서야 당시 의혹이 사실이었던 것으로 결론 났다. 작은 커뮤니티에서의 일이고 게임에서 공정하지 못한 행위를 했느니 마느니 하는 논쟁이 사회적으로 의미가 있는 것도 아니니 이에 대해 길게 얘기할 필요는 없을 것이다.

다만 이를 통해 인터넷 시대의 집단적인 행태에 관한 하나의 통찰을 얻을 수는 있다. 의혹의 당사자가 자동 조준 프로그램을 통해 얻고 싶었던 것은 게임 고수로서의 기득권, 즉 열광의 대상이 되는 것이었다. 앞서 언급했듯이 게임 고수가 되면 게임 이외의 분야에 대해서도 발언권이 강해지므로 그 작은 그룹 안에서 권력자의 한 사람으로 으스댈 수 있다. 그에게 열광하는 사람들이 능력과 연관되지 않은 쟁점에 대해서는 판단 중지를 선택할 것이기 때문이다.

그에게 게임이란 스트레스 해소나 건강한 정신을 유지하기 위한 잠깐의 일탈 정도가 아니라 작은 권력자가 되기 위한 도구였을 수 있다. 가상 인물까지 등장시켜 가면서 어떻게든 게임 고수로서의 지위를 유지하려 했던 것은, 어찌 보면 그의 다른 사회적 열등감의 반동형성으로 나타난 절박한 몸부림이 아니었을까도 싶다. 이러한 열등감을 해소하기 위한 자기 전시와 자기 전시 내용으로서의 능력주의 발현, '열광'과 '냉소'의 표출, 열광을 유지하기 위한 '판단 중지'는 인터넷을 통한 소통 방식의 변화가 일어나는 과정에서도 모습을 달리하며 반복해 나타난다. 그리고 이러한 과정 전체가 '냉소주의'라는 전형으로 귀결된다.

PC통신에서
인터넷 시대로

PC통신에서 인터넷으로 사이버 공간의 헤게모니가 넘어가는 과정에서 일어난 사건들을 보면 사이버 공간의 환경 변화가 사회적 열등감의 표출에 어떤 영향을 끼쳤는지를 알 수 있다. PC통신은 1990년대 초중반부터 국내에 거의 유일하게 존재한 사이버 공간으로 인식돼왔다. 존중받는 사람이 탄생하고 그 사람이 영향력을 발휘하는 일련의 과정은 PC통신 시대에도 당연히 존재했다. PC통신의 사용자들은 크게 세 가지 서비스를 이용했다. 하나는 채팅방이고, 또 하나는 게시판이며, 마지막 하나는 동호회다. 이 중 채팅방의 경우 대부분 일회적으로 이용됐고 멤버십이 형성되더라도 소규모에 국한되는 경우가 많았으나 나머지 두 서비스는 이후 인터넷에서 일반적으로 통용되는 방식으로 이용됐다.

PC통신 서비스마다 인기 게시판의 종류가 달랐으나 대개는 시사 관련 게시판과 유머 관련 게시판들이 인기를 얻었다. PC통신이 본격적으로 대중화한 1990년대 중후반은 정치적 격동기이도 했으므로 사람들의 관심이 시사에 쏠리는 것은 당연했다. 당시 시사 관련 게시판의 일반적인 이용 형태는 게시판에 주기적으로 글을 올리는 사람들 중 읽기에 좋은 글을 많이 쓰는 사람을 찾고 이 사람이 올리는 글과 연관된 글들을 다시 찾아보는 식이었다. 글을 올리는 사람은 많았지만 이렇게 '읽기에 좋은 글'을 올리는 사람은 한 정돼 있었으므로 이들을 중심으로 독자 및 지지자 그룹이 형성됐 다. 이들 중 일부는 적극적으로 게시판을 통한 논쟁에 가담하는 등 활발한 활동을 펼쳤다.

당시 주요 PC통신 서비스 중 하나였던 나우누리의 경우 '100명 을 웃긴 베스트 유머' 게시판이 유명했다. 유머 게시판에는 재미있 는 글을 추천할 수 있는 기능이 있었는데, 100명이 추천한 글은 자 동으로 100명을 웃긴 베스트 유머 게시판에 등록되는 시스템이었 다. 대개는 일회성 경험담을 올려 인기를 얻은 글들이 많았지만, 아예 에세이의 형식을 띤 코믹물을 시리즈로 올리는 이용자도 일 부 있었다. 이들 중 몇몇은 선풍적인 인기를 얻어 무슨 글을 올려 도 추천 100개를 달성하는 인기 작가의 대열에 합류하기도 했다.

당시는 온라인에서의 명성이 지금처럼 대단하게 여겨지지 않던 시기이므로 이런 인기 코믹 작가들의 경우도 그저 취미 생활을 즐 기자는 마음으로 글을 유머 게시판에 올렸던 것 같다. 하지만 그 전설적인 〈엽기적인 그녀〉가 책으로 출판되고 2001년에는 영화로 까지 만들어지자 유머 게시판이 갖는 의미에 일정한 변화가 일어 나기 시작했다. 〈엽기적인 그녀〉는 나우누리에서 '견우74'라는 아 이디를 사용하던 이용자가 총 51회에 걸쳐 유머 게시판에 올린 자 전적 코믹 에세이다. 당시 그야말로 선풍적인 인기를 끌었고 영화 판은 중국에까지 수출돼 한류 열풍을 일으켰다. 유머 게시판의 소 박한 이용자들에게는 충격적인 사건이었다. 그저 유머 게시판을 이용하는 것만으로 부자가 되고 성공할 길이 있음이 확인된 것이다. 같은 사례로 〈동갑내기 과외하기〉를 들 수 있다. 이 역시 '스와니'라는 아이디의 이용자가 나우누리 유머 게시판에 자신의 경험담을 토대로 올린 에세이가 2003년 영화화된 것인데, 〈엽기적인 그녀〉와 마찬가지로 누적 관객 500만에 가까운 흥행 성적을 올렸다.

인터넷 소설 작가인 '귀여니'를 둘러싼 논란을 되짚어보면 당시의 분위기를 좀 더 명확히 알 수 있다. 귀여니는 열여덟 살이던 2001년 인터넷 포털 사이트에 〈그놈은 멋있었다〉란 제목의 소설을 올려 주목받았다. 엄청난 인기를 끌었던 그가 쓴 소설의 특징은 전통적인 문학작품이 갖고 있는 최소한의 형식을 파괴한다는 것이다. 완결되지 않은 형태의 문장이 사용되고 시점이 이리저리 변화하는가 하면 등장인물의 감정 변화를 이모티콘으로 표현하는 등의 파격이 감행된다. 논란이 벌어지는 것은 전혀 이상한 일이 아니었다.

귀여니가 단지 인터넷 공간에 '수준 떨어지는' 소설을 올렸고 그게 많은 청소년들에게 인기를 얻었다는 사실 자체는 비아냥거림의 대상이 될지언정 진지한 사회적 분석의 대상이 될 만한 것은 아니었다. 논란이 심각한 수준으로 확대된 것은 그의 인터넷 소설이 2003년 책으로 출판돼 50만 부 이상의 판매를 기록하면서다. 인터넷 소설이 실제 책으로 출판되고 그게 돈이라는 형태로 실체화되면서 사람들의 반발을 불러일으킨 것이다. 2004년 『그놈은 멋있었다』가 영화화되고 이러한 성과를 근거로 귀여니가 성균관대학교 연기예술학과에 특별전형으로 입학하자 논란은 더욱 확대됐다.

귀여니를 둘러싼 당시의 논쟁은 인터넷 소설을 문학으로 볼 것인지에 초점이 맞춰져 있었다. 하지만 인터넷 논쟁에 참여한 다수의 사람들이 한국 문학의 미래를 진지하게 고민해야 할 필요가 없는 사람들이었음을 고려해보면 이 논쟁들은 문학의 본질에 관한 것이라기보다는 귀여니가 획득하게 된 사회적 지위를 과연 인정할 수 있는가의 문제였다고 말할 수 있다. 즉, 귀여니의 성과가 돈과 학력을 획득하는 근거로 인정될 수 있는지가 핵심이었다는 거다.

당시는 1997년 외환위기 이후 새로운 대안을 찾는 데 모두가 열심이던 시기였다. 가장 먼저 정치권력이 바뀌었고 경제적으로는 벤처기업 등의 창업이 권장됐으며 사회 일반에 신자유주의 원리에 입각한 새로운 제도가 도입됐다. 이런 흐름은 문화 분야에서도 예외가 아니었으며, PC통신이나 인터넷 등에 연재된 에세이와 소설들을 전향적으로 평가하고 적극적으로 상품화시킨 시도들은 새로운 시대의 새로운 문화적 대안이었던 것으로 풀이된다.

이렇게 대안을 찾는 과정에서 강조된 것은 늘 시장의 공정함이었는데, 이를 고려한다면 결국 당시 귀여니를 두고 제기된 논란들은 '지금 이곳의 시장이 과연 공정하게 기능하고 있는가'란 의문을 표한 것으로 평가할 수 있다. 즉, 당시 제기된 대중적 의문은 '누구나 쓸 수 있는 B급 소설이 각광을 받고, 수입을 창출하고, 작자의 사회적 지위마저도 향상시켜주는 지금의 시장이 과연 제대로 작동하고 있는 것인가?'로 정리할 수 있다. 이를 뒤집어 보면 이 사건을 대하는 대중의 욕망이 드러난다. 이 욕망을 하나의 문장으로 정리

냉소 사회

해보면 다음과 같을 것이다. "너는 되고 나는 왜 안 되는가?"

지금은 그렇지 않지만 PC통신에서 인터넷으로 가상세계의 헤게모니가 넘어가던 시기에는 가상공간과 일상의 명백한 분리가 늘 전제되어 있었다. 가상공간에서의 활동들이 오프라인 세계에서도 영향을 미치는 경우는 늘 특별한 이벤트에 한정됐다. 이제는 잘 쓰이지 않는 '정모'라는 단어를 돌아보자. 이 단어는 '정기 모임'의 줄임말이다. PC통신의 동호회 등에서 정기적으로 오프라인 모임을 가질 때 이 단어를 쓴다. 당시 PC통신 동호회 활동을 하던 사람들의 상당수는 정모에 나가야만 상대의 실체를 확인할 수 있었다. 이보다는 개인 중심으로 갑작스럽게 성사되는 이용자들 간의 소규모 만남을 의미하는 '번개'도 비슷한 의미를 갖고 있다.

인터넷 소설이나 PC통신의 유머 에세이의 경우도 가상공간이라는 어떤 환상적 영역 안에서만 영향력을 가진다면 아무런 사회적 문제가 되지 않는다. 결국 그것은 어쨌거나 '가상'이기 때문이다. 귀여니의 소설을 인터넷에서 800만 명이 본다 한들 오프라인 세계에서 그의 얼굴을 알아보는 사람조차 없다면 무슨 상관이겠는가? 하지만 이것이 오프라인을 기반으로 한 현실세계에 영향을 미치고, 심지어 수입이나 사회적 지위와 같은 삶의 핵심적 조건과 결부된다면 특정한 형태로 대중적 열등감이 발현된다. 익명성을 전제로 누구나 참여할 수 있는 인터넷의 민주적 특성이 한국 사회에 도래한 새로운 시스템과 만나 사회적 열등감의 표현에서 시너지 효과를 내게 된 것이다.

누구나 논객이 될 수 있는
인터넷 게시판

오늘날 사람들이 인터넷 서비스를 이용하는 행태는 앞서의 두 주제를 통해 언급한 가상세계의 특성에 플랫폼의 변화가 상호작용을 일으킨 결과다. PC통신 시대의 인터넷 문화와 SNS 시대의 인터넷 문화를 비교해본다면 플랫폼의 변화가 우리의 행태에 어떤 영향을 주었는지 쉽게 가늠할 수 있다.

과거 PC통신 시대의 주요한 소통 공간은 위에서도 언급했듯 채팅방과 게시판이었다. 채팅방의 경우 따로 '갈무리'를 하지 않는 한 채팅방을 나가면 그때까지의 대화가 유실되는 특성을 갖고 있으므로 대개는 친목 도모의 도구로서 이용됐다. 게시판의 경우는 유닉스 환경에서 데이터베이스를 관리하는 방식을 응용해 만들어졌기 때문에 게시물의 업데이트 시간에 따라 일렬로 목록을 정리해 보여주는 특성을 갖고 있었다. 즉, 게시물이 입력되는 순간 개별 게시물에 기본 키Primary Key를 부여하고 PC통신의 아이디, 이름, 제목을 색인화Indexing하여 기본 키를 내림차순 정렬한 형태로 색인 일부를 노출하는 것이다. 이용자는 이 화면에서 기본 키에 해당하는 게시물 번호를 입력하는 방식으로 게시물 내용을 열람할 수 있다.

PC통신 게시판의 이러한 특징은 인터넷 게시판 솔루션들에 그대로 전승됐다. 초기에는 PHP로 프로그래밍된 분양형 게시판들이 인기를 끌었으나 웹 서버에 MySQL 등을 탑재한 호스팅 상품들이 나오면서 이를 활용한 설치형 게시판 솔루션들이 등장하기 시작했다. 이런저런 개발자들이 만든 설치형 게시판들의 전국시대는 제로보드가 나오면서 사실상 종결됐다. 2000년대 이후 생겨난 웹사이트에 붙어 있던 게시판의 거의 대부분이 제로보드일 만큼 인기가 대단했다.

제로보드로 구축한 게시판은 PC통신 시대 게시판의 특징을 거의 그대로 갖고 있었다. 다만 한 가지 기존의 게시판과 구분되는 중요한 요소가 있었는데 그건 각 게시물에 따로 '덧글(댓글)'을 달 수 있도록 설계됐다는 것이다. 이는 제로보드만이 갖는 특성은 아니었고 일부 분양형 게시판이나 다른 설치형 게시판도 지닌 특성이었는데, 최초로 어떤 솔루션에서 등장한 형식인지 이제 와서는 파악하기 어렵다. 아무튼 이 덧글 기능의 등장 덕분에 인터넷 게시판에서의 논의는 좀 더 효율적인 방식을 갖추게 됐다.

예를 들자면 PC통신 게시판의 경우 이전에 다른 이용자가 작성한 글에 대한 논박이나 보충을 하고 싶을 경우 게시글의 내용에서 이 글이 어떤 글에 대한 내용인지를 선언한 후 따로 독립된 글을 작성해야만 했다. 이러한 불편을 해소하기 위해 나우누리의 경우 '연관글Thread'이라는 독특한 기능이 있어 특정한 두 글을 연결해 따로 열람할 수 있는 기능을 지원하기도 했으나 어쨌든 여기에도 한계가 있었다. 이용자가 명령어를 입력하는 등 특정한 조작을 해야 볼 수 있는, 독립된 하나의 게시글을 따로 작성해야 한다는 점은 변하지 않기 때문이다.

인터넷 게시판 시대의 덧글은 PC통신 시대의 제약을 상당 부분 해소해줬다. 따로 독립된 글을 쓰지 않더라도 특정한 글에 대한 짧은 의견을 누구나 작성할 수 있도록 했기 때문인데, 그 덧글을 읽기 위해 이용자가 추가로 취해야 할 조작 과정이 없었기 때문에 글을 남기는 사람이 큰 부담을 가지지 않아도 된다는 점이 매력적인 요소가 됐다. 더 많은 사람들이 짧은 내용에 지나지 않는 것이라 해도 더 적극적으로 자신의 의사 표명을 할 수 있는 수단이 생겨난 셈이다. 이 덧글 기능의 존재는 인터넷 공간에서의 대논쟁 시대를 가능케 했다. 누군가 자신의 주장을 게시물로 적어 올리면 덧글을 통해 여러 사람들이 실시간으로 논쟁을 벌이는 게 인터넷 게시판의 일상적인 모습이 됐다. 게시물과 밑에 달린 덧글을 시간순으로 훑어보면 논쟁의 추이를 간편하게 파악할 수 있었다. 만일 업데이트된 논쟁의 흐름을 보고 싶다면 각 게시물에 할당된 고유 주소를 간단하게 '새로고침'해주면 됐다. 덧글이 지나치게 길어지면 원 주장을 제기한 사람이나 이 주장에 주요한 반론을 제기한 사람이 따로 독립된 글을 작성하기도 했는데, 이 경우 새로운 글에 덧글이 붙음으로써 다시 논쟁이 지속됐다.

이 시스템을 중심으로 논쟁이 오고 가면서 인터넷 공간에서의 논쟁에 뛰어드는 사람들의 처지에도 일정한 차이가 발생하기 시작했다. 주로 긴 글을 올려 문제를 제기하고 논의를 주도해가는 사람이 있다. 이들은 언제나 같은 이름(닉네임)을 사용해 인터넷 공간에서의 자아를 형성하고 자신이 제기하는 담론의 일관성을 이어간다. 보통 이런 사람들을 '인터넷 논객'이라 불렀다. 자칭타칭 논객들마다 선호하는 담론과 논리의 전개 방식 등이 달랐으므로 사람들은 자연스럽게 자신의 생각과 맞는 논지를 펼치는 논객의 팬이 되고 하나의 그룹을 형성하는 행위에 동참했다. 앞서 언급했듯 인터넷 공간에서 만들어지는 그룹의 지도적 인물은 강한 발언력을 가지게 되는데, 이에 대해 강하게 열광하거나 냉소하는 사람들은 각자의 발언을 맥락화하기 위해 같은 이름(닉네임)을 사용하며 주장에 반론을 제기하거나 옹호하는 활동에 몰두했다.

반면, 일관되지 않은 이름을 사용하거나 사실상 의미가 없는 이름을 사용해 의견을 내는 사람들도 있었다. 이들은 보통 인터넷 공간에서의 논쟁 구도에서 오로지 일회적 주장만을 제기하는 것으로 역할을 한정 지어 자신의 입장을 적극적으로 탈맥락화한다. 이렇게 하면 자신이 전에 내놨던 주장과 일관성을 지킬 필요가 없어진다. 오늘날 인터넷 커뮤니티에서 보통 사용하는 '고정닉'과 '유동닉'의 구도가 당시에는 이런 형태로 적용됐다.

PC통신에서 그랬듯 당시 인터넷 커뮤니티의 중심이 게시판으로 형성됐다는 사실은 이러한 인터넷 공간에서 일어나는 논쟁들의 특징과 맞물려 새로운 질서를 만들어냈다. 논쟁적인 사회문제들을 논하는 커뮤니티들이 생성되고, 이곳의 게시판에서 활발한 논쟁이 벌어지면서 애초의 문제와 긴밀히 연결된 담론이 함께 발달하는 모형이 만들어진 것이다. 당시의 대표적인 사례가 '안티조선 운동'이다. 안티조선 운동은 이러저러한 내용의 공동선언과 지면을 주요하게 활용하는 신문, 잡지 등에의 기고 등을 통해서도 이뤄졌지만 '우리모두'라는 인터넷 커뮤니티의 존재를 빼놓고 평가하기 어렵다. 이 커뮤니티를 매개로 교수나 지식인이 아닌 다양한 사람들이 직접 운동에 참여해 전체적인 방향을 논의할 수 있었기 때문이다.

하지만 이러한 인터넷 커뮤니티를 중심으로 한 활동이 현실에 직접적인 영향을 미치게 되고 정치적 환경이 급변하게 되면서 가상공간에서의 집단적 정서가 열등감의 형태로 표출되는 경우가 잦아졌다. '논객'에 대한 의문이 제기되기 시작한 것이다. 예를 들면 잡지나 신문의 경우 청탁이라는 형태로 주장을 제기하는 사람의 자격을 사전 심사할 수 있다. 《조선일보》 등 주요 일간지나 나름대로 권위 있는 시사지 등에 글을 싣는 사람이라는 이유만으로도 오피니언 리더 행세를 할 수 있다는 점은 이러한 기성 매체의 특징을 잘 드러낸다.

하지만 인터넷 게시판은 원한다면 누구나 글을 쓸 수 있고 학문적 깊이나 논리의 치밀함이 없는 글을 쓰는 사람이더라도 지속적인 인기를 얻게 되면 누구나 논객의 반열에 오를 수 있다. 이런 상황이 일상과 분리된 가상공간에서의 '논객놀이'에 그치고 만다면 괜찮다. 그러나 외환위기 이후 기성의 것이 아닌 새로운 어떤 대안을 찾으려는 움직임이 사회 전반에 확산되면서 논객들이 새로운 지식인의 한 유형으로 대접을 받기 시작하자 "도대체 네가 뭔데"

냉소 사회

라는 식의 비뚤어진 반응이 나오기 시작했다. 당시 일부에서 무슨 일만 생기면 꺼내 들었던 "진중권은 박사 과정도 마치지 못한 사이비"라는 주장이 이런 반응의 대표적 예라고 할 수 있다. 이런 흐름은 앞서 살펴봤던 가상공간과 오프라인 세계가 만나는 상황에서 나타나는 열등감의 집단적 표출과 동일한 것이다.

개인의 입장을 전시하는 곳, 블로그

2000년대 중반에 가까워지면서 인터넷 공간에서의 소통 구조는 인터넷 게시판에서 블로그로 급격하게 넘어가게 됐다. 이에 따라 인터넷 공간에서 정치적 논쟁을 주고받는 사람들의 행동양식에도 일정한 변화가 일어났다.

인터넷 소통 구조에서 블로그로의 변화는 이전의 맥락과는 분명히 구분되는 지점이 있었다. 앞서 충분히 설명했지만 한국에서의 인터넷 소통 문화는 PC통신 시대로부터 이어지는 유산에서 자유롭지 않은 상태였다. 대다수의 인터넷 소통 공간들은 PC통신의 동호회, 채팅방, 게시판을 거의 그대로 인터넷으로 옮겨온 것에 가까웠다. 주요 일간지들도 '독자 마당' 등의 이름으로 게시판을 운영했다는 사실을 상기해보면 검색엔진을 제외하고는 PC통신의 유산이 사실상 국내 인터넷 공간을 지배했었다는 표현이 크게 틀리지 않을 것이다.

하지만 블로그는 PC통신의 유산과는 완전히 단절된 형태로 외국을 통해 전해졌다는 점에서 이전의 양식들과는 다른 특성을 갖는다. 당시 블로그는 특정 온라인 공간이 명확하게 자신만의 소유임을 적극적으로 선언하면서도 정치사회적 의견을 효과적으로 제기할 수 있는 근사한 도구로 소개됐다. 이는 공동체로서의 공간을 표방하며 다양한 이슈에 대한 논쟁을 벌일 수 있는 공간이었던 다수의 인터넷 커뮤니티들이나 혼자만의 공간이지만 사적 차원의 주제에 초점을 맞추고 있었던 '싸이월드 미니홈피'와도 다른 것이다.

물론 블로그라는 개념 자체에 그러한 모든 의미가 포함돼 있는 것은 아니다. 블로그의 시초는 한 개인이 자신의 신변잡기를 HTML 문서로 작성한 데서 유래했다. 이들은 신변잡기를 적은 웹페이지를 만들면서 새로운 내용으로 갱신해야 할 때에는 페이지의 최상단에 새로운 내용을 직접 HTML 코드로 삽입하는 형식을 취했다. 이런 행위들이 유행하면서 이런 방식으로 HTML 코드를 쉽게 작성할 수 있게 해주는 소프트웨어들이 개발됐는데, 요즘 말로 '설치형 블로그'라고 하는 프로그램들이 대개 이런 과정에서 만들어졌다. PC통신 게시판 형식의 커뮤니티에 익숙했던 국내 이용자들은 형식 면에서 글의 내용이 바로 노출되고 최신 게시물이 최상단에 위치하는 1인 웹사이트를 블로그라고 부르기 시작했다.

형식이 아닌 내용의 측면에서도 블로그는 원래의 의미보다 좁은 의미로 국내의 이용자들에게 인식되고 받아들여졌다. 외국은 우리나라의 PC통신에서 전해져 온 게시판의 형태와는 달리 '포럼형' 게시판을 통해 토론이 진행되는 경우가 많다. 포럼형 게시판이란 PC통신의 경우처럼 용도가 구분되어 있는 게시판에 글을 시간순으로 쌓아두는 것이 아니라 소주제별로 형성된 스레드Thread를 묶어서 보여주는 형식이다.

가령 PC통신 형식의 게시판에서 '신자유주의'와 관련된 주제의 글들을 찾고 싶다면 '신자유주의'로 검색해서 나오는 글들을 읽으면 될 것이다. 다만 곤란한 점은 지금 읽고 있는 글이 어떤 글에 대한 반론인지, 무엇을 염두에 두고 쓴 글인지 등의 맥락을 이해하기 어려울 수 있다는 것이다. 포럼형 게시판에서는 '신자유주의'를 검색해서 '신자유주의가 도입되어야 하는가?' 등의 소주제를 찾아 그 아래에 사람들이 제시한 의견을 열람하면 맥락을 잃지 않으면서 논의를 따라갈 수 있다. 앞서 설명한 제로보드로 대표되는 덧글 기능에서 게시물 자체를 하나의 소주제로 인식하고 덧글들을 이에 따라붙는 스레드로 이해한 것과 같은 형식이라고 할 수 있겠다.

외국인들이 포럼형 게시판을 활용하게 된 이유는 이들이 과거 '유즈넷 뉴스그룹'을 통해 시사와 관련된 의견을 교환하는 데 익숙했기 때문이다. 유즈넷이란 '유저 네트워크'의 준말로 1979년 말 미국 대학생들에 의해 고안된, 네트워크를 이용한 정보 교환 체계다. 전체를 통제하는 관리자는 없으며 수많은 분산된 서버들을 서로 동기화해서 누구나 같은 내용을 열람할 수 있도록 한다. 유즈넷은 뉴스를 교환하는 뉴스그룹으로 이루어져 있는데 이 각각의 뉴스그룹은 하위 주제로 분화된 수많은 다른 뉴스그룹으로 다시 나뉘어 있으며 뉴스그룹 안에 해당 주제에 대한 사람들의 의견이 스레드 형식으로 정렬된다.

이렇게 개념을 정리하고 나면 유즈넷과 포럼형 게시판을 통해 블로그가 나타난 맥락을 더 잘 이해할 수 있다. 결국 외국인들의 경우 평소 자기가 사용하던 인터넷 소통 공간의 체계를 어떤 형식으로든 개인화한 형태를 블로그라고 불렀던 것이다. 유즈넷이나 포럼형 게시판에서 특정 주제나 소주제의 주장을 제기하는 것처럼 특정 주제를 가진 블로그를 만들고, 이 주제들에 스레드를 형성하는 것처럼 자기 혼자 포스팅을 해나가는 것이다. 물론 덧글과 트랙백을 통해 다른 블로그 운영자들과 소통하거나 논쟁을 벌일 수 있으나 기본적으로는 자신의 블로그에 자신의 입장을 게재한다는 원칙은 변하지 않는다.

국내에 처음 블로그가 화제가 됐을 때 많은 사람들이 당혹스러워했던 것은 위의 맥락이 없이 '1인 미디어'라는 형태로만 블로그가 소개됐기 때문이다. 결국 혼자만 쓰는 게시판인 셈인데 그것이 어떻게 미디어일 수 있는가? 게시판에서는 다양한 사람들이 글을 올리고 논쟁을 하는 것을 지켜보면 지금 시점에 화제가 되고 있는 이슈가 뭔지 쉽게 알아낼 수 있고 입장 정리도 간편하게 할 수 있다. 하지만 블로그라면 내가 원하는 주제를 다루는 블로그를 입장별로 몇 개씩 찾아다녀야 하고 이후에도 이를 기억해야 한다. 게시판을 이용하는 것과의 경험 차이는 이뿐만이 아니다. 논쟁에 책임감을 갖고 끼어들기 위해 게시판에서는 일관된 이름을 이용하는 것으로 충분했는데, 블로그로 소통하는 시대라면 아무래도 자기 블로그를 만들어서 자신의 주장을 충분히 정리해놓지 않으면 안 된다. 즉, 블로그를 통한 소통이 일반화되면서 게시판에 덧글을 다는 것으로 만족해왔던 수많은 구경꾼들이 각자의 입장을 어떻게든 전시할 수밖에 없는 환경이 조성된 것이다.

이런 이유로 한국인들의 인터넷을 통한 소통 문화가 게시판의 시대에서 바로 벗어날 수는 없었다. 원하는 정보를 얻기 위해 유즈넷 뉴스그룹을 찾아다니던 것에서 비롯된 문화와 어느 특정 게시판에만 접속해 있으면 알고 싶은 정보의 대부분을 취할 수 있었던 한국형 게시판의 사용 문화에는 분명한 차이가 있다. 이 간격을 메우기 위해 생겨난 것이 블로고스피어Blogosphere였는데, 대부분 여기에 가입된 블로그들의 포스팅을 추천순, 조회수순으로 정렬해서 볼 수 있는 기능을 제공했다.

하지만 한국인들이 블로그를 통한 인터넷 소통 방식에 적응하고 담론의 유통구조가 SNS를 중심으로 재편되면서 네이버 등 대형 포털사이트가 블로고스피어로서의 역할을 하는 경우를 제외하면 현재는 '이글루스' 외에 독립적인 형태의 대형 블로고스피어는 사실상 존재하지 않는다. PC통신 게시판 시대로부터 전해 내려온 가상공간에서의 소통 방식이 블로그의 시대를 거치면서 커다란 변화를 맞았고, 이 때문에 가상공간에서 형성된 주체들의 행동양식과 지

위에도 큰 변화가 일어났다. SNS의 시대가 열리면서 이러한 현상
은 보다 분명해졌다.

감정의 전장,
트위터와 페이스북

트위터와 페이스북은 2010년을 전후해서 한국의 인터넷 문화에 영
향력을 나타내기 시작했다. 페이스북보다는 트위터가 먼저 활성화
됐는데 당시 언론 등에는 '마이크로 블로그'라는 개념으로 소개됐
다. 140자 이내의 짧은 문장을 적으면 업데이트 시간의 내림차순으
로 정렬되는 형식은 앞서 설명한 블로그의 개념을 적용한 것이다.

블로그의 경우 정성 들여 긴 글을 쓰고 이를 많은 사람들에게 공
개해야 하는데, 두고두고 기록이 남는다는 점에서 아무래도 부담
스러운 부분이 분명히 있다. 풍부한 자료와 경험을 바탕으로 자신
의 생각을 논리적으로 제시하는 인기 블로거의 글에 내 보잘것없
는 포스팅이 비교당하지 않을까 전전긍긍하는 사람들도 많았다.
하지만 140자 이내의 단문만 쓰는 게 규칙인 체계에서는 이런 부
담이 없다. 단문이 규칙이라는 점을 빌려서 적당히 아무 말이나 적
어 올리면 '뭔가 생각이 있지만 140자 제한으로 그 생각을 모두 표
현하지 않고 있다'는 식의 핑계가 가능한 것이다. 단문을 하루에도

냉소 사회

몇십 개씩 올릴 수 있으니 과거에 올린 글들은 그야말로 씻겨 내려
가듯 시야에서 쉽게 사라지므로 블로그보다 개별 글에 대한 책임
을 덜 질 수 있다는 점도 매력 포인트다.

트위터와는 분명한 차이점을 갖고 있는 도구지만 페이스북 역시
'마이크로 블로깅'이란 차원에서 위와 같은 특징을 공유하고 있다.
비록 단문의 제한은 없으나 개별 글들을 검색하는 기능이 없기 때
문에 두고두고 찾아볼 만한 의미 있는 글을 써서 올리기에는 적합
하지 않다. 과거에 썼던 글을 다시 찾으려면 한도 끝도 없이 마우
스 스크롤을 내리는 중노동을 하거나, 따로 자신이 쓴 메시지를 저
장해놓고 찾아보는 수밖에 없다.

오늘날 SNS라고 불리는 도구들이 이런 방식으로 확보하고 있는
메시지의 '일회성'은 PC통신 시대에는 채팅방을 통해서 구현됐다.
채팅방에서는 뭐라고 말하든 따로 캡처를 하지 않는 이상 기록이
남지 않는다. 그렇기 때문에 소수의 친목을 도모하기 위한 채팅 모
임이 따로 존재하는 게 아니라면 채팅방에서 형성되는 이용자로서
의 정체성은 대부분 일회적이다. 이러한 일회적 정체성 선호는 게
시판 시대에 활약했던 익명의 이용자들 사이에서도 발견할 수 있
는 부분이다. 이들은 범죄적 행위로 수사 당국에 의해 IP를 추적당
하는 사태 같은 것이 벌어지지 않는 한 자신이 써놓은 수많은 글들
에 책임을 질 필요가 없다. 메시지의 일회성은 SNS의 시대에도 일
종의 편리함으로 작용하지만 일회적 정체성의 경우는 위에서 언급
했듯 블로그 이후의 가상공간 질서에서 사실상 배척됐다. 블로그

시대 이후 본격적으로 만발하게 된 가상공간에서의 자아 전시 욕구가 이러한 일회적 정체성을 통해서는 채워지지 않기 때문이다.

정리하자면 이렇다. PC통신 시대의 채팅방은 이용자에게 메시지와 정체성의 일회성을 강제했다. 인터넷 게시판의 경우 메시지의 일회성을 쟁취하려면 주체의 연속성을 포기해야 한다. 블로그의 경우 메시지와 주체의 연속성이 모두 강제된다. 둘 중 하나의 일회성만 취하기는 어렵다. SNS는 편리하게도 '파워 유저'가 아닌 대부분의 경우 메시지의 일회성과 주체의 연속성이 비교적 잘 보장된다. 이는 가상공간에서 끝없이 벌어지는 다중 대 다중를 대상으로 하는 사실상의 인정 투쟁에서 자신의 약점을 최대한 감추면서도 가상적 허세를 부리거나 쉽게 남을 공격할 수 있는 최적의 조건을 제공한다.

그러므로 SNS의 시대에는 더 이상 인터넷 게시판에서 칼날 같은 논리를 뽐내는 논객이나 파워블로거 등을 부러워할 필요가 없다. SNS는 나에게 그런 성가신 것들을 요구하지 않는다. 나는 단지 비웃고 이에 대한 여러 사람의 동의를 모으는 것만으로 내가 시샘하는 사람을 단숨에 제압할 수 있다. SNS를 활용해 남을 이겨먹고 열등감을 극복하는 방법으로는 이게 제일 효율적이다. 여기서 애초의 무기였던 '논리와 이성, 지식'은 냉소의 대상이다. 그런 것 없이도 이제 우리는 이길 수 있기 때문이다.

SNS 시대의 이런 특징이 보여주는 또 다른 특성은 일상과 가상공간의 일체화이다. 메시지의 일회성과 주체의 연속성은 우리 일상이 갖는 특징이기 때문이다. 우리는 살면서 수많은 말을 하지만 그중 대부분은 따로 기록되지 않는 한 공기 중으로 흩어져 사라진다. 하지만 그러한 말들 하나하나가 '나'라는 사람의 정체성을 형성하는 요소가 된다.

SNS 이전 시대에는 가상공간과 일상을 명확하게 분리하는 어떤 선이 있었다. 가상세계에서 맺은 인연을 오프라인 공간에서 다시 확인하는 절차는 그래서 특별한 이벤트였다. 가상공간에서 따로 정체성을 가지지 않고 일회적인 메시지만을 내놓는 사람들의 경우는 굳이 가상세계에서의 인연을 따로 확인할 필요가 없는 입장이었다. 메시지의 일회성이 아닌 연속성을 선택한 사람들에게도 가상세계의 인연을 오프라인에서 확인하는 건 쉬운 일이 아니었다. 우리는 보통 인간관계에서 속마음을 감추고 상대에게 보기 좋은 면을 먼저 어필함으로써 첫인상을 좋게 만드는 전략을 쓴다. 하지만 이들의 경우는 이미 가상공간에서 자신의 뱃속까지 모조리 보여준 경우가 많다. 이를 직업적 이유나 혹은 다른 욕망의 충족을 위해 일부러 의도한 게 아니라면 아무래도 이 가상의 정체성을 자신의 실제와 연결해야 한다는 것은 부담스러울 수밖에 없다.

하지만 SNS의 시대에는 가상공간의 정체성을 오프라인의 자아를 통해 보여주는 것에 큰 부담이 없다. 이런 세태를 더욱 든든하게 뒷받침해주는 것이 페이스북이다. 페이스북이 추구하는 것은 오프라인의 주체가 온라인의 환경에서 그대로 재현되어야 한다는 것이다. 이는 필연적으로 인터넷 시대의 핵심 가치인 '익명성'

을 저해한다는 점에서 '안티인터넷'으로도 부를 수 있겠다. 페이스북의 이런 비전은 정말로 오프라인의 인간관계들을 온라인으로 옮기는 데 성공했다. 페이스북은 오프라인에서의 인간관계가 예측되는 경우 끊임없이 친구들의 계정을 추천해준다. 이름도 실명일 가능성이 없는 형태의 이름은 자동으로 필터링해 사용을 금지한다. 이 때문에 '이상한 모자'는 페이스북 계정의 이름으로 쓸 수 없지만 '건담'은 쓸 수 있다는 우스운 상황도 겪었다. 페이스북이 유도하는 상황 속에서 결국 인터넷은 일상 그 자체가 된다.

아니, 어떤 면에서 일상과 가상공간을 일체화하려는 페이스북 등의 이러한 노력은 우리가 일상에서 맺고 있는 인간관계와 이를 바탕으로 한 커뮤니티의 성격도 변화시키는 흐름을 만들어내고 있다. 예를 들어 일상에서는 다른 사람이 듣지 못하게 하는 독백을 가상공간에서는 누구나 들을 수 있게 한다는 것 또한 이러한 변화의 한 요소다. 결국 우리는 오프라인의 인간관계를 가상공간에서 재현하며 자기 전시의 방식 중 가상공간의 고유한 몫을 고스란히 일상에 포섭하는 파격을 아무렇지도 않게 감행하고 있다. SNS와 함께하는 일상은, 비유하자면 우리 모두가 우리 모두에 대한 '사토라레'인 것과 같다. 이 덕분에 우리가 마음속에만 담아뒀던 열등감, 셀러브리티들에 대한 열광과 냉소, 여기에 이어지는 '판단 중지'는 더욱 빠른 속도로 확산되고 공유되며 평가된다.

물론 모든 인터넷 서비스들이 페이스북과 같은 비전을 갖고 있는 것은 아니다. 이를테면 트위터는 실시간 뉴스 전달 서비스를 지향한다. 오프라인의 인간관계를 온라인으로 옮기는 것이 핵심이 아니라 어떤 메시지나 정보를 최대한 빠르게 확산시키는 데 중점을 둔 서비스란 얘기다. 하지만 상당수 이용자들이 뉴스 공유와 전달에 더해 신변잡기를 끄적이는 데 트위터를 많이 활용하고 있고, 이를 고리로 가상공간의 인간관계가 오프라인과 영향을 주고받는다는 점에서 트위터 역시 SNS시대의 특징을 고스란히 지닌 서비스로 평가할 수밖에 없다. 과거에는 SNS의 양대 산맥으로 불리기도 했으나 트위터에 지친 이용자들이 페이스북 이용에 만족하는 사례가 계속 늘어나고 있다는 사실이 무엇을 보여주는 것인지도 명백하다. 이제 인터넷은 감정의 전장이 되었고, 바로 이런 과정을 통해 '인터넷 문법'이 형성됐다.

쿨게이들의
'진짜 의도'

이쯤에서 지금까지 알아본 가상공간에서의 '열등감'이 다뤄지는 방식을 한번 정리해보자. 첫째, 사람들은 가상공간에서 '자기 전시'를 중심으로 한 활동을 통해 일상의 열등감을 극복한다. 둘째, 가상공간에서의 경쟁적 활동은 결국 이용자 간의 우열을 만들어내며 우위에 있는 이용자는 열광이나 냉소의 대상이 된다. 셋째, 열광의 대상이 된 사람은 능력주의적 프레임에 의해 인터넷 권력을 획득하는데, 이 권력을 추종하는 사람들은 열광을 유지하기 위해 종종 핵심 문제에 대한 '판단 중지'를 선택한다. 넷째, 가상공간에서의 활동이 현실의 구체적 이득으로 연결되면 열광의 대상이었던 사람에 대한 질투가 커진다. 다섯째, SNS의 발달은 인터넷과 현실의 경계를 허물어 앞의 현상을 더욱 가속화하고 있다.

유명 논객이나 인터넷 셀러브리티에 대한 사람들의 열광 역시 능력주의의 한 단면이라는 점에서 비평의 대상이긴 하지만, 이 대목에서 우리가 어떤 시대정신을 논하기 위해 주목해야 할 것은 '잘난 대상'을 다루는 냉소이다. 이를 위해서는 '쿨게이'라 불리는 일군의 블로거들에 주목해봐야 할 필요가 있다.

'쿨게이'란 무엇인가? 쿨한 게이gay라는 뜻은 아니다. 이 말의 어원을 두고는 여러 논란이 있으나 쿨가이cool guy를 비틀어 부르는 말이라고 이해하는 게 가장 합리적인 것 같다. 이들이 이런 이름으로 불리게 된 것은 냉소적인 태도로 논쟁적인 사안을 다루면서 한쪽으로 치우치지 않는 의견을 가진 사람으로 스스로를 연출하는 데 재능을 보이기 때문이다. 이들은 다소 뻐딱한 태도를 유지하며, 무언가에 열광하는 사람들을 시종일관 비웃는다. 쿨게이들의 눈에 열광적인 신도들은 뭘 모르거나 이용당하는 사람들이다.

실제로 인터넷 시대가 본격적으로 열린 1990년대 후반 이후 무언가에 열광하는 사람들에 대한 비웃음이 여기저기에 넘쳐났던 게 사실이다. 대표적으로는 '빠순이'에 대한 혐오가 있다. 빠순이란

냉소 사회

아이돌 가수 등에 열광하는 젊은 여성을 비하하기 위해 사용되는 단어다. 남성 중심의 인터넷 커뮤니티 질서에서 빠순이들은 그야말로 한심한 존재로 취급된다. 여기에는 물론 아이돌 가수들에 대한 비하적 시선이 전제돼 있다.

남성 이용자 중심의 인터넷 커뮤니티들에서 남성 아이돌 가수들은 그야말로 양심도 없는 존재들이다. 말하자면 다음과 같은 논리다. 가수란 자고로 노래를 잘해야 하는데 아이돌 가수들은 노래를 잘하지도 못하면서 잘생긴 외모와 춤만으로 부당하게 여성들의 인기를 독차지하고 있다. 인터넷 공간에서 남성들의 이 같은 분노는 립싱크(진정한 '노래'가 아닌!)를 문제 삼는 사회 분위기 속에서 급격하게 확대됐다. 이들의 인식 속에서 이런 불량 상품에 열광하는 젊은 여성들은 음악을 모르는 철없는 어린아이들에 불과하다.

이 시기 경쟁적으로 벌어졌던 가수 문희준에 대한 문화적 괴롭힘도 이런 맥락 안에 존재한다. 노래를 제대로 하지 못하는 한낱 아이돌 가수에 불과한 문희준이라는 자가 상당한 음악적 센스가 필요한 밴드 음악, 그것도 '스피릿'이 충만해야 할 수 있는 록을 하겠다고 하니 인터넷 커뮤니티의 남성들은 도저히 참을 수가 없었던 것이다. 이들의 분노가 얼마나 엄청났던지 문희준을 괴롭히는 내용의 플래시 애니메이션까지 선풍적인 인기를 끌었다. '오인용'이란 팀이 만든 이 애니메이션 덕에 한국 플래시 애니메이션의 르네상스가 열렸을 정도였다. 분위기가 이러니 문희준은 한동안 제대로 활동조차 할 수 없었다. 문희준이 군역을 마치고 사회에 복귀한 다음에야 이런 식의 괴롭힘은 중단됐다. 군대가 남성 중심 커뮤니티의 일원으로 문희준을 인준해준 것이다.

이러한 흐름이 인터넷 공간에 이미 만연해 있었음에도 쿨게이들의 방식이 독특하게 다뤄지는 것은 다른 흐름들처럼 적극적인 방식으로 열광하는 존재들을 탄압하는 게 아니라 이들의 이런 방식마저도 냉소의 대상으로 삼았기 때문이다. 예를 들어 위에 언급한 문희준 케이스라면 문희준의 부적절한 행위를 비판하면서도 문희준을 비난하는 쪽 또한 문제가 있다는 비평을 뻐딱한 태도로 내놓는 식이다. 이들의 이러한 태도는 태도 자체의 문제와 그 태도가 문제가 되는 상황이라는 양면적인 지점에서 문제를 발생시킨다.

담론의 세계에서 '양비론'은 절대 있을 수 없는 일이 아니다. 대개 양측이 격렬하게 대립하고 있다면 꼭 한쪽만이 아니라 양쪽 모두에 어느 정도 문제가 있는 경우가 대다수다. 두 진영의 문제를 모두 지적하고 새로운 대안을 제시하는 건 논쟁을 생산적으로 하는 방식이지 결코 비난받을 일이 아니다. 즉, 쿨게이들의 포지션 자체가 문제라는 건 아니라는 얘기다.

다만 쿨게이들이 비난받는 이유는 이들이 거의 모든 문제에서 계획적으로 이러한 포지션을 취하는 것 아니냐는 의심이 존재하기 때문이다. 다시 말해 정말로 논쟁에서 생산적인 역할을 하고 싶어서가 아니라 단지 관심을 끌어보기 위해서 냉소에 찬 양비론적 태도를 전략적으로 고수하는 것 아니냐는 거다. 이런 관점에서 볼 때는 쿨게이들의 태도가 진리를 구하기 위한 것이라기보다는 인터넷

112

냉소 사회

공간에서의 만인의 만인에 대한 인정 투쟁에서 승리하기 위한 하나의 방편으로서 고안된 것이라고 해석할 수 있다. 이 해석을 따르자면 '쿨게이'란 양극단의 편향을 비난하며 중립을 향한 편향을 추종하는 존재들이다. 즉, '편향을 하지 말자는 편향'이다.

하지만 쿨게이적 태도가 특정한 스타일로서 유행했다는 점에서 이러한 해석에 일리가 없는 것은 아니라는 것을 분명히 하더라도 많은 사람들이 인터넷 공간에서 이들을 다루는 방식이 폭력적이라는 것 역시 부정할 수 없는 사실이다. 쿨게이적 태도 자체를 중심에 놓고 벌어지는 논쟁은 문제의 핵심을 떠나 대개 '쿨게이는 당연히 공격해야 할 것을 왜 공격하지 않는가?' 또는 '왜 방어하지 않는가?'의 구도로 진행된다. 이런 구도의 논쟁이 늘 벌어지고 있다는 것은 그야말로 비판과 비평의 종말을 뜻한다.

인터넷의 대중화로 누구나 자신의 의견을 불특정 다수에게 피력하는 일이 가능해지면서 인터넷을 통한 '자력구제' 역시 일상화됐다. 흔히 말하는 '네티즌 수사대'가 대표적인데, 이들은 본인들이 갖고 있는 네트워크 지식을 십분 활용해 자신들이 '악'이라고 생각하는 대상의 신상을 폭로하고 사실상의 여론 재판을 벌인다는 점에서 사회적 문제가 된다. 그런데 반드시 사회적 문제 수준은 아니더라도, 이미 벌어진 문제에 대해 여러 사람이 비판적 태도를 취하고 논쟁을 제기함으로써 문제를 해결하려 드는 행태를 보이는 것은 인터넷 세계에서는 자연스러운 일이다. 하다못해 축구협회가 국가대표 축구 감독으로 부적절한 사람을 선임했다는 이유 같은 것으로도 가상공간에서 논란이 벌어지고 실제 이것이 여론으로 받아들여져 감독이 경질되는 상황은 충분히 일어날 법한 일이다.

다시 말해 인터넷에 익숙해진 사람들은 절차에 따른 민원을 축구협회에 제기하기보다 특정 커뮤니티에서 시끄럽게 떠들며 이를 여론화하는 게 훨씬 더 효율적이고 파괴력을 지닌 행위임을 잘 알고 있는 것이다. 이 과정에서 중요한 것은 문제의 내용을 모두가 공유하고 문제 제기를 어떤 방향으로 할 것인지, 대안으로 무엇을 요구할 것인지를 정하는 게 아니다. 공격이냐 방어냐의 기본 태도를 정하는 게 모든 것에 우선한다. 그것을 어떤 논리를 갖추어서 할 것인가는 나중 문제다. 원론으로 보자면 순서가 뒤바뀐 것이지만 효과를 보자면 이쪽이 훨씬 효율적이다.

이런 현실은 결국 '깜'과 '실드'의 논리를 만들어냈다. 어떤 문제가 발생했을 때 가상공간에서의 논의 방식은 이것을 공격해야 힐 문제인지 방어해야 할 문제인지를 먼저 판단하고 이에 맞춘 행동 지침을 내리는 것이다. 이것이 '까여야 할 문제'라면 수단과 방법을 가리지 않고 문제 제기를 하는 데 열중하며, '실드를 쳐야 할 문제'라면 또 어떤 방법을 사용하더라도 무조건 방어 논리를 제공해야 하는 것이다. 이게 가상공간에서의 여론전을 대하는 사람들의 방식이다.

하지만 쿨게이들은 이렇게 행동하지 않는다. 쿨게이들은 다수의 가상공간 이용자들처럼 어떤 문제에 대해 까야 하는 것인지 실드 쳐야 하는 것인지를 말하는 게 아니라 양자의 방법론의 문제나 문제 제기 과정에서 드러난 무리한 논리 전개 등을 집중 공략한다. 여론전에 익숙한 이용자들은 쿨게이들의 주장을 보고 도대체 까자는 건지 실드를 치자는 건지 헛갈려 한다. 여기서 반드시 돌출되는 문제는 이 다루기 곤란한 쿨게이의 '진짜 의도'이다. 쿨게이가 아닌 사람들은 쿨게이가 합리적인 척하면서 까야 할 문제를 실드 치고 있거나, 실드 쳐야 할 문제를 까고 있는 것 아닌지를 의심한다.

쿨게이의 이런 '진지함'이 그 내용에 대한 논의가 아니라 쿨게이가 가진 '배후의 욕망'이나 어떤 '눈치 없음'이라는 특성으로 받아들여지는 이 일련의 블랙코미디 같은 상황은 앞서 살펴본 인터넷의 권력 구도가 뒤틀려버린 순간을 보여준다. 이때 '깜'과 '실드'의 논리를 따르는 사람들은 말하자면 '열광하는 사람들'이다. 이들은 쿨게이의 주장을 논리로 논파해야 할 시점에 핵심 쟁점에 대한 판단 중지를 선택한다. 바로 여기서 우리는 열등감이 냉소주의로 전화하는 순간을 다시 한번 목격하게 된다.

대중적 불만의 폭발, 사이버 민중주의

가상공간에서의 냉소를 고찰하기 위해서는 앞서 언급한 인터넷상에서의 '자력구제' 행위를 다시 한번 짚어볼 필요가 있다. 네티즌 수사대로 대표되는 가상공간에서의 자력구제가 가장 빈번하게 일어났던 커뮤니티는 '디시인사이드'이다. 이곳은 국내 인터넷 문화의 총본산답게 인터넷을 소재로 한 거의 모든 사건들의 근거가 됐던 공간이다.

이 디시인사이드의 게시판들은 주로 사진을 올리는 용도로 쓰인다는 점에서 '갤러리'라는 이름이 붙어 있는데, 각 갤러리 하나하나가 독립된 커뮤니티를 이루고 있다. 이들 중 가장 세력이 크면서 끊임없는 자력구제 활동으로 맹위를 떨친 곳을 고르라고 하면 '코미디 프로그램 갤러리'를 꼽지 않을 수 없다. 줄여서는 '코갤'이라고 하며 이곳의 이용자를 '코갤러'라고 한다.

이들이 벌인 대표적인 자력구제 활동으로 이른바 '별창녀'들과의 전쟁이 있다. '별창녀'란 아프리카 TV라는 실시간 웹캠 중계 플랫폼을 활용해 음담패설이나 일정 수준의 노출 등을 매개로 돈벌이를 하는 여성들을 비하해 일컫는 말이다. 아프리카 TV는 방송을 진행하는 호스트에게 사이버 머니의 형태로 자유롭게 돈을 지급할 수 있는데, 이 사이버 머니의 이름이 '별풍선'이다. 즉, '별창녀'라는 조어는 별풍선을 받고 몸을 파는 여성이라는 의미를 가진 고약한 남성 중심적 조어로 볼 수 있다.

코갤러들은 아프리카 TV 방송을 자체 검열하다 '별창녀'를 발견하면 집단으로 방송에 접속, '도배'를 해 방송을 방해하거나 방송을 진행하는 호스트의 '신상'을 털어 공개하는 등 다양한 방식의 사이버 테러를 가해 이들에 대한 응징에 몰두했다. 여기에는 사이

냉소 사회

버 공간에서 어떤 집단행동을 불러일으키는 데 필요한 모든 요소가 집약돼 있었기 때문에 '별창녀 사냥'은 2년 가까운 시간 동안 계속됐고 심지어 이를 기념하기 위해 코갤러들의 활약상을 담은 동영상 작품까지 만들어지기에 이르렀다.

'별창녀 사건'이 가상공간에서 일어난 자력구제 활동의 유일한 예는 아니다. 또 다른 예로 인터넷 시대 초창기인 2002년에 벌어진 이른바 '병욱대첩'을 들 수 있다. 서울대 학생 커뮤니티에 병욱이라는 이름의 학생이 '주 2회 40만 원 이하의 금액으로는 과외를 하지 말자'는 취지의 글을 올리자 디시인사이드와 나우누리 이용자들이 대거 접속해 사이트를 마비시킨 사건이다. 당시 서울대 학생 커뮤니티는 제로보드를 기반으로 하고 있었는데, 덕분에 제로보드의 한계를 테스트하는 계기가 됐다는 얘기까지 나올 정도였다. 그만큼 많은 사람들이 자력구제 활동에 참여한 사건이라는 얘기다.

이 사건이 성립된 이유는 첫째로 이러한 자력구제 활동에 사회적 명분이 있었기 때문이다. 명문대를 다니는 대학생들의 고액 과외는 과거부터 문제적인 것으로 받아들여졌다. 공교육 체계를 교란하는 데다가 금전 사정이 좋은 집 자식들이 공부까지 잘하는, 학벌의 대물림을 가능케 하는 요소로 여겨지고 있었기 때문이다.

이런 사건이 일어난 두 번째 이유는 다수 대중의 '열등감'을 자극했기 때문이다. 학벌 카스트 최하위에 위치하는 어느 지방대 학생이 과외비 동결을 주장했다면 사회적으로 전혀 문제가 되지 않았을 것이다. 그저 자부심 강한 어떤 사람의 자아가 반영된 주장으

117

로 해석할 수 있기 때문이다. 하지만 서울대를 재학 중인 학생이 과외비 동결론을 주창하는 것은 사정이 완전히 다르다. 서울대 재학생은 결국 엘리트 기득권층에 속하기 때문에 많은 사람들이 그 과외비를 받아야 하는 대학생보다는 과외비를 내야 하는 서민층에 자신을 동일시하게 되므로 위의 자력구제 행위에 당위가 성립하게 되는 것이다.

이후 사이버 공간에서 이뤄진 자력구제 행위의 다른 예에서도 이런 요소들은 반복해서 드러난다. 2008년에는 소위 '회손녀 사건'이라는 게 화제가 됐다. 2008년 베이징 올림픽 당시 자신의 미니홈피에 유도 종목에서 은메달을 딴 왕기춘 선수를 원색적으로 비난한 어떤 여성을 디시인사이드의 이용자들이 대거 몰려가 사이버 테러를 가한 사건이다. 당시 이 여성은 '왕기춘 선수는 도봉구의 수치이며 이원희 선수가 출전했어야 한다'라고 해석할 수 있는 주장을 미니홈피에 게재했다.

이원희 선수는 올림픽 출전권을 놓고 벌인 경기에서 왕기춘 선수에게 패배했다. 문제는 이원희 선수가 그 이전에 유도계의 파벌 문제를 제기하는 추성훈 선수의 주장을 일축하는 바람에 여론의 도마에 오른 적이 있다는 것이었다. 유도계의 파벌 문제 때문에 추성훈 선수가 국내에서 선수 생활을 하지 못하게 된 것을 두고 이원희 선수가 '최고의 선수라면 파벌 문제마저도 극복해야 한다'라는 내용의 발언을 한 것이 당시 논란이 됐다. 이후 이원희 선수는 디시인사이드 이용자들의 입장에서 보면 참 고소하게도 당시 파벌의 주류였던 왕기춘 선수에게 패배해 올림픽에 출전할 수 없게 됐다.

다수의 인터넷 커뮤니티 남성 이용자들은 실력에 비해 평가를 받지 못한 추성훈 선수에게 감정이입을 하는 상황이었다. 자신 역시 회사나 가정 등 일상생활에서 자기 능력이나 그간 기울인 노력에 비해 부당한 대우를 받고 있다는 억울함으로 분노에 찬 이가 많았다. 그런데 이 여성은 이런 맥락을 깔아뭉개고 왕기춘 선수가 아닌 이원희 선수가 출전했어야 했다고 말한 것이다. 그러니 가상공간에서 자력구제의 스위치가 작동하고야 만다. 흥분한 남성들의 서사 속에서 이 여성은 국제 대회인 올림픽에서 금메달을 획득하지 못한 선수를 응원하기는커녕 비웃었고 못난 남성들의 열등감에 불을 붙이는 행위를 동시에 감행한 것이다.

이 사건엔 명분과 열등감 자극이라는 두 요소 외에도 이후 남성들이 중심이 된 인터넷 커뮤니티가 사이버 테러를 통해 자력구제에 나서는 행위의 핵심적 요인 하나가 더 있었다. 그것은 사건을 일으킨 주체가 남성들이 열등하다고 믿는 '여성'이었다는 점이다. 이 당시는 2005년 '개똥녀 사건'을 기점으로, '멍청하고 뻔뻔한 여성'이라는 가부장적 편견에 입각한 전형적 캐릭터에, 그간 축적되어온 페미니스트 일반에 대한 분노와 앞서 설명한 합리적 소비 담론이 뒤섞인 '된장녀'라는 명명이 유행하던 시기였다. 이 사건에 '회손녀'라는 명칭이 붙은 것도 이 여성이 '명예훼손'을 '명예회손'으로 오기했기 때문인데 이 조어 자체가 '멍청하고 뻔뻔한 여성이 무례를 저지른 사건'이라는 의미를 담고 있다는 점은 여성을 아래로 보는 남성들의 전통적인 선입견이 작용한 결과다. 즉, 앞서의 '병욱대첩'은 네티즌들이 보기에 대상이 너무 잘나서 생긴 일이고, 회손녀 사건은 대상이 '못나서' 생긴 일인 셈이다.

앞서의 '별창녀' 사냥으로 돌아가면 사이버 테러리즘의 이런 정식이 확립된 이후 가상공간에서의 자력구제 행위에 관한 통찰을 얻을 수 있다. '별창녀'들의 경우 왜곡된 인터넷 문화의 확산을 막아야 한다는 것이 가상공간의 자경단들에게 구실이 됐다. 건전한 방법으로 정보를 제공하는 데 집중해야 할 아프리카 TV와 같은 플랫폼이 돈을 주고 어떤 방식으로든 성性을 사는 공간으로 변질되는 걸 막아야 한다는 우격다짐식의 당위가 성립된 것이다. 특히 남들은 아등바등 1년은 일해야 벌 수 있는 돈을 그들은 한 달 만에 별풍선을 통해 편하게 번다는 것에 사이버 자경단들은 크게 분노했다. 이 모든 행위를 특히 '여성'이 하고 있다는 점에서 이 '정의의 용사'들은 분노의 불길을 더욱더 거세게 뿜어냈다. 대다수 '정의의 용사'는 남성이기 때문에 그런 방송으로 편하게 이득을 볼 가능성이 애초에 봉쇄되어 있다는 점도 한 이유가 되었을 것이다. 즉, 이들이 분노하는 포인트는 '나보다 못나야 할 사람이 내가 애초부터 가질 수 없는 것을 활용해 부당한 이득을 보고 있다'는 데에 있다.

과거 이러한 자력구제의 논리가 정치 분야에서도 작동한 사례가 있다. 대표적 예가 2002년 대통령 선거다. 당시 네티즌들은 한나라당 후보였던 이회창 후보를 '이회충'으로 부르며 온갖 합성 그림 등을 만들어 조롱하기 바빴다. 이회창 후보에 대한 이런 반감은 그

냉소 사회

가 경기고, 서울대 법대를 나와 대법관, 국무총리를 역임한 엘리트 중의 엘리트요, 비록 야당 후보이긴 하지만 구 기득권 세력을 대표하는 캐릭터라는 점에 대한 반발로 정리할 수 있다. 게다가 상대인 노무현 후보는 정치 개혁이라는 당시의 분위기에 걸맞은 명분까지 제공하고 있었다. 당시 네티즌들의 열광적인 활동은 노무현 후보의 인터넷 기반 팬클럽인 '노사모'의 활동과도 시너지 효과를 내 결국 노무현 후보가 승리하는 결과로 이어지기까지 했다. 언론은 인터넷에 마구 흘러넘치는 진보 성향을 새삼스럽게 평가하며 젊은 세대의 분투를 재조명하는 데 여념이 없었다.

하지만 이들의 이러한 활동은 명확한 이념과 사상, 정치 지향을 근거로 진행된 것이라기보다는 본질적으로 위에서 길게 서술한 온갖 사이버 자력구제 활동과 같은 맥락에서 시작된 것으로 볼 수 있다는 점에서 '사이버 민중주의'라고 명명해도 손색이 없을 것이다. 이런 형태의 민중주의는 대개 대중적 불만의 어떤 폭발을 표현하고 있다는 점에서 본질적으로 피지배층의 무기로 간주되지만 그 무기의 끝이 어디를 향할지 모른다는 특성을 갖고 있다.

사이버 민중주의라는 칼끝이 기득권을 향할 때, 우리는 군부독재의 잔재가 잔뜩 남아 있는 국가에서 자유주의적 지향을 가진 비주류 인물의 대통령 당선이라는 기적 같은 일을 목도할 수 있었다. 하지만 이 칼끝이 여성을 비롯한 사회적 약자를 향할 때에는 얼마나 상식적이지 않은 일이 일어나는지, 우리는 지금 그 현실을 바로 눈앞에서 보고 있다. 이런 상황이 더 가속화하고 있다는 건 확실히 문제다. '이회충'을 놀리며 노무현 대통령을 탄생시켰을 당시 우리는 이런 식의 인터넷 활동을 일종의 정치적 유희로 받아들였다. 그러나 이제는 같은 형식의 행태가 약자에 대한 혐오로 이어지고 있다. 이 배후에는 냉소주의의 흔적인 어떤 기만적 논리가 공통적으로 숨어 있다. 그건 '두 후보의 정책과 비전을 이성과 논리를 이용해 검토하는 건 소용이 없다'는 것과 '인터넷에서 행위와 표현을 할 때 약자를 배려해야 한다는 명분과 당위는 아무짝에도 쓸데가 없다'는 거다. 바로 이 점이 애초에 문제의 핵심 자체에 대한 판단중지가 작동되는 하나의 스위치가 되지 않았겠는가.

게임 감각과
현실세계

젊은 인터넷 이용자들은 게임에 익숙하다. 1984년 대우전자가 'IQ 1000'이란 이름의 MSX 방식의 컴퓨터를 만들어 판매한 이후 이당시 성장한 세대들은 어떤 방식으로든 비디오 게임에 익숙한 삶을 살아왔다. 특히 1990년대 이후 각 가정에 비디오 게임기가 대중적으로 보급되면서 당시 유년 시절을 보냈던 세대라면 누구나 비디오 게임에 대한 향수를 갖게 됐다.

초기의 비디오 게임은 형식과 내용에서 모두 단순한 수준을 벗어나지 못했다. 장애물을 피해 목표를 연속해서 달성하는 것이 게임 내용의 전부인 〈팩맨〉, 〈너구리〉와 같은 게임이나 전투기로 형상화된 물체를 조종해서 목표물을 명중시키는 형식의 〈갤러그〉, 〈자낙〉과 같은 게임들이 대표적이다. 이런 게임들은 아주 기초적인 수준에서 재미를 제공하거나 다른 사람과의 경쟁의식을 불러일으키는 것 이상의 영향력을 발휘하지 못했다.

하지만 좀 더 좋은 성능의 게임기가 집집마다 비치되면서 비디오 게임이 사람들에게 미치는 영향에도 일정한 변화가 생겼다. 국내에는 '현대 슈퍼컴보이'라는 이름으로 정식 발매된 닌텐도 사의 SNES를 통해 일본에서 만들어진 롤플레잉 게임들이 큰 인기를 끌었다. 〈파이널 판타지〉, 〈드래곤 퀘스트〉, 〈성검전설〉, 〈크로노 트리거〉 등이 대표적인데, 이러한 게임들은 그전까지 사람들이 갖고 있었던 비디오게임에 대한 개념을 전혀 다른 차원으로 변화시키는 공을 세웠다.

예를 들면 팩맨이 문어처럼 생긴 괴물들을 피해다니며 작은 점들을 먹을 때 그것을 현실에 존재하는 생물의 생존기로 이해하는 사람은 흔치 않을 것이다. 〈갤러그〉나 〈자낙〉의 경우도 마찬가지로 그 비행기들이 무엇 때문에 모든 것을 파괴하고 있는지 의문을 던지는 사람은 거의 없다. 하지만 SNES나 메가드라이브 등을 통해 보급된, 발전된 기술력에 의한 게임들은 이전의 게임들보다 훨씬 현실에 가까운 묘사를 보여주면서 새로운 의미를 재생산하게 됐다.

국내에서 특히 많은 인기를 얻은 일본의 롤플레잉 게임들은 게임의 구성이나 형식을 복잡하게 만들기보다는 이용자가 몰입할 수 있는 이야기 구조를 만드는 데 훨씬 더 많은 공을 들였다. 이런 게임의 주인공이 대부분 13~18세 사이의 사춘기 청소년인 것도 몰입감을 배가시키기 위한 장치로 볼 수 있다.

고성능 PC가 보급된 이후 그래픽 등이 향상된 PC게임의 경우도 게임의 영향력을 이전과는 다른 차원으로 끌어올렸다. 더 이상 사람들은 비디오 게임에 등장하는 그래픽을 무언가의 상징으로 이해할 필요가 없어졌다. 초기 비디오 게임에서는 여러 색깔의 작은 점들이 과연 무엇을 표현하고 있는 것인지를 이해하기 위해 많은 시간과 경험이 필요했다. 하지만 향상된 그래픽을 활용한 게임의 시대에서는 그런 연상 작용이 따로 필요 없다. 게임이 현실에 점점 더 가까워졌기 때문이다.

비디오 게임은 이용자의 의사가 반영되고 직접적으로 피드백이 전해진다는 특징이 있다. 영화나 애니메이션이 관람객을 피동적인 입장에 놓는 것과는 사뭇 다르다. 비디오 게임의 이런 특징은 이용자에게 인식론적으로 훨씬 많은 영향을 끼친다. 게임이 점점 더 현실에 가까워지면서 이런 현상은 더욱 심화된다. 즉, 비디오 게임이 각 가정에 대중적으로 보급된 시기에 성장한 세대들은 세상을 보는 관점에서 게임에 영향받을 수밖에 없었다는 것이다. 여기에는 앞서 언급한 인터넷 시대에 많은 사람들이 느꼈던 당혹감의 확산과 유사한 과정이 포함돼 있다. 현실은 게임이 되고 게임은 현실이 되는 상황이 눈앞에 닥친 것이다.

124

이 세대가 게임을 통해 받은 영향을 좀 더 심도 있게 탐구해보기 위해서는 그 게임들이 어떤 특징을 갖고 있었는지를 더 알아볼 필요가 있다. 게임의 형태가 복잡해지고 게임에 포함된 콘텐츠를 전부 경험하는 데 드는 시간이 매우 길어지면서 과거 심심풀이 정도의 수준으로 즐기던 게임들에는 전혀 필요 없었던 기능들이 추가되기 시작했다.

대표적인 것은 '세이브' 기능일 것이다. 가정에 게임기가 보급되기 시작한 초창기의 게임들은 클리어할 때까지 걸리는 시간이 잘해야 한두 시간에 그쳤다. 하지만 앞서 언급한 일본식 롤플레잉 게임들이 인기를 얻고 총싸움 게임 등의 볼륨도 종전보다 크게 늘어나면서 오늘 다 하지 못한 게임을 다음 날 이어서 해야 할 필요가 생겼다. 그런 이유로 중간에 게임을 중단하더라도 나중에 이를 이어서 할 수 있도록 세이브 기능이 추가됐다.

이용자들은 이 기능을 활용해 다양한 시도를 할 수 있는데, 앞서 언급한 현실에 가까운 게임이란 개념에 비추어 생각해본다면 여기에서도 의미를 찾을 수 있다. 어떤 게임들은 게임 내에서 잘못된 선택을 할 경우에도 다양한 볼거리를 준비해놓기도 한다. 아마 이 잘못된 선택을 이용자가 했을 경우 비록 선택은 잘못됐지만 지금까지의 수고가 헛되지 않았다는 차원에서 보상을 주려는 것인지도 모른다. 어쨌든 이 경우 잘못된 선택으로 인해 게임이 끝나버린다는 점은 변하지 않는다. 하지만 게임을 끝내지 않으면서도, 잘못된 선택을 할 경우에 나타나는 장면을 보고 싶어 하는 사람이 있다면

125

어떻게 해야 하겠는가? 그 선택 직전에 세이브를 해놓고 게임이 끝나면 다시 선택 직전의 지점으로 로드를 하면 된다. 세이브 기능이 일종의 보험이 되는 셈이다.

이 세이브 기능의 추억은 사람들이 현실에서 기행奇行을 하는 데에도 일정한 영향을 미치는 것이 아닐까 한다. 오늘날 기행을 한다는 것은 매우 많은 용기를 필요로 한다. 인터넷과 SNS 등의 발달로 특이한 행동을 했다간 순식간에 많은 사람들에게 알려질 수 있기 때문이다. 하지만 그럼에도 사람들은 온갖 기행을 용감하게 감행한다. 이는 인터넷 공간에서 기행으로 비난받는 것은 단지 일순간일 뿐이라는 판단이 작용한 것일 수도 있겠으나, 게임에서의 '세이브' 기능에 익숙해진 측면이 작용하는 것일 수도 있다. 물론 현실에서는 일을 저지르기 전 세이브를 하는 것 따위는 불가능하지만, 마치 그런 것이 가능하다는 기분으로 자신의 기행을 '인증'하며 과시하는 것이다.

이런 식으로 비디오 게임이 현실에 얼마간의 영향을 미치는 사례들을 '게임의 논리'라 부를 수도 있을 것이다. 앞서 설명한 '잡캐'에 관한 맥락도 게임의 논리가 현실에서 구현된 것으로 설명 가능하다. 게임의 핵심 중 하나는 다른 사람과 경쟁하는 도구가 되는 것이며, 그 경쟁에서 어떻게 효율적으로 이길 것인가를 반복해서 고민하게 만드는 것 또한 게임이기 때문이다. 이런 측면을 앞서의 기행이 가능해지는 조건과 연결해보면 하나의 또 다른 맥락이 드러난다.

과거 인터넷 공간에서 가장 많은 기행의 기록이 올라왔던 게시판 중 하나는 디시인사이드의 '막장 사고 갤러리'였다. 애초 여러 사건 사고 중 내용이 엽기적인 것만을 따로 다루는 게시판이었던 이 공간은 시간이 지날수록 누가 더 충격적인 기행을 벌이는가를 겨루는 곳으로 그 용도가 변했다. 이들은 아무 이유도 없이 다른 게시판에 도배를 하거나, 이러한 행위의 대상을 확대해서 다른 웹사이트와 전쟁을 벌이거나, 네이버 실시간 검색어를 '북한 핵실험' 따위의 것들로 조작하거나, 자신의 중요한 신체 일부의 사진을 올리는 등 말로 다 형용할 수 없는 온갖 기행들을 벌였다. 그러한 기행은 거창한 목적과 같은 일관된 맥락에서 이뤄진 것이 전혀 아니었다. 마치 이것은 가상세계에서 일어나는 일의 일부일 뿐이라는 듯, 내일이 되면 오늘 세이브해놓은 상대를 이기기 위한 게임을 다시 이어서 즐길 수 있다는 관념이 적당히 작용한 것일 뿐이다.

　　여기서 반복해서 확인되는 것은 가상공간에서 열광과 냉소가 교차하고 있다는 점이다. 어떻게 보면 '데카당스'로 표현이 가능한 이 일군의 무리들은 인터넷 게시판에서 남들을 이겨먹기 위한 온갖 기행을 반복한다. 어떤 관점에서 보면 이 행위 자체가 현실에 대한 냉소임과 동시에 가상적인 것에 대한 열광이다. 이런 기행 경쟁이 현실의 자신에게는 별 긍정적인 영향을 끼치지 않는다는 것을 뻔히 알면서도 헛심을 쓰는 데 온 정신을 집중하고 있기 때문이다. 즉, 이들은 가상공간에서의 데카당스적 열광을 유지하기 위해 현실 문제에 대한 판단 중지를 선택한다.

하지만 이런 경쟁이 끝까지 이어질 수는 없는 것이므로 이들은 일정 정도 이상의 즐거움을 얻고 나면 다시 이 기행의 세계를 잠시 '세이브'하고 아무 일도 없었다는 듯이 끝없는 경쟁이 펼쳐지는 현실 세계로 '로그아웃'해 나온다. 다시 말하자면 이는 지금까지 가상공간에서 해온 행위들에 대한 냉소다. 이전에는 가상공간이 현실에 영향을 미치는 것에 대한 열광적인 관심을 갖고 있었지만 이제는 현실을 포함한 모든 것이 냉소의 대상이 된 셈이다.

문제는 이 냉소가 현실의 가장 핵심적인 고통을 맞닥뜨릴 때 벌어진다. 취업이나 인간관계에서 문제를 겪는 젊은이들은 자신들에게 가해지는 사회적 고통을 게임화해서 표현하는데, 여기에서는 세이브도 할 수 없고 로그아웃을 할 수도 없다. 고통받는 젊은이들이 자신의 처지를 온라인 게임의 캐릭터에 비교하며 망했다고 자조하지만 현실에서는 게임의 논리를 적용할 수가 없다. 망친 게임은 처음부터 다시 시작할 수 있지만 망친 현실에서 이를 구현하려면 스스로 죽음을 택해야 하기 때문이다. 그런데 그럴 수는 없는 노릇 아닌가? 남은 방법은 오직 입으로만 이 죽음을 향유하는 것이다. 죽고 죽이는 어떤 상황을 자조적으로 표현하는 온라인의 유행은 이런 맥락 속에 있는 것이 아닌가 한다.

냉소 사회

냉소주의로 전화하는
열 등 감

냉소주의의
두 가지 양상

지금까지 하나의 시대정신이라고 할 수 있을 만한 '열등감'이 인터넷으로 대표되는 가상공간과 만나 일종의 현대적 냉소주의로 전화하는 여러 양상들을 두서없이 늘어놓아 보았다. 이쯤에서 다른 사람들이 냉소주의에 대해 어떤 생각을 해왔는지 살펴볼 필요가 있을 것 같다. 21세기 가장 뜨거운 논란을 불러일으키는 철학자로 여겨지는 슬라보예 지젝Slavoj Žižek은 주요 저서인 『이데올로기의 숭고한 대상The Sublime Object of Ideology』에서 마르크스의 "그들은 그것을 알지 못한 채 그것을 행하고 있다"라는 문장을 인용하며 의문을 제기한다. 마르크스의 생각을 단순한 차원에서 받아들이면, 정치사회적으로 스스로에게 이득이 되지 않는 행위에 열광적으로 집착하는 세태를 교정하기 위해서는 그들에게 그런 행위의 실체를 알도록 해주면 된다. 이를테면 인터넷 게시판에서 기행을 일삼는 무리들을 자제시키려 한다면 그들의 기행이 하등 쓸데없는 것이며 일상생활을 망치는 것이라는 사실을 반복적으로 선전하면 되는 문제다.

하지만 과연 그런가? 이데올로기의 기능을 고려하면 문제가 그리 단순하지 않다는 사실을 깨닫게 된다. 가령 어떤 사람에 대해 "저 사람은 충격적이게도 (옷 속에서) 벌거벗은 채 거리를 활보하고 있다"라고 말하는 게 도대체 무슨 의미가 있느냐는 지적이다. 여기서 지젝은 독일의 페터 슬로터다이크Peter Sloterdijk가 쓴 『냉소적 이성 비판Kritik der zynischen Vernunft』을 인용한다. 슬로터다이크는 이데올로기의 지배적 기능 양식이 '냉소적'인 것이라고 주장하는데, 이 주장을 한마디로 요약하면 다음과 같다. "그들은 자신들이 무슨 일을 하고 있는지 잘 알지만 여전히 그것을 하고 있다." 즉, 냉소적 주체들은 스스로를 보편적인 것처럼 포장하는 이데올로기가 사실은 특정한 이익을 해하거나 보장하는 것임을 알면서도 그것을 지지하는 허위의식을 포기하지 않는다. 이것은 현대의 가상공간에서 흔히 볼 수 있는 코드다. 냉소적 주체들은 자신들을 대상으로 이데올로기적 지배를 폭로하려는 이들에게 언제나 이렇게 말한다. "나도 알거든?"

군이 이러한 태도를 '나도 알거든'으로 표현해본다면 이러한 냉소적 정신이 열등감과 어떻게 결합하는지도 직관적으로 짐작할 수 있다. 냉소적 주체들의 일부는 누군가 자신의 허위의식을 지적하면 발끈한다. 상대가 아는 것을 내가 모르는 것처럼 상황이 규정되

냉소 사회

면, 나는 열등한 존재가 되기 때문이다. 이런 태도가 유지되어야 일상에서 제기되는 열등감의 온갖 도전들로부터 자존감을 지켜낼 수 있다. 결국 냉소적 주체들의 이런 태도 때문에 정치사회적으로 올바른 태도를 주문하는 어떤 단순한 '계몽'은 전혀 효과를 발휘하지 못하게 돼 기존의 지배 이데올로기는 오히려 강화된다. 이들의 태도는 논리적 설득의 문제가 아니라 논리 거부에 대한 문제다.

그런데 위에서 예로 든 인터넷 공간의 '데카당스'들은 사뭇 다른 반응을 보이는 것 아닌가 하는 물음을 제기해볼 수도 있다. 보통 이런 종류의 주체들은 '너희들의 행위는 쓸데없는 것'이라는 지적에 대해 '그래서 뭐?'라고 요약할 수 있을 만한 반응을 보이기 때문이다. 쓸모는 상관없다. 쓸데없거나 말거나 오로지 자신이 하고 있는 일을 계속 반복한다는 데서, 앞에서 예를 든 전형적으로 냉소적인 태도와는 또 다른 결의 태도로 볼 수 있는 부분이 있다.

이런 행위들을 해석하기 위해서는 '냉소'라는 말이 사실은 여러 종류의 행위를 통칭한다는 데부터 실마리를 찾을 필요가 있다. 냉소주의란 단어는 위에서 인용한 지배 이데올로기에 대한 비판을 무력화하는 주요한 행위를 일컫는 데도 동원되지만 과거 그리스 철학에서의 디오게네스처럼 견유적 태도를 지칭하는 말로 쓰이기도 하기 때문이다. 슬로터다이크는 이를 냉소주의Cynicism과 구분하여 키니시즘Kynicism으로 불러야 한다고 주장한다. 냉소주의를 앞서 언급한 대로 허위의식을 해체하려는 시도에 대한 맹렬한 거부로 본다면, 키니시즘은 이데올로기 자체를 거부하고 그것을 웃

133

음거리로 만듦으로서 오히려 이데올로기가 의도한 보편성의 허위를 폭로하는 기능을 담당한다. 이탈리아의 자율주의 이론가 프랑코 베라르디 비포Franco Berardi 'Bifo' 역시 저서인 『봉기The Uprising』에서 비슷한 설명을 내놓는다. 그는 프랑스 철학자인 미셸 푸코가 1984년 콜레주 드 프랑스 강연에서 고대의 그리스적 냉소주의와 오늘날의 냉소주의를 비교한 바를 언급하며 다시 슬로터다이크를 인용해 키니스무스Kynismus와 지니스무스Zynismus를 구별한다. 혼란스러워할 독자들을 위해 설명을 덧붙이자면 키니스무스Kynismus는 독일어식, 키니시즘Kynicism은 영어식 표현으로 사실상 같은 말이다.

가상공간에서 이러한 견유적 태도에 가장 잘 어울리는 사례를 들자면 2000년대 초반의 '아햏햏'을 들 수 있다. 역시 디시인사이드를 중심으로 번져나간 이 유행은 키치적 견유주의 미학을 보여준다는 점에서 새삼스럽게 평가할 만하다. '아햏햏'의 표준적 그림이란 대략 이런 내용이다. 일단 임권택 감독의 영화〈취화선〉포스터가 주재료다. 여기에는 지금까지 인기 배우의 자리를 고수하고 있는 최민식이 막걸리 병을 든 채로 기와지붕 위에 올라앉아 "세상이 뭐라 하든 나는 나! 장승업이오"라고 말하는 장면이 표현돼 있다. 술병, 흐트러진 옷매무새, 세상 천지에 걱정이 없다는 듯한 너털웃음, 세상이 뭐라 하거나 말거나 상관없다는 문구 등은 견유적 태도를 그대로 답습한 것처럼 보인다. 당시 네티즌들은 이 포스터의 '취화선'과 '장승업'이란 말 대신 아무 의미도 없는 '아햏햏'을 합성했는데, 그 결과 "세상이 뭐라 하든 나는 나 아헿헿이오"라는 문구가 만들어졌고 인터넷 공간 여기저기서 그저 아무 말에나 "아헿헿"이라는 대답을 붙이는 기이한 문화가 형성되기에 이르렀다.

앞서 언급한 병욱대첩에서도 이러한 견유적 태도가 위력을 발휘했다. 과외비 동결론에 문제 제기를 하는 수많은 목소리의 대다수가 상대의 논리적 맹점을 짚고 이에 반박하기보다는 그저 "아헿헿", "고구마 장사하게 10원만 주세요", "장사를 하려면 남에게 피해는 주지 말아야지 이 양심 '업'는 인간아" 등의 별 의미도 없는 내용으로 이뤄져 있었다. 이런 주장에 대해서는 반론을 제기하는 것 자체가 효용이 없으므로 그런 비효율적인 부분에 집착할 필요 없이 그저 찬성 또는 반대 입장을 표명하는 것으로 충분하다는, 대중적 직관이 발휘된 부분으로 해석할 수 있다.

하도 이런 유행이 일반화되니 '아헿헿'이라는 아무 의미 없는 조어 역시 분석의 대상이 되었다. 일부 식자층은 이를 두고 2000년대 초반 실업난과 신용카드 발급 남발로 대표되는 소비 진작 정책과 벤처기업들의 흥망성쇠 등 암울한 경제 상황에서 젊은 층의 허무주의가 인터넷에서 '아헿헿'이란 방식으로 표출된 것이라고 분석했다. 사회적 위기 앞에서 정부가 강조한 것이 벤처기업으로 상징되는 도전정신 같은 것이었음을 돌이켜보면 결국 그 '허무주의'란 체제에 대한 견유적 반발이었던 것으로 해석할 수도 있다. '아헿헿'을 유행시킨 네티즌들이 무슨 생각을 한 것인지는 정확히 알 수 없으나 결과적으로는 정부 정책에 이러쿵저러쿵 논리적 반박을 하기보다는 단지 포기와 허무의 정서를 적극적으로 표현하는 것으로 정부 정책이 무의미하다는 것을 드러내 보인 셈이다.

지젝은 냉소주의Cynicism란 이런 키니컬Kynical한 전복에 대한 지배 문화의 대답이라고 설명한다. 냉소주의가 "부도덕성에 봉사하는 도덕성"이며, "냉소적인 지혜의 모델은 청렴함, 완전함 등을 불성실함의 최상의 형태로, 도덕을 방탕함의 최상의 형태로, 진리를 거짓된 것의 가장 실질적인 형태로 간주하는 것"이고, "냉소주의는 공식적인 이데올로기에 대한 일종의 도착된 '부정의 부정'"이라는 것이다. 남는 문제는 냉소주의가 이토록 각광받을 수 있는 메커니즘이 도대체 무엇이냐 하는 점이다. 지젝은 여기에서 '이데올로기적 환상'이라는 개념을 제시한다. 냉소적 태도가 특정한 지배적 이데올로기의 효과를 은폐하고 있다는 점을 사람들이 잘 알면서도 이를 반복해서 행하는 것은 이들의 인식과 실제 상황과의 괴리를 이데올로기적 환상이 가로막고 있기 때문이라는 얘기다. 복잡한 얘기지만 단순하게 설명하자면 그렇다. 이러한 난제적 상황을 해결하기 위해 지젝은 주체가 '사라지는 매개자'가 되어 환상을 가로질러야 한다고 주장한다. 같은 상황에 대해 앞서 언급한 비포는 흔히 냉소주의에 대항하기 위해 열정을 불러일으키는 것이 필요하다고 주장하기 쉽지만, 이는 냉소주의의 만연에 대한 해법이 될 수 없으며 오히려 필요한 것은 아이러니라고 강조한다.

지젝이나 비포의 개념과 꼭 같은 것으로 제기할 수는 없는 문제긴 하지만 이런 '가로지르기'나 '아이러니'의 시도와 좌절이 우리

주변의 수많은 요소들 사이에서 유사하게 반복되고 있다는 분석을 제시하는 것도 가능하다. 그것은 어떤 열광과 냉소 사이를 반복하며 핵심 쟁점에 대한 판단 중지를 유지하는 진자운동에 대한 대응이 될 수도 있고, 의미와 무의미 사이에서 갈피를 잡지 못하는 단순한 유행으로 귀결되기도 할 것이다. 지젝이나 비포가 냉소가 만연한 사회에 요구하는 것은 '판단 중지'를 요구하는 냉소주의에 대해 '판단 중지를 중지'하는 것으로 비치기도 한다.

이런 상황을 다시 정리해보면 우리를 냉소주의로 유혹하는 그 환상 너머에 대해 어떤 사람들은 '진정한 무언가가 있다'고 주장하고, 또 다른 어떤 사람들은 '거기엔 아무것도 없다'고 주장한다고도 볼 수 있을 것이다. 이런 주장을 하는 명백한 두 파벌이 존재하는 것이 아니라 대개 이 두 생각 사이에서 사람들은 시류에 따라, 또 자신이 대면한 현실에 따라 불규칙하게 움직인다. 그렇기 때문에 바로 이 현상 자체를 우리는 '냉소주의'로 부를 수가 있다.

오디션 프로그램이 유행하는 이유

사람들의 이러한 변덕에 대해 좀 더 구체적으로 생각해보기 위해 최근까지 유행하고 있는 오디션 프로그램들을 떠올려보자. 〈슈퍼 스타K〉와 같은 가창 실력을 겨루는 프로그램부터 시작해서 힙합 뮤직을 다루는 〈쇼미더머니〉, 댄스 실력을 겨루는 〈댄싱9〉, 요리 실력을 겨루는 〈마스터셰프 코리아〉에 이르면 경쟁 가능한 모든 분야에서 오디션 프로그램이 만들어지는 날이 올 거라는 상상을 해볼수 있게 된다. 참가자들이 서로 극단적인 경쟁을 해야 하는 상황을 만들어놓고 그 안에서 눈물과 감동을 찾을 수 있도록 프로그램의 내용을 구성하는 것은 무엇을 주제로 하든 가능하기 때문이다.

이러한 오디션 프로그램들은 '경쟁' 외에 또 한 가지 특징을 공유한다. 그것은 기성 질서에 편입돼 있지 않은 '순수한 아마추어 일반인'들이 출연해서 자신들이 지금까지 평가받지 못한 기량을 모처럼 자랑하는 방식이라는 점이다. 대다수의 오디션 프로그램은 이러한 점을 나름대로 철저히 지켜야 하는데, 위의 프로그램들보다는 진행이나 구성이 덜 매끄러웠던 〈TOP밴드〉의 예를 들어본다면 이 문제가 시사하는 미묘한 지점을 알아챌 수 있다.

〈TOP밴드〉는 밴드 구성의 아마추어 음악인들이 나와 토너먼트식으로 공연 실력을 겨뤄 마지막까지 살아남는 팀에게 상금과 상품을 수여하는 형식의 프로그램이다. 2011년 방송된 〈TOP밴드〉1시즌의 경우 참가 자격을 기성 음악 산업의 틀에서 데뷔해본 경험이 없는 밴드로 강하게 제한했었다. 이 때문에 오디션 예선에 참가해놓고도 앨범을 발매한 일이 있다는 이유로 탈락하는 팀이 나오기도 했다. 하지만 〈TOP밴드〉 2시즌에서는 어느 정도 프로 음악인에 근접한 밴드에게도 출전 자격을 주었다. 앨범을 내는 등의 '메이저'에 가까운 활동을 한 밴드라도 잘 알려져 있거나 인기를 얻고 있는 경우는 드물다. 과격한 밴드 음악 전체가 인기를 누리지 못하는 상황에서 하나의 제한을 더하는 것은 사실상 프로그램 자체를 현실성 없는 기획으로 만들어버린다. 제작진의 '결단'과 나름 증가한 투자 금액 덕에 〈TOP밴드〉 2시즌은 그럭저럭 화제를 불러일으킨 프로그램이 됐고, 국내에서 개최되는 록 페스티벌 등에 소위 인디 밴드들이 출연할 수 있는 명분을 만들어주는 부수 효과도 거뒀다.

여기서 생각해볼 만한 것은 이런 프로그램들에서 애초에 '순수한 아마추어 일반인'에 집착하는 이유가 도대체 무엇이냐 하는 점이다. 아마도 그 첫 번째는 시청자가 오디션 프로그램에 등장하는 여러 유형의 출연자 중 몇몇을 골라 감정을 이입하기 때문일 것이다. 시청자들은 자신과 유사한 처지의 출연자들이 겪는 성공에 기뻐하고 실패에 눈물 흘리면서 이 프로그램을 즐긴다.

이것은 대중이 열등감을 감당하는 표준적 행동양식을 겨냥한 것으로도 보인다. 많은 사람들은 열등감을 느끼는 순간에 그 열등감의 이유를 찾으려 노력한다. 말 그대로 자기 자신의 부족함에서 열등감의 원인을 찾는 것은 오히려 객관적인 경우다. 대다수 사람들은 매우 주관적인 방식으로 자신의 열등감을 해소하려고 한다. 즉, 자신이 열등감을 느끼는 이유는 자신이 가진 실제 능력보다 부당하게 저평가받고 있기 때문이라는 방어기제를 고안해내는 것이다. 이런 경우 잘못한 것은 자기 자신이 아니라 사회와 국가다.

오디션 프로그램의 세계관은 주관적 자기변명에 불과한 '부당함'을 전면에 드러내고 이를 극복하기 위한 시도로 이뤄져 있다. 오디션 프로그램의 출연자들은 기성 엔터테인먼트 산업이 발견하지 못한 '숨은 진주'들이다. 뒤집어 말하자면 이들은 프로 뺨치는 실력을 갖추고 있으면서도 기존 체제로부터 정당하게 평가받지 못했다. 오디션 프로그램은 바로 이 부조리를 해소할 수 있는 기회다. 이 기회를 활용해 한발 한발 앞으로 나아가는 출연자들을 보며 평소 일상에서 온갖 것으로부터 부당한 대우를 받고 있다고 여기는 대중들은 대리만족을 느낀다.

　오디션 프로그램에 출연하는 사람들이 '순수한 아마추어'여야 하는 또 다른 이유는 체제에 대한 대중의 냉소와 연관이 있다. 사람들은 체제가 부당하게 자신을 올바로 평가해주지 않는다고 생각하면서 동시에 체제가 자신을 속인다고 생각하는 경향이 있다. 이 체제에 속지 않기 위해 자연스럽게 갖게 되는 태도가 바로 냉소주의다. 이것을 엔터테인먼트 산업에 대입해보면 재미있는 결론이 나온다. 즉, 사람들의 관념 속에서 기성 엔터테인먼트 산업은 음악을 듣는 사람에게 그 상품성을 정당하게 평가받은 대가로 수익을 얻는 것이 아니라 음악성 외의 다른 수단을 활용해 부당하게 수익을 창출한다. 다시 말하자면 이 경우 소비자는 엔터테인먼트 산업에 '속는다'! 오디션 프로그램은 바로 이 속고 속이는 체제를 전제하면서도 자신들은 그 체제의 외부에서 이 부조리를 극복하고 있는 양 스스로를 드러낸다. 오디션 프로그램의 존재 자체가 대중의 냉소가 전제하는 체제를 증명하고 있는 셈이다.

2011년 처음 방송돼 큰 인기를 끌었던 〈나는 가수다〉는 이러한 오디션 프로그램의 특징을 처음부터 끝까지 다 보여준 것으로 평가할 수 있을 것 같다. 〈나는 가수다〉에는 '순수한 아마추어'가 나오지 않는다. 대신 등장하는 것은 가창력과 음악성을 갖췄음에도 한물갔다는 평가를 받는 중견 가수들이다. 이 프로그램의 최초 기획은 이 중견 가수들의 가창을 심사위원들이 평가해 한 사람씩 탈락시켜나간다는 전형적인 형태였다. 하지만 방송 과정에서 벌어진 여러 논란 끝에 복잡한 룰에 따른 탈락과 7회 이상 살아남았을 경우 '명예 졸업'을 하는 방식으로 내용이 바뀌었다.

〈나는 가수다〉가 이런 혼란을 겪었던 것은 등장하는 출연자들이 나름 음악적으로 검증된 사람들이기 때문이다. 아마추어를 대상으로 한 경우에야 프로그램 제작진이 강압적으로 룰을 지킬 것을 요구할 수 있겠지만 '거장'을 상대로는 그런 방식을 활용하기 힘들다. 그리고 이것은 〈나는 가수다〉가 오디션 프로그램으로서 적절한 형식을 가져가기엔 장애가 되는 요소다. 이런 약점을 다 안고서도 '순수한 아마추어'가 아닌 음악적으로 검증된 사람들을 굳이 오디션 프로그램에 출연시켜야만 하는 이유는 무엇인가? 바로 이 물음에 대한 답을 내놓는 과정에서 〈나는 가수다〉는 대중의 냉소적 태도의 연원과 과정을 그대로 보여주는 흥미로운 프로그램이 된다.

다시 말하지만 이 프로그램에 음악적 검증이 끝난 사람들이 나오는 이유는 그들이 '한물갔기' 때문이다. 우리가 한물간 가수들

141

에 대해 흔히 갖는 관념은 세상의 유행은 변하는 것이며 가수들이 갖고 있는 고유의 스타일이 이 유행과 맞지 않게 됐기 때문이라는 것이다. 하지만 오디션 프로그램이라는 틀 안에서 〈나는 가수다〉와 같은 기획이 가능하려면 이 한물갔다는 사실이 어떤 이유에서건 부당한 것으로 여겨져야만 한다. 그 부당한 서사를 재구성해본다면 아마 다음과 같을 것이다. "돈만 아는 자극적인 엔터테인먼트 산업 탓에 사람들은 진실한 음악의 가치를 잊었으며, 이 때문에 진실한 음악을 고수하는 중견 가수들은 살아남지 못하고 있다." 즉 여기서도 대중들이 맡는 역할은 기성 체제에 속는 사람들이다. 〈나는 가수다〉에 등장한 중견 가수들의 노래에 감동해서 눈물을 흘리고, 음원을 구입하고, 이를 더 잘 듣기 위해 고급 오디오 장비까지 장만한 사람들은 냉소를 뚫고 그 너머의 '진실한 무엇'을 찾기 위해 노력을 기울인 사람들로 볼 수 있다.

만일 우리가 대중의 이러한 속성을 제대로 파악한 것이라면 앞으로 대중을 상대로 한 모든 활동을 어떤 '진정성'이 증명되는 방식을 통해 더욱 효과적으로 벌일 수 있을 것이다. 그런데 우리가 거의 늘 대중의 실체를 파악하는 데 실패하는 것은 이들이 늘 이런 방식으로 행동하지는 않기 때문이다. 지금도 많은 가수들이 '진정성'을 갖고 노래를 부르고 있지만 오히려 요즘은 어떤 노래가 인기라고 말할 수 없을 정도로 정신없이 유행이 지나간다. 체계적인 관리를 통해 성장한 아이돌 그룹들이 한참 인기를 끌다가도 새 오디션 프로그램이 시작되면 이들이 만들어낸 곡의 음원들이 다시 순위를 다투는 흐름이 계속 이어지고 있다.

이런 흐름은 오디션 프로그램의 경우도 엄밀히 말하자면 기성 엔터테인먼트 산업의 일부일 수밖에 없기 때문에 벌어지는 상황으로 생각된다. 오디션 프로그램을 통한 신인 발굴과 발 빠른 디지털 음원 발매, 이를 통한 차트 석권과 다른 TV 프로그램 출연 등은 이제 어느 정도 실력을 갖춘 신인 가수가 데뷔하는 하나의 공식처럼 굳어진 지 오래다. 여운처럼 남아 있는 오디션 프로그램에 대한 대중의 향유는 이것 또한 감수하고 스스로 '속아주는' 냉소적 태도로 점차 변화해가고 있는 것이 현실이다.

오디션 프로그램의 유행 이전에 대중음악의 유행으로서 '후크송'이 화제가 됐다는 사실은 이런 변화의 한 면을 보여준다. 후크송은 곡의 형태를 극도로 단순화하여 동일한 후렴 멜로디를 특징적으로 부각하는 형태의 노래다. 보통의 경우 후크송은 곡의 음악적 가치나 가수의 가창력, 곡에 담긴 진정성 등을 평가받고 싶어 하지 않는다. 원더걸스가 2007년에 들고 나온 〈텔 미〉 덕분에 이 개념이 세간의 화제가 됐는데, 후크송의 인기는 일간지 칼럼 등에서 분석의 대상이 될 정도로 특이한 현상으로 다뤄졌었다.

후크송에 대한 대중의 열광적 반응은 무엇이었을까? 후크송이란 굳이 표현하자면 극도의 형식미를 전면에 내세우는 노래로, 〈나는 가수다〉 등에서 볼 수 있는 것과는 달리 '진정성 같은 것은 없다'를 온몸으로 보여주는 것이라 볼 수 있다. 극도의 단순화를 통한 형식에서의 혁신은 있을지언정 다른 장르의 음악들이 담고 싶어 하는 복잡한 의미체계나 화려한 가창력 및 연주, 가슴을 울리는 감동 같은 것을 후크송은 아예 전제조차 하지 않는다. 이 후크송을 즐기는 대중들의 태도는 그래서 오히려 체념적이다. 이 체념의 정서를 요약하자면 이렇게 표현할 수 있을 것이다. "기성 엔터테인먼트 산업에 속지 않기 위해 노력해봐야 소용없다. 그러므로 나는 오히려 속는 것을 즐기겠다." 이는 지젝의 설명을 통해 상기했던 현대적 의미의 냉소주의가 그대로 드러난 것으로도 볼 수 있다.

어떤 음악적 태도에 대하여 대중이 속고 있다는 감정을 거의 느끼지 않는 유일한 경우는 가수가 사망하는 비극을 겪는 경우이다. 지금까지도 그들의 음악적 가치에 대한 논란이 이는 일이 대단히 드문 김광석이나 유재하, 듀스의 김성재 등이 대표적이다. 물론 이들이 보여준 음악 감각이 뛰어난 이유도 있겠지만 이들의 진정성이 의심받지 않는 것은 이들이 음악을 향한 삶을 살던 와중에 비극을 겪은 인물들이기 때문이다.

즉, 많은 경우 진정성을 추인받기 위해선 죽음에 준하는 어떠한 '보증'이 필요하며 이는 비단 음악에서뿐만이 아니다. 냉소주의 시대의 대중은 혹독한 상처를 떠올리게 하는 계기를 통하여 획득한 열정으로 환상의 저 이면을 향해 거침없이 달려가다가도 이내 손바닥을 뒤집듯 환상의 이면에 아무것도 없는 게 당연하다며 냉소적 표정을 짓기 일쑤다. 이렇게 현대적 의미의 냉소주의란 냉소하거나 열광하는 자기 자신에 대한 냉소를 중층적으로 포괄한다.

냉소 사회

속아 넘어가는 것을
즐겨라

앞서 살펴본 대중들의 냉소는 크게 두 가지 버전으로 나누어볼 수 있다. 첫째는 오디션 프로그램의 출연진들이 아마추어여야만 하는 이유에서 볼 수 있는 '속고 싶지 않다'는 내용의 냉소다. 이것이 냉소인 이유는 이 세상이 거짓으로 가득 차 있다는 부정적 인식을 전제하기 때문이다. 이러한 세상에 대한 냉소적 인식은 '진정한 무엇을 찾는' 어떤 열정을 불러일으키는 것으로 귀결되기 쉽다. 대중적 냉소의 두 번째 버전은 후크송의 유행에서 볼 수 있는 '속을 수밖에 없다'는 것이다. 속고 싶지 않지만 속는 것에서 벗어날 수가 없으므로 차라리 속을 수밖에 없다는 사실을 받아들이는 편이 낫다는 인식이다. 이는 보통 '차라리 속는 것을 즐기자'는 태도로 이어진다.

아메리카 문화권의 인기 콘텐츠인 프로레슬링에서 우리는 이와 관련한 새로운 통찰을 찾아볼 수 있다. 프로레슬링은 다들 이미 아는 바와 같이 링 위에 올라간 두 선수가 사전에 승부의 내용과 결과를 약속해두고 실제로 경기를 벌이는 척을 하는 것이다. 겉보기에는 룰에 따라 서로의 기술을 겨루는 스포츠와 같아 보이지만 실상은 그저 두 명의 거구가 서로 힘을 겨루는 모습을 연출하는 '쇼'에 가깝다. 이러한 점을 반영해 미국 최대의 프로레슬링 단체인

WWE는 프로레슬링을 '스포츠'가 아닌 '스포츠 엔터테인먼트'로 정의하고 있다.

스포츠 엔터테인먼트가 인기를 얻는 현실은 단순히 생각하면 불가사의한 측면이 있다. 스포츠 엔터테인먼트는 스포츠의 형식을 취하면서도 스포츠 고유의 특성을 적극적으로 배제하고 있기 때문이다. 어찌됐든 스포츠의 고유 특성 중 하나는 승부를 해야 한다는 것이고, 이 승부의 결과는 공정한 방식으로 가려져야 한다. 스포츠 관람의 즐거움은 서로 실력이 비슷한 상대가 룰에 의해 경기를 해서 예측할 수 없는 승부를 낼 때나 상대적으로 약체인 팀 또는 선수가 어찌어찌 강자를 이겨버리는 결과를 낼 때 배가된다. 이 말은 곧 스포츠를 즐거운 것으로 만드는 요소는 '공정한 규칙에 의한 과정'과 '예측할 수 없는 결과'가 핵심이라는 뜻이다.

만일 스포츠에서 이 두 가지 요소를 배제하면 어떻게 될까? 예컨대 축구 경기를 영화로 만든다고 치자. 관객들은 이 영화 속 축구 경기가 실제 경기가 아니라는 점을 알고 있으며, 그렇기에 손에 땀을 쥐며 흥미로워해야 할 필요가 없다는 점 역시 알고 있을 것이다. 스포츠가 아니라 영화이기 때문에 이 승부의 결과 또한 이미 정해져 있다는 점도 관객이 흥미를 잃게 만드는 요소다. 그저 90분간의 축구 경기만 다루는 내용의 영화를 상업 영화로서 개봉한다면 아무리 세계 각국 리그의 스타급 선수들이 주연으로 출연한다고 해도 별 재미를 보지 못할 것이다. 이런 형식의 '축구 영화'를 재미있게 볼 수 있는 사람은 게르만 민족이 최종적으로 역사적 승리를 거둔다는 당위를 대중에게 영화의 형식으로 공표하는 전술에 동의한 나치 같은 자들뿐일 것이다. 그들에게 영화는 하나의 예술 작품이 아니라 자신의 이념을 형상화한 상징물이기에, 그들은 영화 속에서 게르만 민족의 우월성이 축구 경기에서의 승리로 확인된다는 점에 열광할 것이다.

하지만 프로레슬링에 대한 사람들의 태도는 나치의 프로파간다에 대한 그것과는 사뭇 다르다. 프로레슬링 팬의 세계에서 경기의 승부가 애초에 정해져 있고 선수들의 동작도 미리 짜 맞춘 것이어서 재미를 느끼지 못하겠다고 말한다면 그 사람은 초보 취급을 받는다. 진정한 정통 프로레슬링 팬은 오히려 프로레슬링의 모든 경기들이 기획되고 연출됐다는, 즉 거짓이라는 점에서 더욱 큰 즐거움을 느껴야 한다. 겉으로 내세우고 보여주는 실체를 부정하고 그 이면의 가치를 추구하는 게 프로레슬링을 보는 재미인 셈이다.

좀 더 구체적으로 예를 들어보자면 이렇다. 모든 게 짜고 치는 고스톱이라 할지라도 프로레슬링의 어떤 부분들은 여전히 평가의 대상이다. 한 선수가 격투기 기술을 상대에게 선사했을 때 그 기술이 얼마나 위력적인가를 알려주는 건 그 기술을 구사하는 모양 자체가 아니다. 그걸 당한 선수가 얼마나 심각한 고통을 겪는가에 따라 우리는 그 기술의 파괴적 위력을 실감할 수 있다. 앞서 강조했듯 프로레슬링은 이 모든 것을 미리 계획된 대로 연출하기 때문에 이 '심각한 고통'은 곧 연기의 영역으로 승화된다. 소위 정통 팬들이 주목하는 것은 바로 이 부분이다.

일반적인 격투기 경기라면 선수 몸놀림의 민첩함, 힘의 세기, 기술의 완성도 등이 평가되기 마련이지만 프로레슬링에서라면 바로 이 '연기력'이 평가의 대상이 된다. 전설적 프로레슬링 선수인 더 록The Rock의 필살기(?) 중 하나는 피플스 엘보People's Elbow라 불리는 것인데 주로 상대 선수를 바닥에 내리꽂은 상태에서 사용된다. 격투기의 일반적 관점에서 볼 때 상대에게 큰 타격을 입힌다기보다 쇼맨십의 차원에서 많은 관객들의 환호를 이끌어내는 데 더 적합한 기술이다. 우선 쓰러진 상대 앞에서 관객들을 향해 두 팔을 양옆으로 휘젓고는 링의 한쪽 끝으로 달려간다. 거기서 로프에 몸을 던진 후 반동을 이용해 달려오면서 상대를 뛰어넘어 다시 링의 반대쪽 끝까지 돌진한다. 이후 반대쪽 로프에서 반동을 이용해 다시 상대 선수가 있는 곳까지 와서 잠시 정지했다가 넘어지면서 팔꿈치로 누워 있는 상대 선수를 내려찧는다. 즉 이 기술은 팔꿈치로 상대를 가격한다는 부분 말고는 격투기로서 온통 필요 없는 동작들로만 채워져 있는 셈이다.

그럼에도 프로레슬링의 세계에서 이 기술은 나름 '최강의 기술'로 통한다. 맞는 사람이 고통에 겨워 거의 정신을 잃을 지경이 되도록 연출되기 때문이다. 프로레슬링 경기에는 이런 황당한 기술들이 종종 출현한다. 하지만 이런 황당한 기술에도 상대 선수가 충분히 고통스러운 듯한 모습을 보여주지 않는다면 프로레슬링 팬들은 도리어 화를 낸다.

물론 프로레슬링 선수가 기술을 사용할 때 얼마나 아름다운 움직임을 보이는지, 또 얼마나 올바르게 사용하는지 여부도 당연히 평가의 대상이다. 이 밖에도 프로레슬링에서는 경기 중간중간 선수가 직접 마이크를 잡고 발언을 해 전체 경기의 흐름을 강화해주는 순서가 등장하기 마련인데, 여기서 얼마나 신나게 말을 잘하는지 여부도 팬들의 평가 대상이 된다.

경기 결과 하나하나보다도 그 결과들의 집합이 만들어내는 서사가 얼마나 흥미롭고 자연스러운가 또한 중요한 문제다. 어차피 짜고 치는 것이라면 내용이 재미있기라도 해야 한다는 것이다. 마치 '막장 드라마'에 재미를 느끼는 것과 마찬가지로 프로레슬링을 관람하는 관객들은 어제 패배한 선수가 오늘은 어떤 비열한 수를 써서 복수를 하는지, 이를 통해 어느 선수와 어느 선수가 갈등 관계에 돌입하게 되는지에 관심을 가지면서 이 모든 스토리가 얼마나 자연스럽게 연결되는지 평가한다. 그 때문에 특히 텔레비전을 통해 고정적으로 중계되는 프로레슬링에서 각본의 내용은 매우 중요하다. 정통 팬들은 각본진의 스토리텔링 능력에 주목하면서 혹시 회사의 경영진들이 부당하게 각본에 개입하지는 않는지 촉각을 곤두세운다.

이 각본에 의해 결과적으로 수혜를 입는 선수가 그럴 만한 자격이 되는지도 프로레슬링 정통 팬들이 늘 관심을 갖는 부분이다. 승패가 처음부터 정해져 있으므로 프로레슬링의 '최강자' 역시 처음부터 기획될 수밖에 없는데, 이렇게 최강자로서 역할이 분명해질 경우에는 소득과 유명세에 상당히 큰 영향을 받게 되므로 그 역할에 어울리는 조건을 갖췄는지 여부가 중요한 것이다. 보통 프로레슬링 팬들의 요구는 완벽한 기술을 선보이며 연기도 잘하고 말도 잘하는 선수가 그에 걸맞은 대접을 받아야 한다는 것이다. 하지만 보통 프로레슬링 '회사'는 그 선수와 연관된 상품이 얼마나 많이 판매될 수 있느냐, 텔레비전 시청률을 충분히 끌어올릴 수 있느냐 하는 점 등을 더 중요하게 고려한다.

대표적인 사례가 최근까지 롱런하고 있는 존 시나John Cena다. 존 시나는 말도 잘하고 연기도 잘하는 선수였는데 어느 순간부터 틀에 박힌 선역善役 연기만을 반복하기 시작해 프로레슬링 팬들의 반발을 샀다. 이러한 반발에도 불구하고 WWE는 존 시나에게 장기간 챔피언의 자리를 보장해주는 각본을 밀어붙였다. 존 시나는 2005년부터 10년이 넘는 세월 동안 WWE 무적의 챔피언으로 활약하고 있는데, 그의 롱런으로 프로레슬링 팬들은 양분돼버렸다. 다소 부족한 경기 운영 능력과 틀에 박힌 연기력, 그를 일방적으로 밀어주는 각본에 분노를 표하는 성인 남성 팬들과 그의 성실한 이미지와 관련 상품에 열광하는 여성 및 저연령층 팬들이 대립하기 시작한 것이다. 존 시나가 경기를 치르는 와중에 이 두 집단은 "이겨라, 시나!"와 "시나, 이 형편없는 놈아!"라는 구호를 번갈아가며 외치며 신경전을 벌이는 진풍경을 종종 연출했다.

주로 성인 남성들로 구성된 정통 팬들의 이러한 반발은 프로레슬링이 사회적 냉소에 적극적으로 조응하는 과정이 반영된 것이다. 프로레슬링은 정통 스포츠와 혼동되는 형식을 의도적으로 취함으로서 관객을 속이는 특성을 갖고 있다. 즉, 존 시나를 증오하는 정통 팬들은 프로레슬링이 자신들을 아주 자연스럽게, 잘 속여야 하는데 그렇지 못한 것에 대해 화를 내는 것이다.

프로레슬링의 '속임수'는 종종 경기장과 텔레비전을 벗어나 현실 자체를 압도하기도 한다. 예를 들면 어떤 선수 또는 출연진이 사고를 당했거나 심지어 사망하는 경우 가족들의 동의를 받아 그 사건 자체를 프로레슬링의 각본에 반영하는 것이다. 프로레슬링에서 어떤 선수가 부상을 당했다는 것은 그 선수가 각본상 부상을 당한 것일 수도 있고 실제로 부상을 당해 그것이 각본에 영향을 미친 것일 수도 있다. 그 밖에도 현실에서의 결혼이나 이혼 문제도 프로레슬링 각본으로 종종 다뤄진다. 링 위에서의 계획된 대결을 현실과 혼동하게 만들기 위해 링 바깥의 사건들까지 서사화해 현실을 지배하는 것이다.

결국 프로레슬링을 대하는 정통 팬들의 태도는 '속는 것을 즐겨라'라는 정언명령에 자발적으로 복무하는 것으로 표현할 수 있다. 그리고 이들은 속는 것을 즐기지 못하는 팬, 그러니까 이 모든 것이 애초에 속임수이고 또 속임수일 수밖에 없는 현실을 받아들이지 못하는 사람들에게 적대적 태도를 취함으로써 우월감을 느낀다. 또 '나'는 언제나 속아 넘어갈 준비가 되어 있지만, 동시에 '나'는 쉽게 속아 넘어가는 열등한 사람이 아니므로, 오로지 능력 있는 사람만이 '나'를 속일 수 있다. 위에서 설명한 존 시나라는 선수를 둘러싼 정통 프로레슬링 팬들의 태도는 이런 점을 잘 드러내는 사레다.

비록 국내에 프로레슬링 팬이 많지는 않지만 프로레슬링에서 찾아볼 수 있는 이러한 문화가 거의 같은 방식으로 재생산되는 사례를 쉽게 찾아볼 수 있는 것은 마찬가지다. 특히 특정한 인터넷 공간에서 위악적 제스처를 반복하며, 이에 적응하지 못하는 이들을 '뉴비'로 부르며 무시하고 괴롭히는 문화 역시 같은 맥락에서 해석 가능한 사례로 들 수 있을 것이다.

진정성을 둘러싼 이분 구도

앞서 언급했듯 인터넷의 등장은 우리의 내밀한 생각을 좀 더 노골적으로 드러내는 데 익숙한 환경을 조성했다. 오프라인에서라면 절대 입 밖으로 내지 않았을 생각도 영원히 기록으로 남을지 모르는 온라인에 뱉어내고 있는 것이다. 이런 세태가 위의 사례에서 본, '속는 것을 즐기는' 주체들의 출현과 연결되면서 또 다른 문제를 만들게 됐다. 이미 살펴본 것과 같이 사람들은 어떤 문제에 대해서는 마치 그것 외의 진정한 대안을 찾을 수 있는 것처럼 행동하면서도 또 어떤 문제에 대해서는 세상에 진정한 대안 같은 것은 없다는 듯이 행동한다. 여기에서 '나'는 나 자신이 속는 것을 즐기거나 혹은 즐기지 않는다는 것을 확실히 알 수 있지만 과연 다른 사람들은 어떻겠냐는 것이다. 다른 사람들이 온라인에 전시하고 있는 감정들의 정체는 무엇인가?

이런 구도는 특히 정치적 논쟁에서 잘 드러난다. 예를 들어 누군가 주한 미군 철수를 진지하게 주장하고 있다고 생각해보자. 그 사람은 아마도 미국이 오로지 자신들만의 군사적 이익을 위해 미군을 한반도에 배치해 우리 국민들이 이로 인한 피해를 보고 있으므로 우리나라의 자주적 결정권을 지키기 위해 주한 미군을 철수시켜야 한다고 주장할 것이다. 이 주장에는 물론 반론이 제기될 수 있다. 우리가 이상적으로 생각하는 토론 문화는 어떤 순수한 주장에 대해 누군가 반론을 제기하고, 이 반론에 다시 재반론이 제기되는 과정에서 최대한 합리적인 결론이 도출되는 것이다.

그러나 현실은 그렇지 않고 이 논쟁의 과정에서 분명히 '불순한 의도'에 대한 부분이 문제가 된다. 오늘날과 같은 분위기에서라면 당연히 '종북' 소리가 나오지 않을 리가 없다. '네가 주한 미군 철수를 주장하는 의도는 우리나라의 자주성 확립에 있는 게 아니라 북한을 이롭게 하려는 데 있다'는 게 이런 주장의 표준적 형태다. 일부 지식인들은 이런 세태에 대해 우리 사회의 뿌리 깊은 레드 콤플렉스를 언급하려 하겠지만 그것만으로는 이 상황을 제대로 설명할 수 없다. 왜냐하면 오늘날 이런 유의 주장을 가장 적극적으로 내세우는 사람들 중에는 20~30대의 젊은이들도 다수 포함되기 때문이다.

이 젊은 세대에게 이런 상황의 방점은 '북한'이 아니라 '의도'에 찍힌다. 같은 현상이 스포츠를 둘러싼 문제에서도 똑같이 벌어진다. 어떤 사람이 '야구의 신'이라 불리는 김성근 감독의 선수 훈련 방식에 문제 제기를 했다고 치자. 이 글을 쓰고 있는 시점에서는 전근대적인 태도로 선수들을 다루며 노동권 따위는 안중에도 없다는 듯한 격한 훈련 방식은 개선되어야 한다는 주장을 내놓는 사람들을 종종 찾아볼 수 있다. 긍정적이고 생산적인 해법은 모든 구단이 현재의 시스템에서 벗어나 선진적이고 합리적인 선수 관리 시스템을 갖춰야 한다고 주장하는 것이다. 김성근이라는 노인의 방식이 도태될 수 있도록. 하지만 일부 사람들의 의심은 여전히 김성근 감독에 문제 제기한 사람의 의도에 맞춰진다. 그 글을 쓴 사람은 이를테면 한화 이글스의 팬이 아닐 것이다. 두산 베어스나 KIA 타이거즈, 아니면 SK 와이번스의 팬이 앙심을 품고 '감독님'의 명성에 먹칠을 하기 위해 쓴 글이 틀림없다. 이런 악랄한 음모가 있나!

한마디로 말하자면 이 상황은 결국 진정성을 증명할 수 있느냐의 문제로 수렴될 것이다. 사람들이 진정성 증명을 요구하는 이유는 상대가 과연 그의 주장처럼 '속고 싶지 않다'고 생각하는 사람인 건지, 아니면 '속는 것을 즐기는' 사람인 건지 알 수 없기 때문이다. 앞서 설명한 것처럼 '나'는 가끔은 속고 싶지 않은 사람이 되고 또 가끔은 속는 것을 즐기는 사람이 되는데, 나 자신에 대해서는 매 순간의 내가 둘 중의 누구인지를 정확히 알 수 있다. 그러나 상대가

냉소 사회

지금 두 가지 경우 중 어디에 해당하는지는 거의 언제나 정확히 알 수 없다. 이런 상황을 더 심각하게 만드는 것은 인터넷 공간에 수없이 존재하는 정치적으로 민감한 주장들 가운데 실제로 남을 기만하려는 의도로 작성된 경우가 자주 확인된다는 사실이다.

이를테면 국정원이나 국군 사이버 사령부가 2012년 총선과 대선 과정에서 정치적으로 민감한 내용의 글을 생산해 인터넷에 유포한 것이 드러난 사례가 그렇다. 야당의 주요 정치인과 후보를 '종북'으로 모는 이런 글들을 작성한 국가기관의 '요원'들은 과연 무슨 생각을 갖고 공작에 임했을까? 본인의 정치적 신념을 반영해 솔직한 자세로 글을 그냥 작성하면 작전이 수행되는 물아일체의 경지에 이른 요원도 분명히 있었을 것이다. 양심의 가책을 느끼면서도 직업적 안정을 위해 눈물을 머금고 국가기관의 일탈에 가담한 요원도 있었을 가능성이 있다. 하지만 대부분은 그 행위가 떳떳지 못한 것임을 알면서도 '세상이 다 그렇지, 북한도 이렇게 하잖아?'란 마음가짐으로 윗선이 시키는 일을 기계적으로 반복했을 게 분명하다. 바로 이런 사례가 '속는 것을 즐기는' 경우다. 체제의 이데올로기에 적극적으로 온몸을 바쳐 속아 넘어가는 것이다. 그렇게 한 결과로 이들은 상대의 기만에 기만으로 대응하면서 기만적 세계관에 따라 상대에게 또 다른 기만을 유도하는 역할을 맡게 된다. 즉, 이것은 '네가 나를 기만하기 때문에 나도 너를 기만한다'의 한 예다.

이 기만의 핵심에는 반드시 '이득'의 문제가 존재한다. 앞서 예로 든 주한 미군 철수 주장이나 야구 감독에 대한 논란 등에서도

155

3 ____ 냉소주의로 전화하는 열등감

결국 '북한의 이득을 위한 것이 아니냐', '너희 팀의 이득을 위한 것이 아니냐'는 프레임이 적용됐다. 수많은 사람들이 생각하는 진정성은 이런 이득의 존재에도 불구하고 숭고한 대의를 위한 주장을 내놓을 때에야 성립된다. 이로써 주장의 '의도'에 대한 논란은 진정성과 이득의 추구라는 양분된 구도를 띠게 된다. 때로 이런 구도는 단순화된 형태가 되어 진정성을 추구하기 위해서는 이득을 포기해야 하고 이득을 추구하기 위해서는 진정성을 포기해야 하는 슬픈 상황으로 이어진다.

세월호 참사 이후 특별법 제정을 요구하며 40일 이상 단식을 이어간 '유민 아빠' 김영오 씨의 사례는 이런 비극적 패러다임의 현실을 적나라하게 보여준다. 김영오 씨가 긴 기간 단식을 이어가면서 그의 고통은 육체적 형태로 우리 앞에 드러났다. 푹 꺼진 볼과 앙상해진 팔다리는 그 자체로 사람들에게 어떤 숭고함의 감정을 전해주었다. 그 숭고함이 오늘날에는 바로 진정성의 표식이다. 그를 '속고 싶지 않은 자', '진정한 무엇이 있다고 믿는 자'로 여기는 사람들은 그의 그러한 모습을 마치 예수 같다고 느끼기도 했다.

반면, 이 사례에서도 마찬가지로 그를 '속는 것을 즐기는 자', '진정한 무엇 따위는 없다고 믿는 자'로 여기는 사람들이 나타났다. 그가 그런 고행을 감수하는 것은 세월호 특별법 제정이라는 '진정한 무엇'을 쟁취하고자 하는 게 아니라 '보상'이라는 현실적 이득을 극대화하기 위한 것이라는 주장이 상당한 대중적 설득력을 갖고 제기된 것이다. 주로 스마트폰 메신저인 카카오톡을 통해 유포된 이 주장의 핵심 내용은 다음과 같다. 김영오 씨는 이미 이혼을 해 제대로 된 아버지 노릇을 사실상 포기한 상태였으며 국궁이라는 귀족적 취미를 즐기며 유유자적 살고 있었는데, 세월호 참사 직후 나타나 거액의 보상을 받기 위해 가능하지도 않은 40일 이상의 단식을 이어가는 '쇼'를 하고 있다. 게다가 그는 불경하게도 민주노총 금속노조 조합원이기까지 하다! 언젠가 야당으로부터 공천을 받아 국회의원이 될지도 모르는 일이다.

물론 이런 주장들은 하나하나 모두 반론이 가능하다. 김영오 씨는 비록 이혼을 했지만 자식들과 교류를 이어오고 있었으며 국궁은 누구라도 할 수 있는 소박한 취미 생활에 불과하고 세월호 유가족들이 주장한 특별법의 내용은 배상이나 보상보다는 진상 규명에 초점이 맞춰져 있다는 것 등이 그것이다. 금속노조 조합원이라는 신분은 이 사건과 아무런 관계가 없는 사실이라는 건 덤이다. 전혀 치밀하지 않은, 이런 우격다짐에 가까운 논리가 대중적 설득력을 얻은 것은 이 주장이 '이득의 추구'를 말하고 있다는 점에서 '진정성'과 대비를 이루는 완벽한 구조를 갖추었기 때문이다. 주장이 논리적 완결성을 갖추었는지 여부가 중요한 게 아니다. 김영오 씨를 앞세워 유가족들의 비극을 말하며 특별법 제정을 요구하는 시민들은 김영오 씨에게 순진하게도 속고 있다는 것이 중요하다. 이 경우 김영오 씨는 앞서 예로 든 프로레슬링 선수가 되고 노조 및 시민사회 등 소위 '외부 세력'들은 김영오 씨의 기만행위에 적극적으로 동참하고 이를 응원하는 정통 프로레슬링 팬이 된다.

김영오 씨는 팔다리가 앙상해지는 등 신체적 변화를 통해 자신의 고행을 보여줬고 단식을 중단하던 시기의 병원 진료 기록상으로 건강이 심각한 지경에 이르렀다는 것을 알 수 있지만, 이것만으로는 국민 다수에게 자신의 진정성을 증명할 수 없었다. 차마 입에 담기 힘든 말이지만 이런 경우 사람들이 자신의 진정성을 증명하기 위해 선택하는 길은 자신이 어떤 방법으로도 아무런 이득을 거둘 수 없는 상태로 만드는 것, 즉 스스로 자신의 생명을 버리는 것이다. 노동운동의 수많은 '열사'들은 이렇게 탄생한 것이다.

그러나 최근에는 목숨을 끊는 것조차 완전한 진정성을 증명할 수 없었던 사례들이 나오고 있다. 대표적인 것이 노무현 전 대통령의 경우다. 특정한 정치적 맥락에 의해 비극을 택해야 했던 그는 이제 그의 정치를 반대하는 사람들에게 풍자라는 미명하에 조롱을 받으며 온갖 수모를 당하고 있다. 진정성을 둘러싼 기이한 집단적 의식의 구도가 더욱 강화되고 있는 실정인 셈이다.

김영오 씨의 예와는 반대로 상대의 기만적 행위 때문에 원치 않게 한쪽 편이 되어야 한 사례도 있다. 세월호 참사 직후 유가족들은 자신들의 요구가 특정한 정치적 색깔을 띠게 되는 것을 극도로 경계했다. KBS의 주요 간부가 세월호 유가족들에 대한 폭언을 한 사건 이후 유가족들은 대통령의 면담을 요구하며 청와대로 행진을 시도했는데, 이 과정에서 그들을 막는 경찰에게 자신들의 요구가 정치적 문제로 비치길 바라지 않는다는 뜻을 반복해서 전했다.

그러나 이후 국회의 세월호 국정조사 과정에서 여당이 비협조적인 자세로 일관하고 세월호 참사를 '교통사고'라 일컬으며 유가족들에게 폭언을 하는 상황이 이어지자 유가족들의 태도는 점점 여당에 적대적으로 변해갔다. 결정적으로 국정조사특위의 위원장을 맡았던 심재철 새누리당 의원이 카카오톡을 통해 세월호 참사 유가족들이 과도한 보상을 요구하고 있다는 메시지를 누군가에게 보냈다는 사실이 드러나면서 유가족들의 정치적 위치는 여당의 정반대편으로 밀려나고 말았다.

심재철 의원의 카카오톡 메시지 의혹은 당시 인터넷 등을 통해 퍼져나가고 있던 세월호 특별법에 대한 마타도어가 정부 여당으로부터 시작된 것이라는 심증을 갖게 하기 충분한 것이었다. 즉, 정부 여당이 말로는 유가족들과 함께하겠다고 하고, 진상을 규명하는 데 최선을 다하겠다고 하면서 뒤로는 여론 조작이라는 기만적 행위를 한 것이 아니냐는 의심이 제기될 수밖에 없는 상황이었다. 그렇기 때문에 유가족들로서는 주요한 향후 전망에 대한 계획을 야당과 그에 가까운 시민사회단체들과 함께 세울 수밖에 없는 입장이 됐던 것이다.

재미있는 것은 여당의 태도였다. 세월호 특별법에 대한 여야의 2차 합의안이 무산된 이후 유가족들이 직접 여당과의 대화에 나선 상황에서 당시 새누리당 김재원 원내수석부대표는 라디오 인터뷰에서 다음과 같이 발언했다.

"솔직히 말씀드려서 유가족은 저희를 거의 적대시해왔던 것이 사실이고, 국가권력이 자신들의 자녀를 죽음으로 내몰았다는 생각

도 있고, 그것을 은폐하려고 급급하다는 생각이 있는 것으로 보였
고, 저희들은 거기에 외부 세력까지 가담을 해서 결국 유가족의 어
떤 궁박한 처지와 슬픔을 활용해서 정부 전복 반정부 투쟁을 벌이
는 것 아닌가…… 순전히 이것은 어떤 유가족의 슬픔을 이용한 반
정부 선동에 동원되는 것 아니냐 이런 오해와…… 그런 오해가 결
국은 서로의 대화를 멀게 했고 그것이 오늘날 이런 불신의 벽을 높
이 쌓았다, 그런 생각입니다."

결국 정부 여당의 이해할 수 없는 기이한 태도는 '네가 나를 기
만하는 것처럼 보이기 때문에 나도 너를 기만한다'의 또 다른 사례
였던 것이다. 대화의 상대는 진정성의 화신일 수도 있고 기만적인
사기꾼일 수도 있다. 앞에서 말했던 것처럼 우리는 그것을 확실히
알 수 없기 때문에 더 나쁜 상황인 사기꾼을 전제하고 기만적 태도
를 취하는 것이다. 권력을 가진 정부 여당이라 할지라도 이런 행동
패턴에서 벗어나지 않는다.

'기레기'에 대한 불신

이런 구도가 더욱 적극적으로 드러나는 장소는 바로 언론의 세계
다. 오늘날 언론에 종사하고 있는 노동자들은 기자와 쓰레기의 합

성어인 '기레기'라 불리며 제대로 된 사실을 왜곡하고 자기 이득을 챙기는 대표적 존재처럼 치부되고 있다. 인터넷의 시대에 특히 이런 식의 개념은 더욱 강하게 확산됐다. 이제는 잘 훈련된 기자들이 만든 일간지의 기사 내용보다 SNS에서 전달되는 '일반인'의 정제되지 않은 정보가 더욱 믿을 만한 것으로 여겨진다.

언론이 사실을 정확히 전달하는 데 소홀하다는 지적은 과거부터 제기돼왔다. 1997년 언론이 지식인을 사상 검증한 소위 '최장집 사태'로부터 시작된 안티조선 운동은 언론을 대상으로 한 시민운동의 신기원을 이뤘다는 평가를 받는다. 안티조선 운동은《조선일보》,《중앙일보》,《동아일보》등의 다양한 나쁜 측면을 비판했는데, 무엇보다도 맥락을 왜곡해 자신들이 지지하는 정치 세력에 유리한 여론을 조성하기 위해 나름의 '공작'을 벌였던 점에 초점이 맞춰졌다.

특히《중앙일보》가 1997년 대선에서 '이회창 대통령 만들기'에 나선 것 아니냐는 의혹이 제기됐던 것은 이런 주장의 대표 격이다. 당시의 국면은 여당의 이회창 후보와 야당의 김대중 후보가 일전을 벌이는 과정에서 여당 대통령 후보 경선 결과에 불복한 이인제 후보가 따로 정당을 만들어 삼파전이 진행되는 상황이었다. 그런데 이런 시기에《중앙일보》는 이인제 후보 측에 상처를 입히는 기사를 공격적으로 지면에 게재하는가 하면 이인제 후보에게 투표를 할 경우 보수 세력의 지지가 양분돼 결국 김대중 후보만 유리해질 수 있다는 식의 경고론을 설파하는 데 집중했다. 이를 위해

《중앙일보》는 사실 확인이 제대로 되지 않은 상태에서 당시 김영삼 정부가 이인제 후보 측에 200억 원을 지원했다는 보도를 부풀려 싣고 청와대 고위 비서관들이 이회창 후보를 지원한 사실에 대해서는 침묵하며(당시 김영삼 대통령은 외환위기 등으로 인기가 없었다) 대선 며칠 전에 선거 구도가 이회창–김대중 양자 구도로 굳어졌다는 기사를 공격적으로 지면에 배치해 논란의 중심에 섰다.

결국 《중앙일보》의 이런 편파적 태도는 각 언론사 정치부 기자들이 '공정 보도를 위한 우리의 뜻'이라는 제목의 결의문을 내는 결과를 낳았다. 이후 당시 홍석현 《중앙일보》 사장과 이학수 삼성그룹 비서실장의 대화가 녹취된 'X파일' 사건이 2005년 터지면서 《중앙일보》와 이회창 당시 후보가 실제로 어떤 커넥션을 갖고 있었다는 의혹은 사실에 가까운 것으로 드러났다. 단지 《중앙일보》가 이회창 후보를 지지하겠다는 수준 이상으로 적극적인 역할을 자처했다는 거다.

언론이 자신들의 이득을 위해 사실을 비틀고 왜곡하는 사례는 이런 '큰 일'뿐만이 아닌 '작은 일'에서도 일상적으로 일어난다. 이른바 기사를 '엿 바꿔 먹었다'고 하는 경우가 대표적이다. 엿 바꿔 먹었다는 표현에서 잘 드러나듯 일부 타락한 언론계 종사자들은 기업에 불리한 기사를 무작정 쓰고 기업이 대가를 제시하면 도로 기사를 내려주는 일을 반복해 배를 불리고 있다. 일부 언론들은 기업뿐 아니라 지자체를 대상으로도 비슷한 일을 하고 있다. 특정 언론이 주최하는 행사에 지자체가 후원 형식으로 사실상의 협찬을

냉소 사회

하고 있는 것이다.

물론 언론과 정치권, 재계와의 이런저런 공생 관계는 일반인들이 속속들이 알 정도로 자세히 공개돼 있지는 않다. 보통의 삶을 살아가는 사람들은 언론의 이런 악행들을 그저 어렴풋이 알고 있을 뿐 평소 그런 문제에 대해 깊게 고민하고 생각하지는 않는다. 그러나 이런 것들은 사람들이 언론에 대해 갖는 생각의 배경으로 작용한다는 점에서 치명적이다. 언론의 1차 기능인 '사실 전달'이라는 측면에서 문제가 생길 때 시너지 효과를 내는 것이다.

세월호 참사 직후 많은 사람들이 언론을 비판했다. 대부분 아주 기본적인 언론 윤리에 관한 것이었다. 언론이 세월호 참사를 앞에 두고 가장 정확하게 전해야 할 사상자 숫자를 사실과 다르게 보도하고, 사실과 다른 것을 넘어서서 '전원 구조'됐다는 대형 오보를 내고, 슬픔에 빠져 있는 생존자들에게 던지지 말아야 할 질문을 던지고, 비극적인 참사를 이용해 검색어 장사에 나선 것은 비판받지 않을 수 없는 일이었다.

왜 언론은 틀렸는가? 사실 언론의 오보와 비윤리적 취재 행태 등은 언론이 처해 있는 구조의 부조리가 작용하는 측면이 있다. 인터넷 시대는 언론이 무료로 기사를 공급하는 상황에서 누가 특정 사안을 빨리 보도하느냐에 따라 언론사의 수익이 달라지는 구조를 확립시켰다. 빨리 보도한 언론은 그만큼 더 많은 '클릭 수'를 얻게 되고, 더 많은 클릭 수는 더 많은 광고 수익을 창출한다. 과거 종이 신문 시대의 기자는 아무리 사건 내막을 빨리 알게 되더라도 마감

163

시간까지 추가 사실 확인 및 보강 취재를 할 여유를 갖고 있었다. 인터넷 시대의 언론에 그런 여유 따위는 없다. 무조건 빨리 보도하는 게 장땡이다. 통신사가 아닌 일반 언론사의 기사에 1보, 2보, 상보, 종합 따위의 꼬리표가 달려 나오는 이유 역시 여기에 있다. 만일 빨리 보도하는 데 실패했다면 최소한 따라가기라도 해야 한다. 남이 써놓은 기사를 그대로 받아써서 해당 사안을 검색하는 이용자들이 자기 언론사 기사를 찾게끔 해야 하는 것이다.

그러나 기레기라는 표현을 중심으로 한 비난들 가운데 언론 환경을 둘러싼 이런 구조에 대한 문제 제기는 없다. 기자가 사실과 다른 보도를 하는 것은 위에서 언급했듯 어떤 '구린' 속사정이 있을 것이라고 생각하는 게 일반적이기 때문이다. 즉, 대다수 독자들의 생각에 기자는 독자를 속인다. 오보는 이러한 속임수가 드러나는 게기다. 세월호 참사에서 언론이 독자를 속인 이유는 무엇인가? 어떤 이득을 취하고자 언론은 이러한 모험을 감행했는가?

이후 벌어진 상황은 사람들의 언론에 대한 이런 의심에 어느 정도 이상의 근거를 제공했다. KBS와 MBC의 높은 자리에 있는 사람들이 세월호 참사 희생자 유가족들에 대해 망언을 하거나 세월호 참사 자체를 교통사고에 비유해 축소하는 언행을 보여 문제가 된 것이다. 이들이 굳이 하지 않아도 될 말들을 이렇게 한 이유는 세월호 참사가 박근혜 정권에 정치적 치명상을 안기리라는 걸 누구나 알 수 있는 상황이었기 때문이다. 이들은 보수 정권의 은덕을 입었거나 박근혜 정권하에서 줄을 잘 서 출세를 도모해야 할 처지인데 세월호 참사 때문에 정권이 어려워져서는 자신들이 결과적으로 손해를 보게 된다. 그러니 그런 점에서 오는 불편함을 자기들 식으로 표현하고야 마는 것이다.

이런 사건들의 연속은 정권의 필요에 의해 세월호 참사의 진상을 축소, 은폐하려는 어떤 흐름이 언론계 내부에 존재한다는 의심으로 이어졌고 언론의 보도보다 SNS를 통해 전해지는 정보가 더 신빙성 있다는 믿음을 정당화하는 근거가 됐다. 세월호 참사를 둘러싼 음모론은 바로 이 토양 아래서 성장하고 있다. 세월호가 미국의 잠수함과 충돌해서 침몰했지만 정부가 이를 은폐했다거나 박근혜 정권이 정치적 위기를 벗어나기 위해 세월호 참사를 기획했다거나 하는 것들 말이다.

이런 음모론들은 자체적으로는 합리적이고 논리적인 근거를 갖추고 있지 못하다. 음모론에서 제기되는 증거들은 오로지 음모론을 뒷받침하기 위해 재구성된, 확인되지 않는 사실관계들의 나열이다. 그럼에도 이러한 음모론이 일정 이상의 위력을 갖게 되는 상황의 배후에는 위에서 설명했듯 언론과 정치에 대한 대중의 특정한 태도가 존재한다는 점을 짚지 않을 수 없다. 즉, 음모론 역시 '진정한 무엇이 있다'는 논리로 만들어진 냉소의 한 산물일 수밖에 없는 것이다.

소비자라는
절대적 지위

언론에 대한 대중의 냉소는 음모론이라는 결론으로만 이어지지 않고, 독자가 '소비자'로서의 정체성을 강화하는 결과로도 이어진다. 그리고 이는 다시 언론 일반에 대한 냉소주의를 재생산하는 악순환의 주인공이 된다. 예를 들면 이러한 메커니즘이다. 대개 언론인들은 자기 분야에 대한 다양한 경험과 지식을 바탕으로 한 전문가적 위상을 갖고 있다. 경제를 전공하지 않은 기자라도 경제 관련 부처만 20년씩 출입하면 전문가적 식견을 갖추게 되지 않을 수가 없다. 이것이 가장 드라마틱하게 드러나는 부서가 정치부인데, 여기서 경력을 쌓은 이들은 이후에 시사 칼럼니스트로 활동할 수도 있고 정권과 죽이 잘 맞는 경우 청와대로 픽업되어 가는 경우도 있으며 이후 이러한 경력을 활용해 국회의원 배지를 다는 경우도 나오기 때문이다.

하여간 어떤 사안에 대해서는 그것과 관련이 있는 학문을 전공했거나 관련 업계에 종사하는 사람이 아니면 보통 기자가 일반인보다 많은 지식을 갖고 있기 마련이다. 물론 이 지식을 얼마나 지면에 표현할 수 있느냐는 기자가 처한 환경에 주로 좌우된다. 언론이라는 존재의 특성상 기자가 자신의 의견을 스스로의 의지에 의해 적극적으로 표현할 기회는 많지 않다.

대표적인 건 '지면의 한계' 때문에 사안의 복잡함을 충분히 설명하지 못하는 경우다. 사전 지식이 사실상 없는 독자에게 거의 책한 권 분량의 맥락이 있는 사안을 설명하려니 제대로 일이 되지 않는 것이다. 또 다른 경우는 기사 쓰기의 원칙과 관련된 문제다. 보통 언론 지면에 실리는 기사는 수많은 인용으로 이뤄진다. 만일 어느 기자가 단기적 전망에만 기댄 정부의 경기 부양책에 비판적 생각을 갖고 있다면 자신과 견해가 같은 어느 교수의 발언을 인용해기사를 작성할 것이다. 반대의 경우도 마찬가지다. 한국 경제가 처한 상황을 환자에 비유해 일단 긴급한 수혈이 필요한 상태라고 진단하는 기자라면 단기 부양책에 우호적인 전문가의 발언을 인용할것이다. 아무리 언론이 중립적인 태도를 취한다 하더라도 여기에서 관점의 차이가 생긴다. 이 수많은 관점들이 서로의 합리성을 겨루는 곳이 공론장이고, 공론장에 등장할 공론을 형성하는 것은 언론의 가장 중요한 임무 중 하나다.

만약 어떤 독자가 기사의 내용이나 기사를 작성한 기자의 시각을 비판한다고 하면, 모범적으로 볼 수 있는 사례는 기사가 취하고있는 특정 관점을 다른 관점에 입각해 비판을 제기하는 방식일 것이다. 여기서 필요한 것은 '다른 관점'의 공유자들이 내세우고 있는 핵심 논리를 내놔야 한다는 거다. 그래야 최소한의 공통 지반위에서 생산적인 토론이 가능하다.

그런데 어떤 기사 또는 기자를 비판하는 가장 흔한 논리는 "이런걸 기사라고 썼느냐", "이런 걸 기사라고 지면에 실어줬느냐"라는 식의 것이다. 다시 말하자면 기사의 관점이나 내용이 문제가 아니라 기사 자체가 어떤 이유에서건 '함량 미달'이라는 것이다. 여기서 '어떤 이유에서건'이라는 것은 대개 익명의 일회성 덧글 속에서는 밝혀지지 않는다. '함량 미달'의 내용을 적시한다 하더라도 많은 경우 사실상 인상비평에 기댄 억지 논리이거나 순환논증을 되풀이하는 사례가 많다. 여기서 드러나는 것은 기사를 비판하는 사람의 단지 신의 성실하지 않은 태도가 아니라 오히려 깐깐한 소비자적 태도이다. 열등한 것은 선택될 이유가 없고, 선택되지 못한 열등한 것들은 소멸해야 한다.

소비에 기반한 사회에서 소비자의 지위는 그야말로 절대적이다. 소비자라는 절대적 지위 속에서 주체는 어떤 사안에 대해 복잡한 평가를 책임지고 내놓아야 할 의무가 없다. 그에게 주어진 의무는 단지 살 것인가, 말 것인가 선택하는 것뿐이다. "이런 걸 기사라고 썼느냐"라는 말의 함의는 그 기사의 내용이나 형식이 잘못됐다거나, 자신이 동의할 수 없는 논리로 구성되었다거나 하는 따위가 아니다. 그것은 단지 소비자로서 "나는 이 질 떨어지는 상품을 구입하지 않겠다"라는 선언의 다른 표현이다.

이러한 현상은 물론 언론에서만 일어나는 것이 아니다. 어떤 문화 상품들에 대한 비평이 홀대받는 것을 넘어서 적대시되는 세태 역시 소비자로서의 주체들에 의해 일반화된 것으로 볼 수 있다. 예를 들면 영화 비평이 그렇다. 영화라는 문화 상품은 오늘날 대중들이 시간을 즐겁게 보낼 수 있는 하나의 놀이 수단이다. 그런데 영화는 일종의 상징조작 원리에 의해 환상을 구현하는 도구이며, 동시에 그것을 만든 사람이 체제로부터 자유롭지 못하다는 점에서 체제와 대중의식의 관계를 규명하는 하나의 단서가 되는 매체이기도 하다. 따라서 얼마나 저질이든, 얼마나 흥미 위주이든, 또는 얼마나 할리우드 친화적이든 간에 영화는 언제나 비평의 대상일 수밖에 없다.

그런데 오늘날의 많은 사람들이 이렇게 영화를 비평하는 행위에 대해 알레르기라고 말해도 좋을 정도의 거부반응을 보인다. 이러한 반응은 몇 가지로 나눠볼 수 있다. 첫 번째는 영화 비평의 내용이 잘못됐다는 것이다. 영화를 잘못 해석했다거나 악의적으로 봤다거나 또는 시장적 이유 때문에 지나치게 호의적으로 봤다거나 하는 비판들이 여기에 해당한다. 이러한 비판들은 대개의 경우 충분히 받아들일 만하고 나아가서는 늘 가치 있으며 모범적이라고까지 말할 수 있다.

문제는 두 번째부터인데, "보고 즐기면 되는 걸 뭐하러 머리 아프게 비평을 하느냐"라는 식의 경우다. 여기서의 핵심은 영화는 '즐기는' 것인데 비평을 하는 주체는 영화를 '즐기지 않는'다는 도식이다. 유감스럽게도 다시 슬라보예 지젝을 인용하자면 오늘날의 소비사회에서 초자아의 명령은 '즐겨라!'라는 형태로 강요된다. 소비는 즐거운 것이며 영화라는 문화 상품을 소비하는 것 역시 이러한 즐거움을 찾기 위한 행위이다. 그런데 비평은 적어도 이들이 보기에 이 즐거운 소비사회의 파티 분위기를 잡치고 있다. 마치 파티

장에서 채식을 해야 한다든지 과소비는 옳지 않다든지 따위의 말을 하며 분위기를 흐리는 사람을 어떻게 대해야 할지 모르고 당황하는 것과 마찬가지로, 이들도 영화를 진지하게 비평하는 사람을 보면 불편해하는 것이다.

결국 생겨나는 것은 거대한 의문이다. 저자는 왜 파티의 분위기를 망치면서까지 '비평하기'를 고집하는가? 여기에 대한 대답은 앞서 언급한 열등감과 냉소주의의 논리를 통해 도출된다. 이들이 보기에, 분위기를 망치면서 비평을 고집하는 자의 욕망은 잘난 척을 하고 싶은 것으로만 해석 가능하다. 그래서 이들은 있는 힘을 다해 자기가 해석한 비평가의 욕망을 '잘난 척'이라는 모욕을 통해 그대로 되돌려주려 노력한다. 그러나 그것은 대개 헛발질로 귀결될 뿐이다.

같은 논리의 변형으로는 "나는 재미있게 보았는데 왜 욕하느냐"라는 것이 있다. 비평이 영화의 재미를 평가하는 척도가 아님에도, 비평이 전혀 다른 취지로 쓰였다는 걸 노골적으로 드러내는 경우조차 이런 비판은 반드시 제기된다. 이러한 논리의 외양은 자신이 구매한 상품에 대한 악평에 반발하는 소비자의 모습과 정확히 일치한다. 자신이 상품을 구매한 논리가 어떤 측면에서든 도전받는다고 생각하는 것이다. 이 대결에서 패배하면 소비자로서의 주체는 비합리적 소비를 일삼은 사람이 되고 만다. 질 떨어지는 상품을 제대로 평가하지 못하고 돈을 낭비한 열등한 소비자인 거다.

그러나 비평은 소비주의적 측면에서 상품의 가치를 측정하는 작업이 아니다. 비평의 목표는 상품의 사회적 맥락을 드러내고 이를 통해 우리가 딛고 있는 현실에 대한 이해를 높이는 것이다. 그러나 효율성의 신화와 결합한 소비주의는 이런 지적 사치를 인정하지 않는다. 영화에 등장하는 여러 상징과 비유에 대해 이러쿵저러쿵 하는 것은 그저 비효율적인 일일 뿐이다. 유일하게 판단해야 할 것은 이 상품이 살 만한 것인가, 아닌가이다. 2014년을 뜨겁게 달군 영화 〈명량〉과 〈국제시장〉 등을 둘러싼 논란은 정확히 이러한 경로를 따라 진행돼왔다. 비평의 진의를 훼손하는 이들로부터 비평적 가치를 지키는 데 복무해야 할 언론 역시 여기에 편승했다. 열등감, 냉소주의, 체제적 기득권과 결합한 소비자주의는 그야말로 무소불위의 지위를 획득하고 있는 것이다.

갑질 논란, 소비자와 서비스 노동자의 대립

소비자주의가 드러내는 현실의 균열을 가장 정확히 보여주는 사례는 이른바 '갑질 논란'이다. 이 '갑질'이라는 표현은 한국 사회의 수많은 것들이 갑과 을이라는, 강자와 약자의 계약관계로 이뤄져 있다는 점을 전제로 한다. 이런 인식을 토대로 해서 제1야당은 '을지로 위원회'라는 기구를 따로 만들기도 했다. 을지로 위원회란

'을乙 지키는 길路'이란 뜻을 담고 있다고 한다. 제1야당이 이런 기구를 만들 만큼 갑–을 관계와 '갑질'에 대한 대중적 논란이 뜨거웠던 것이다.

언뜻 보기에 갑과 을의 관계는 단순한 지배계급과 피지배계급 간의 담론처럼 보인다. 그런데 이 담론은 자본가와 노동자(무산자)의 계급 갈등이라는 전통의 구도에서 상당히 벗어나 있다. 이런 형태의 담론이 최근에 본격적으로 등장하는 계기가 됐던 남양유업의 '밀어내기 영업' 같은 사건들은 상품을 공급하는 대기업과 이를 판매하는 대리점과의 갈등에서 비롯됐다. 이렇게 보면 '갑질'을 둘러싼 논란은 오히려 계급 문제로는 포괄할 수 없는 사회 갈등의 양상을 드러내는 것으로 평가할 수 있다. 역으로 말하면 갑질 논란으로 대표되는 오늘날의 주된 투쟁 담론(?)이 오히려 계급 문제를 교란하는 도구로 기능할 가능성을 보여주는 것이기도 하다.

근래에 '갑질'과 관련해 특히 인터넷에서 논란이 된 가장 인상적인 사건을 세 가지 꼽을 수 있을 것 같다. 첫 번째는 대한항공 조현아 전 부사장의 '땅콩 회항' 사건이다. 조현아 전 부사장은 대한항공을 소유한 한진그룹 조양호 회장의 딸인데, 대한항공 소속 여객기가 출발하는 시점에 '마카다미아넛'이 봉지째 제공됐다는 이유로 승무원을 비행기에서 내리게 하고 회항을 시켜 문제가 됐다. 로열패밀리의 일원인 조현아 전 부사장이 힘없는 승무원들을 압박해 다른 승객들에게까지 불편을 끼쳤다는 것이다. 이들을 갑과 을의 위상에 대입해보자면 갑은 '로열패밀리'일 것이고 을은 '승무원 및

냉소 사회

일반 승객'일 것이다.

그런데 이 땅콩 회항 사건에서 대립 관계가 반드시 이런 방식으로만 나타났다고 볼 수 있을까? 사건을 둘러싼 여론을 다시 한번 살펴보자. 대중이 조현아 전 부사장의 행위에 분노하는 것은 그가 로열패밀리의 권력을 남용했기 때문이기도 하지만 '양식 있는 소비자'로서 행동하지 않았기 때문이기도 하다. 로열패밀리든 뭐든 일단 항공기에 탑승했다면 그는 항공법에 따라 다른 승객들과 똑같은 지위를 갖게 된다. 승객을 항공 서비스를 이용하는 소비자로 해석한다면 로열패밀리 역시 소비자의 한 사람으로 취급돼야 한다.

모두가 동등한 소비자로서 행동해야 하는 상황에서 조현아 전 부사장은 로열패밀리로서의 지위를 내세워 이런 상황에서 이탈하려고 했다. 대중이 조현아 전 부사장을 비웃고 법적 처벌을 요구하는 논리는 이쪽에 가깝다. 즉, 여기서의 구도는 평등한 위상을 점하고 있는 '양식 있는 소비자'들과 로열패밀리라는 권력을 활용해 여기서 이탈하려고 한 '개념 없는 소비자'의 대립이다. "로열패밀리라고 해서 봐줘서는 안 된다!" 즉, 소비자가 소비자답게 행동하지 않은 게 문제인 것이다. 판매자는 소비자를 평등하게 대해야 한다. 음식점이라면, 음식은 먼저 시킨 순서대로만 나와야 한다.

갑질과 관련한 두 번째 인상적인 사건인 '라면 상무'의 사례도 비슷한 측면이 있다. 포스코의 어느 상무가 대한항공 소속 여객기에 탑승해 라면 맛 등을 문제 삼으며 승무원을 폭행하는 등 '진상'을 부렸다는 게 이 사건의 내용이다. 대중의 분노는 여기서도 두 가지 측면에서 표출되었다. 포스코의 상무라는 사회적 지위가 높은 사람이 힘없는 승무원을 말도 안 되는 이유로 괴롭히며 분풀이를 했다는 게 첫 번째 측면이다. 대중이 분노하는 두 번째 측면은 앞서의 경우와 마찬가지로 라면 상무가 비행기 내에서 양식 있는 소비자로서 행동하지 않았다는 것이다.

즉, 갑질을 둘러싸고 제기된 대중적 비난은 권력의 위계가 작용했다는 것과 양식 있는 소비자로서 행동하지 않았다는 것, 두 가지 지점에서 표출되고 있다. 여기서 확인 가능한 것은 우리가 사는 사회에서 소비자의 지위에 관한 것이다. 앞의 두 사례에서 조현아 전 부사장과 라면 상무가 가진 사회적 기득권은 양식 있는 소비자를 앞세운 여론에 의해 일시적으로나마 무력화된다. 소비 중심의 사회에서 양식 있는 소비자로서의 자세를 요구하는 여론은 과장을 보태 말하자면 과거 혁명의 동력이 됐던 계급의식에 비견할 수 있을 정도다. 소비의 논리가 얼마나 강력하게 사회 전체를 지배하고 있는지 알 수 있는 대목이다.

'양식 있는 소비자'에 대해서는 갑질을 둘러싼 세 번째 사건의 사례를 통해 좀 더 많은 생각을 해볼 수 있다. '백화점 모녀 갑질 사건'이 그것인데, 이 사건은 조현아 전 부사장이나 '라면 상무'와는 달리 사건을 일으킨 주체가 특별히 사회적 기득권을 갖추고 있지 않다는 점에서 앞의 두 사건과는 이질적이다. 사건의 내용은 백화점을 방문한 모녀가 주차관리 요원의 안내를 무시하고 폭행을 하는 등 또 '진상'을 부렸다는 것이다. 당시 이들은 "600~700만원이나 썼는데 주차관리 요원에게 왜 이런 대접을 받아야 하는가"
라고 외쳤다고 한다. 바로 이 지점에서 인터넷의 수많은 사람들은
분노했다.

이 세 사건에서 조현아 전 부사장의 로열패밀리라는 지위, '라면
상무'의 대기업 상무라는 직책과 비즈니스석 이용, 백화점 모녀의
600~700만 원에 이르는 소비는 정도의 차이가 있지만 갑질의 전
제로 작용한다는 공통점을 갖고 있다. 이는 이런 형태의 갑질 논란
을 자본 대 노동이라는 계급적 구분이나 노사관계의 틀로 볼 수 없
다는 점을 재차 드러낸다. 이들을 관통하는 공통적 정체성은 '개념
없는 소비자'이며 이들의 행위는 앞에서 살펴본 바 있는 과시적 소
비의 전형에 해당하는 것으로도 해석할 수 있다.

그러나 '양식 있는 소비자'의 문제를 재구성해보면 '소비자'와
'서비스 노동자'의 대립 구도 역시 성립한다는 걸 깨달을 수 있다.
위의 갑질 논란을 일으킨 사건들은 개념 없는 '소비자'가 서비스
'노동자'와 대립해 우위를 점하고 감정적으로 착취한 사례다. 여기
서 드러나는 것은 과거의 기준에서는 하나의 노동계급으로 묶일
수 있었던 피지배 대중이 소비자와 서비스 노동자로 양분돼 서로
대립하게 됐다는 것이다. 이는 마치 '갑과 을'이란 제목의 코미디
프로그램에서 소비자와 서비스 노동자인 사람들이 각자의 역할을
무한히 바꿔가며 갈등을 빚는 것과 같다.

만일 어떤 계급주의자가 지배계급과의 일전一戰을 모색하기 위
해 이런 대립 구도를 허물고 노동계급의 대의 앞에 하나로 뭉쳐야

한다고 주장한다면 비웃음을 살 것이다. 왜냐면 앞서 묘사한 과정에 의해 현대사회에 만연하게 된 냉소주의가 이 계급주의자를 자신의 이득을 위해 선동을 일삼는 파렴치한으로 몰고 갈 것이기 때문이다. 그래서 오늘날의 피지배계급은 노동계급으로서의 자기 확신을 얻고 체제를 변혁하기 위한 투쟁에 나서는 복잡한 과정을 거치는 대신에 소비자로서의 정체성으로 기득권에 대항하는 손쉬운, 즉 효율적인 길을 선택한다. 최소한의 '양식'만 지키면 대부분의 투쟁은 "안 산다"는 선언으로 대치될 수 있다. 개념 없는 소비자에 대해서는 체제가 만든 법에 따라 처벌하라고 외치면 된다. 복잡한 논리는 필요 없다.

저항의 논리, 통치의 논리

결국 세상만사에 나타나는 대중의 소비자주의적 태도는 생산자로서의 자기 위상을 비틀고 모든 문제를 소비자의 관점으로 해석하게 하는 세태를 만드는 데 일조한다. 소비를 기반으로 한 사회에서 소비자가 누릴 수 있는 유일무이한 권리는 상품을 살 것인지 말 것인지를 최종 결정하는 것이다. 현란한 마케팅 기술에 속았다거나 상품의 그럴듯한 외양에 홀렸다거나, 아니면 단지 상류계급의 일원이 됐다는 착각을 느끼기 위한 욕망에 빠져 판단력을 잃었다거나 하는 평가는 아무런 권위나 효력을 갖지 않는다. 어떤 과정을 거쳤든지 상품을 구입하겠다는 소비자의 권리 행사는 그 자체로 신성불가침이다.

수십 가지 과정을 거쳐 만들어내는 상품들로 유지되는 소박한 체제를 가정해보자. 완벽한 상품을 만들어내는 이 체제가 갑자기 불량품을 찍어내기 시작했다면 여기에 속한 사람들은 수십 가지에 이르는 과정의 어느 부분에서 문제가 생겼는지를 알아내 이를 해결해야 할 것이다. 이미 생산된 불량품들은 고쳐서 쓰거나 그것들이 할 수 있는 역할만을 맡기는 식으로 활용할 수 있다. 이 상품들은 그것이 할 수 있는 만큼의 사용 가치를 갖고 있고 평가는 오로지 그것에 의해 이뤄진다.

그런데 이 체제에 '소비자'라는 주체를 삽입하는 순간 일련의 과정이 갖는 의미는 완전히 달라진다. 상품의 생사여탈권은 오로지 소비자가 쥐게 되며 그가 구입하지 않을 불량품들은 전량 폐기될 운명에 처한다. 소비자는 체제의 어떤 문제 때문에 불량이 발생했는지에는 관심이 없다. 모든 것은 사게 할 마음이 들게 했는지, 그렇게 못 했는지라는 결과로 말할 뿐이다.

이것이 오늘날의 거의 모든 영역에서 날마다 일어나는 일이다. 한때 사람들은 신문에 실렸거나 텔레비전에 등장한 상품이나 사람에 대해 흔들리지 않는 신뢰를 갖길 망설이지 않았다. 하지만 오늘날에는 신문이나 텔레비전에 나온 것들을 의심하고 폄훼하는 게 일반적이다. 신문과 텔레비전은 사람들이 아직 모르는 사실을 전해주던 존재에서 사실을 왜곡하고 소비자를 속여 돈을 뜯는 존재로 격하됐다. 정론으로 말하자면 이는 미디어의 신뢰성과 관계된 이야기지만 지금까지의 맥락으로 보면 신문과 텔레비전이 '사고 싶지 않은' 상품이 돼버린 탓으로도 설명할 수 있다.

신문과 텔레비전의 쇠락은 앞 장에서 설명했듯 인터넷 환경의 변화와 밀접한 관계가 있다. 특히 신문은 클릭 수를 위해 제대로 된 검증도 없이 많은 기사를 양산하는데, 지면에는 아직까지 그간의 업무적 관성이 남아 있어 어느 정도 '정제된' 기사를 배치한다. 만일 누군가 언론을 통해 정제된 정보를 얻고 싶어 하는 사람이 있다면 신문사가 지면에 실릴 목적으로 작성된 기사를 따로 찾아보는 노력이 필요하다. 이를 위해서 필요한 것은 오로지 인터넷 클릭 수 증대만을 겨냥해 작성된 기사와 그렇지 않은 기사를 구분하는 능력이다.

그런데 언론의 행태를 비판하는 수많은 사람들의 선택은 이런 능력을 키워야 한다고 주장하는 게 아니라 앞서 언급한 대로 '안 산다'로 요약 가능한 반응을 내놓는 것이다. 이런 선택의 기저에는 언론이 마음만 먹으면 얼마든지 사실을 왜곡할 수 있고 기득권과의 밀접한 관계를 바탕으로 대중들을 속이고 이를 통해 이득을 보고 있다는 냉소주의적 현실 판단이 존재한다. 즉, '안 산다'라는 소비자로서의 신성한 권리 행사는 이런 맥락에서 저항으로서의 성격을 지니게 된다. 오늘날 언론만이 아닌 각종 영역에서 소비자 운동이라는 형태의 저항이 일상적으로 일어나고 있는 현상은 더 이상 놀랄 일이 아니다.

만일 이런 맥락에서 '저항'에 반대되는 개념을 찾는다면 거기에 어떤 이름을 붙여주어야 할까? 다양한 의견이 있을 수 있겠지만 지금 설명하려는 맥락을 잘 살리기 위해 '통치'라는 개념을 이 자리에 놓아보는 건 어떨까 한다. 저항은 저항의 대상인 기득권의 사정을 참작하지 않는다. 소비자 운동에 참여하고 있는 사람들이 상품을 생산하는 재무제표나 분기별 실적을 참고해 거대 기업에 대한 저항의 정도를 조정하지는 않는다. 예를 들면 프랑스 혁명 역시 왕정의 사정이나 당시 국제 정치에서 프랑스가 차지하는 위상 등을 고려한 결과가 아니었다. '소비자'라는 정체성이 존재론적으로는 '민중'의 대다수와 겹칠 수밖에 없고 국가나 거대 기업과의 권력 위상을 고려할 때 약자라는 점은 일반적인 형태의 정치적 투쟁과 소비자 운동이 공통적인 외양을 가질 수밖에 없다는 점을 드러낸다.

그러나 통치는 체제를 성공적으로 운영한다는 목표를 관철하기 위해, 존재하는 거의 모든 것들의 영향을 고려하고 조정하는 작업이다. 현대 사회의 효율적인 통치 구조에서 민중의 요구는 대개 숫자로 환산돼 고려되며 이를 통해 통치자는 해결해야 할 갈등의 우선순위를 조정할 수 있다. 통치를 받는 다수에게 한정된 자원을 배분하다 보면 반드시 불평등이 야기되는데, 이 불평등으로 인한 불만을 관리하는 것 역시 통치자가 반드시 짊어질 수밖에 없는 역할이다. 이 과정에서 가끔은 눈물을 머금고 전체의 이익을 위해 일부 피지배 대중에게 피해를 입히는 결정도 감행해야 한다.

통치를 소비자주의와의 대립항에 놓고 여기에 알맞은 사례를 들어보자. 언론-소비자들은 '기레기들'이 쓰는 기사에 화를 내며 '진정한 언론'의 존재를 희구하지만, 현실은 그런 기레기들이 양산되지 않으면 언론사 자체가 유지될 수 없다는 것이다. 사람들은 질소로 과다 포장된 과자에 분노해 불매운동을 불사할 태도를 보이지만 회사의 입장에서 이는 어찌됐건 수지 타산을 맞추기 위한 고육지책이었을 수도 있다.

지금 이 글에서 언론사와 제과 회사의 입장을 이해하자고 말하려는 것은 전혀 아니다. 언론사와 제과 회사의 사례에서 누가 무엇을 잘못하고 있는지 정확히 따지기 위해서는 훨씬 더 많은 근거들을 동원한 정밀한 논증이 필요할 것이다. 다만 여기서 강조하고 싶은 것은 저항의 논리와 통치의 논리가 같은 사안에 대해서도 근본적으로 다른 형태를 띨 수밖에 없다는 점이다. 저항의 논리는 대개 주체의 이해관계에 따라 분절될 수밖에 없지만, 통치의 논리는 그보다는 체제 운영에 대한 총체적 인식을 우선한다.

냉소 사회

4

냉소주의가 지배하는
한 국 정 치

정치의
두 가지 얼굴

이제 좀 더 본격적인 문제를 살펴보자. 앞에서 얘기한 저항의 논리와 통치의 논리가 정면으로 부딪치는 곳은 정치의 영역이라고 볼 수 있다. 그것은 정치인이 여론의 지지를 통해 국회의원이라는 헌법기관으로서의 지위를 얻고 권력을 행사한다는 점에서 비롯된다. 정치인이라면 누구나 여론의 눈치를 볼 수밖에 없고 국민을 대변해야 한다는 명분을 버릴 수 없다. 따라서 정치인들은 자신의 선택을 언제나 국민의 뜻을 반영한 결과로 포장해야 하는 운명에 놓여 있다.

그런데 동시에 정치인은 통치 기구의 일원으로서의 역할도 요구받는다. 우리나라는 국가와 정부의 수반으로 국민이 대통령을 선출하지만 대통령과 정부의 마음대로만 나라를 다스릴 수는 없다.

삼권분립의 원리에 의해 법을 만드는 권한이 의회에 주어져 있기 때문이다. 때문에 대통령과 정부는 의회와 격렬히 대립하거나 긴밀히 협조하는 일을 반복해야 한다. 이런 처지는 정치인도 마찬가지여서 국회의원은 자기 개인이나 자기가 속한 정치 세력의 이해득실을 판단해 행동하는 동시에 국가적 차원에서 과연 어떠한 선택을 할 것인지에 답해야만 하는 운명에 계속해서 내몰린다.

대개 '통치의 답'은 정해져 있다. 정치를 뒷받침하는 국가 기구와 여기에 소속된 관료들은 거대한 체제를 다루는 방법을 전문적으로 연마한 사람들이다. 때문에 어떤 상황에 대해 이들이 갖고 있는 해법을 제대로 따르기만 해도 체제는 유지된다. 그러나 정치인은 체제를 유지하기 위해 존재하는 이들이 아니다. 정치인은 자기가 생각한 정의를 실천하고 자신을 지지하는 이익집단을 만족시켜야 하는 숙명을 안고 있다. 따라서 '통치의 답'이 무너지지 않는 한도 내에서 자신의 뜻을 실현할 방법을 찾아야 하고, 이는 정치인의 노선으로 구체화된다.

단순하게 정리하자면 이렇다. 정치인은 자신의 노선에 따라 국가 대사를 좌우할 힘을 갖고 있으므로 국익을 최대로 얻으면서 자기 노선을 관철할 방법이 무엇인지를 고민하고 이에 맞추어 행동해야 한다. 그런데 동시에 정치인은 국민의 대표를 자처하고 있으므로 국민의 뜻에 따라야 하며 자신의 선택이 여기에서 어긋나지 않는다는 사실을 성공적으로 설명해내야 한다. 정치인의 선택과 국민의 뜻이 일치하는 경우에는 아무런 곤란한 일도 일어나지 않

냉소 사회

는다. 문제가 심각해지는 것은 정치인의 선택과 국민의 뜻이 일치하지 않는 경우다.

핵폐기물 처리장이나 음식물쓰레기 자원화 시설 후보지 선정 같은 경우를 생각해보자. 핵폐기물 처리장은 말 그대로 방사성폐기물을 보관하고 처리하기 위한 시설이다. 국가가 원자력 발전을 통해 전력 수요를 맞춰 산업을 발전시키려 한다면 반드시 필요한 시설로 볼 수 있을 것이다. 그러나 자기가 사는 지역에 방사능을 내뿜는 물질들을 처리하는 시설이 들어선다는 걸 그저 좋은 마음으로 보고만 있을 주민은 없다. 음식물쓰레기 자원화 시설도 마찬가지다. 음식물을 재처리해 비료 등으로 쓸 수 있도록 하는 이 시설은 쓰레기 처리 비용을 줄이고 현대 사회가 직면한 환경 문제를 해소할 수 있는 하나의 시도라는 점에서 국익과 부합하지만, 역시 여러 측면에서 지역 주민의 환영을 받을 수 없는 처지다.

이런 상황은 이 지역을 대표하는 정치인에게는 시련과 같은 것이다. 자신의 생사여탈권을 쥔 유권자들의 의사를 거스를 수도 없고, 자신의 노선과 국익을 외면하고 지역 주민들의 이해관계만을 선택에 반영할 수도 없다. 여기서 정치인이 해야 하는 역할은 자신이 선택해야만 하는 조치의 당위를 강조하면서 지역민들이 이를 수용하도록 설득하는 것일 터다. 그런데 일상생활에서조차 냉소주의가 만연한 상황에서 이 정치인의 설득을 액면 그대로 받아들일 지역 주민은 거의 없다. 정치인이 지역 주민의 이익을 외면하고 더 높은 사람에게 충성을 바치는 비겁한 모습을 보이고 있다는 둥의 공격이 돌아올 뿐이다. 이 정치인의 낙마를 오매불망 바라는 정치적 반대자 또는 라이벌의 존재 역시 의식하지 않을 수 없다. 잘못 처신했다가는 다음 선거에서 낙선하고 실업자가 될지도 모른다.

이런 상황에서 정치인의 목표는 그저 지역 주민을 잘 설득할 수 있는 태도와 교양을 갖추는 것만으로는 관철되기 어렵다. 자신에게 돌아올 피해를 최소화하고 정치적 반대자들의 공격을 효과적으로 방어해내면서 애초에 의도한 노선을 그럴듯한 그림으로 실현해내야 한다. 이것은 매우 어렵기 때문에 이를 성공적으로 수행해내려면 일종의 전문적 기술이 필요하다. 여론의 흐름을 꿰뚫는 직관력과 대중의 존재에 대한 철학이 이 기술의 중추를 이루는 핵심이다. 현대 사회에서 복잡다단한 형태로 각자의 이해관계가 첨예하게 부딪치게 되면서 이런 기술의 중요성은 더욱 강조되고 있다.

무엇보다도 필요한 것은 지역 주민들이 보이는 냉소를 돌파하는 것이다. 정치인이 단지 자신의 이익만이 아니라 공동체의 이익을 실현하기 위해서 희생을 요구하고 있다는 점을 증명해야 한다. 또, 이것이 이 지역 주민들을 포함한 공동체로서의 국가에 반드시 도움이 되는 것이며 이를 이루기 위한 희생을 감수할 만하다는 점에 대해서도 공감대를 얻어내야 한다. 이렇게 하기 위해서는 정치인의 처지가 반발하고 있는 지역 주민과 별로 다르지 않다는 점부터 설명해야 할 것이다. 즉, 정치인과 지역 주민이 이해관계를 교환하는 장에서 대립해야만 하는 협상 상대와 같은 관계가 아니라 같은 편이라는 점에서부터 공감을 이뤄야 한다는 이야기다. 이익과 손해를 나누자는 것이 아니라 같은 편끼리 이익을 극대화하자는 취지로 국익의 달성을 모색하고 있다는 점에서 합의해야 목표를 이룰 수 있다. 이를 위해서는 일단 지역 주민의 논리를 공유해야 한다.

그런데 문제는 지역 주민들이 내세우는 논리는 통치의 논리보다는 저항의 논리에 가까울 것이라는 점이다. 지역 주민들이 혐오 시설을 자기 지역에 유치하는 것을 반대하기 위해 드는 근거는 국가 전체의 이익을 고려한 것이라기보다는 자기 지역의 처지만을 고려한 것일 가능성이 높다. 물론 지역에서의 갈등 양상을 실제로 본다면 지역 주민들이 내세우는 논리는 형식상 통치의 논리와 저항의 논리를 복잡하게 오갈 것이다. 그러나 굳이 도식적으로 분류해보면 지역 주민들이 내세우는 논리는 대개 땅값이 떨어진다거나 혐오 시설로 인해 실체적 위험에 직면하게 된다는 등의 것이다. 정치인으로서는 이들을 설득하기 위해 먼저 이들의 이기적(?) 주장을 인정해야 하는 딜레마적 상황에 직면하게 되는 것이다.

다소 단순한 예를 들어 설명했지만, 결국 정치인이 실제로 해야 하는 일들의 대다수는 다수의 국민들이 갖고 있는 저항의 논리를 활용해서 통치를 달성하는 일이다. 다시 말해 분절된 이해관계의 요구를 체제 운영의 원리라는 총체적 질서에 삽입하는 것이라고 요약할 수 있을 것이다. 여기서 '통치 달성'이란 결국 정치인이 갖고 있는 노선과 이념이다. 만약 어떤 정치인이 통치의 맥락을 무시하고 오로지 대중의 뜻만을 대변하려 한다면 그는 포퓰리스트라는 비난을 면치 못할 것이고, 오로지 통치의 논리만 반복하며 대중과 맞선다면 엘리트주의자로 평가될 것이다. 그러므로 저항의 논리로 통치를 달성하는 데 얼마나 탁월한 소양을 보이는가는 '능력 있는' 정치인을 평가하는 하나의 기준이 된다. 문제는 오늘날처럼 냉소가 만연한 사회에서는 능력 있는 정치인 되기가 날이 갈수록 어려워질 수밖에 없다는 것이다.

〈나는 꼼수다〉가 묻는 것

정치인이 신뢰받지 못하는 가장 큰 이유는 대중 일반 사이에 정치적 냉소주의의 논리가 너무 강력하기 때문일 것이다. 정치적 냉소주의의 가장 흔한 예는 정치인이 겉과 속이 다르며, 겉으로는 공적임무를 주장하고 있지만 속으로는 사익을 추구하고 있다는 생각이다. 정치인이 어떤 정책을 추진하면서 국가와 민족을 위해 커다란 결단을 내린 것처럼 주장하고 있지만 그 이면에는 틀림없이 자기 배를 불릴 어떤 흉계(?)가 도사리고 있을 것이라는 선입견이 대표적이다. 물론 이 선입견은 많은 경우 의도를 오해받은 정치인을 억울한 처지에 놓이게 하지만 또 많은 경우에 의혹이 진실에 가깝다는 점이 드러나 정치적 냉소주의를 강화시키기도 한다.

이 문제의 대표적 사례로는 2012년 대통령 선거에 지대한 영향을 끼쳤던 〈나는 꼼수다〉를 들 수 있다. 인터넷 스타와 현직 기자, 전직 국회의원 등이 함께 진행한 팟캐스트 방송인 〈나는 꼼수다〉는 정치에서 냉소주의가 어떻게 활용되고 있는지를 매우 분명하게 드러내줬다. 이 팟캐스트 방송은 크게 두 가지 측면에서 주목해야 할 필요가 있다. 첫 번째 측면은 이전까지 야권과 시민단체에 의해 제기된 이명박 대통령에 대한 비판의 형식을 완전히 바꿔버렸다는 것이다.

　이명박 정권 출범 이후 야권은 크게 두 가지 시안에 대해 비판의 목소리를 냈다. 하나는 4대강 사업, 고환율 정책, 비즈니스 프렌들리business-friendly로 요약되는 편향적 경제 정책에 대한 것이다. 다른 하나는 '촛불시위'로 요약되는 쇠고기 수입 문제와 관련한 국면에 대한 것이다. 이런 틀에서 보면 이명박 대통령은 부자와 대기업, 기득권을 대변하는 무리들의 대표 격이며 이들의 이익 보전을 위해서는 국민의 안전을 포기하고 항의하는 시민들을 무자비하게 짓밟을 수 있는 독재자이다.

　그러나 〈나는 꼼수다〉는 이 모든 문제에 앞서 BBK 의혹을 집요하게 파고들어 기존의 구도를 뒤엎어버렸다. 〈나는 꼼수다〉가 시도한 것은 기득권의 움직임과 계급적 관계의 변화를 면밀히 분석하는 것 따위가 아니다. 〈나는 꼼수다〉는 이명박 정권에 대한 비판 의식을 이명박 대통령 개인에 대한 조롱과 비하로 뒤바꿔놓았다. 이명박 대통령은 BBK 주가 조작 사건 등을 통해 평생 사익을 추구했으며 대통령 직을 맡고 있는 것 역시 이런 이유로만 설명할 수 있다는 것이다. 이를 증명(?)하기 위해 〈나는 꼼수다〉는 이명박 대통령이 골프 비용을 내지 않았다거나, 여덟 명이 모인 자리에 4인분의 음식만 시켰다거나, 자서전을 써준 대필 작가에게 잔금을 지불하지 않았다는 등의 '쪼잔한' 에피소드를 발굴하여 소개한다. 이를 통해 우리는 이명박 대통령을 정치적 냉소주의가 상정하는 '전형적 정치인'으로 규정할 수 있게 됐다. 그렇기 때문에 4대강 사업이나 고환율 정책에 대해 왈가왈부하는 것은 그 자체가 '전형적 정치인'에게 속아 넘어가는 것일 수밖에 없다. 그 정치인의 진정한 의도를 알기 위해서는 그가 명분을 내세운 결과로 주머니에 얼마나 많은 부가 축적되는지를 파악해야 한다.

앞에서 우리는 정치인의 소명을 '저항의 논리로 통치를 달성하는 것'으로 규정했다. 그런데 전형적인 정치적 냉소주의의 도식을 그대로 따르면 통치를 위한 정치 자체가 존재하지 않는다는 결론이 나온다. 다시 말하자면 〈나는 꼼수다〉의 이명박 대통령에 대한 폄훼는 '정치는 없다'는 것을 보여준다고도 말할 수 있을 것이다. 그리고 바로 이 점이 다수 사람들의 취향에 어필했다. 〈나는 꼼수다〉가 초기에 성공할 수 있었던 비결은 여기에서 찾아야 할 것이다.

〈나는 꼼수다〉에서 주목할 만한 두 번째 대목은 이처럼 정치적 냉소주의의 논리를 적극적으로 활용했으면서 동시에 특정 정치 세력과 후보에 대한 지지를 선도하는 역할을 해냈다는 점이다. 〈나는 꼼수다〉는 이명박 대통령을 사익 추구형 정치인으로 규정하면서 문재인 당시 노무현재단 이사장을 대통령 후보로 띄워야 한다는

냉소 사회

주장을 공개적으로 했다. 지지의 근거를 설명하기 위해 노무현 전 대통령의 영결식 자리에서 백원우 의원이 흥분해 이명박 대통령을 향해 폭언을 하자 문재인 이사장이 나서서 대신 사과하는 장면이 동원됐다. 이 장면에서 문재인은 누구보다도 큰 슬픔에 휩싸여 있으면서도 이를 참고 공적 역할을 우선해 현직 대통령에 대한 사과를 결행했다는 것이다. 문재인의 이 행동으로 장례식장의 격앙된 분위기는 진정되었는데, 이 장면이 바로 사익보다 공적 임무를 우선시하는 리더의 모습을 보여준다는 게 〈나는 꼼수다〉의 논리였다.

이 논리는 앞서 살펴봤던 냉소주의의 두 버전 중 '진정한 무엇은 있다'는 형식을 취하고 있다. '진정한 무엇은 있다'의 전제는 현재에 이미 존재하는 것들이 '진정한 무엇'이 아니라는 점이다. 이 논리에 의하면 당시의 이명박 대통령을 비롯한 기성 정치는 진정한 정치가 아니다. 문재인을 비롯해 아직 발굴되고 조명받지 못한 사람들이 갖고 있는 소양이 진정한 정치의 근본이다. 〈나는 꼼수다〉에서 중심 역할을 한 김어준《딴지일보》총수는 『닥치고 정치』라는 책까지 써서 이런 주장을 되풀이했다. 이렇게 보면 〈나는 꼼수다〉는 정치적 냉소가 만연한 시대에 정치에 대한 열정을 어떻게 불러일으키는지를 제대로 보여준 것으로 여겨진다.

흥미로운 점은 이것이 '신상품'을 찾는 소비자주의와도 긴밀한 연관관계를 갖는다는 것이다. 소비주의가 만연한 사회에서 정치인에 대한 지지는 일종의 소비 행위처럼 규정된다. 〈나는 꼼수다〉는 정치인 문재인에 대한 일종의 보증서로 기능했다. 대선에 나선 문재인 후보는 박근혜 후보와의 일대일 승부에서 패배했고, 이후 제1야당의 대표직을 거머쥐며 명실상부한 기성 정치인으로 발돋움했다. 비록 대통령은 되지 못했으나 기성 정치인으로서의 권력을 활용할 수 있게 된 문재인 대표는 반대파의 끊임없는 '흔들기'에 시달리며 버티고 버티다 물러났다. 이후 정치인 문재인의 당내 위상은 '문재인만으로도 안 되지만 문재인 없이도 안 된다'는 수준으로 일부 격하되었다. 대권 주자로서 문재인의 지지율은 여전히 높지만 〈나는 꼼수다〉가 정치적 냉소주의의 논리로 만들어냈던 지지의 정도와 비교하기는 어렵다. 이는 결국 문재인의 '신선도'가 떨어졌기 때문이다.

국민 모두가 선거 때마다 새로운 정치인 후보의 등장을 갈망하는 것은 아니다. 대한민국 정치에 새롭게 등장한 다크호스를 자처하는 정치인은 언제나 존재했다. 하지만 실제로 이를 승리의 공식처럼 여기는 흐름은 노무현 대통령이 당선된 이후부터 강화됐다. 노무현 전 대통령은 잘 알려진 대로 정치 인생 대부분을 비주류에 가까운 위치에서 지냈다. 그랬기에 당시 여당의 대통령 후보군 중에서 가장 강력한 정치 개혁 메시지를 내보일 수 있었고 이를 통해 승리했다. 사람들은 노무현 전 대통령이 후보 시절 내세웠던 메시지를 '진정한 정치'로 파악했기 때문에 냉소주의적 태도에서 빠져나와 이에 대한 양식 있는 소비자로서 열광적 지지를 보낼 수 있었다.

그러나 실제 권력을 잡게 된 이후 노무현 대통령은 그의 지지층 전부를 만족시킬 수 없었다. 이는 권력과 통치의 속성으로 보면 당연한 귀결인데, 그의 '새로운' 상품성에 환호했던 사람들은 낡고 때 묻은 기성 정치의 혼란에서 노무현 대통령이 헤어나지 못하자 그를 냉소적으로 대하는 대열에 합류했다. 임기 말에는 모든 나쁜 일에 "이게 다 노무현 때문이다"라고 비아냥거리는 냉소적인 유행이 인터넷상에 번지기도 했다.

정치인 노무현의 상품성은 아이러니하게도 그가 퇴임한 이후에 재발견됐다. 새 정권에 대한 불만이 노무현 전 대통령의 서민적이고 소탈한 모습에 대한 긍정적 평가와 결합했기 때문이다. 이명박 정권은 그를 가만히 내버려둘 수 없었고, 망신 주기식 검찰 수사를 통해 그의 상품성을 다시 훼손하려 했다. 그러나 노무현 전 대통령이 스스로 죽음을 택해 자신의 '진정성'을 비가역적 방식으로 수호함으로써 정권의 이러한 시도는 결과적으로 실패했다.

안철수 바람과 호남 정치

아마 '노풍' 이후 근래 가장 유사한 현상을 찾아보자고 한다면 안철수 의원을 만든 바람일 것이다. 안철수 의원은 잘 알려진 대로 컴퓨터 전문가이자 의사 출신으로 많은 사람들의 지지를 등에 업고 2012년 대통령 선거에 출마했다. 그가 대중의 사랑을 가장 열광적으로 받은 것은 아이러니하게도 정치를 하지 않았던 시기다. '청춘 콘서트'라는 이름으로 대중 강연을 다닐 당시 정치에 관심이 없는 사람도 안철수를 훌륭한 사람의 대표 격처럼 이야기했다. 그가 〈무릎팍 도사〉 등에 출연해 마치 세상에 다시 나타나기 힘들 성인 군자인 듯 자신의 특성을 묘사했을 때에도 사람들은 반발하기는커녕 고개를 끄덕끄덕했다.

다른 정치인의 '진정성'은 인정하지 못하는 사람들이 안철수에 대해서만 관대했던 이유는 무엇인가? 이 대목은 노무현 전 대통령의 경우와 비교해볼 필요가 있다. 노무현 전 대통령의 정치 개혁에 대한 신념을 사람들이 믿을 수밖에 없었던 것은 그가 이를 증명할 수 있는 삶을 살았기 때문이다. 낙선할 것을 알면서도 지역주의 구도 극복을 위해 출마를 강행한다든지 퇴행적인 3당 합당에 반대하며 자신의 정치적 후견인이었던 김영삼과의 관계를 단절한 모습 등이 그렇다. 실제로 기득권 정치로 인해 피해를 본 적이 있는 당사자가 정치 개혁을 말하니 그의 진정성을 의심할 필요가 없었던 것이다.

안철수도 마찬가지로 진정성을 인정받을 수 있는 삶을 살았다. 젊었던 시절 의학도였음에도, 자기 시간을 쪼개 컴퓨터 바이러스에 대응할 수 있는 백신을 직접 프로그래밍해 무료로 공개했다. 사업가로서 상당히 성공했음에도 '청춘 콘서트'라는 이름의 강연 사업을 벌이며 공공선에 복무하기 위해 노력했다. 그가 2011년 서울시장 보궐선거에서 당시 박원순 희망제작소 상임이사에게 후보직을 양보한 것은 그의 이런 삶에 '사리사욕이 없다'는 측면, 즉 공적 임무를 중시한다는 이미지를 더 강력하게 만들었다.

특이한 것은 안철수 지지자들이 노무현 전 대통령을 볼 때와는 다른 잣대를 댔다는 것이다. 이를테면 '노풍'이 불 당시 사람들은 노무현 전 대통령이 권력을 잡았으면 하는 마음을 가졌지 괜히 대통령이 되어 정치적으로 상처 입는 것 아닌가 하는 걱정을 하지는 않았다. 그런데 안철수에 대한 사람들의 생각은 그가 함부로 정치에 뛰어들어 다칠 수 있으니 차라리 정치를 하지 말았으면 좋겠다는 거였다. 이런 관념은 여론조사의 수치로도 확인됐다. 안철수가 정치를 하지 말았으면 좋겠다는 응답이 했으면 좋겠다는 응답을 능가한 것이다.

물론 이것은 원래 정치인 출신인 노무현 전 대통령과 정치와는 아무 관계가 없는 삶을 살았던 안철수라는 사람의 경력에서 나오는 차이로 볼 수 있다. 그런데 당시에 안철수가 정치를 하지 말았으면 좋겠다고 응답한 사람 중에서도 안철수가 대통령 선거에 출마하면 뽑겠다는 응답하는 경우가 많았다는 사실은 이게 그리 단순한 문제가 아닐 수도 있음을 시사한다. 이것이야말로 '속아 넘어가는 것을 즐겨라'라는 논리의 일종으로 볼 수 있기 때문이다. "나는 안철수가 정치로 세상을 바꿀 수 없다는 것을 안다. 그러나 나는 안철수 후보에 투표하고 싶다." 이건 2002년보다 2012년의 정치에 대한 대중의 소비주의적 냉소가 확대됐다는 판단 근거의 하나로 볼 수 있다.

195

짚어봐야 할 대목이 한 가지 더 있다. '안철수가 정치를 하지 말 았으면 좋겠다'는 논리는 '때 묻은 기성 정치', 즉 기득권이 자기 이득을 위해 거짓된 명분을 내세우는 정치를 전제한다. 그럼에도 사람들은 "안철수가 대통령 선거에 출마했으면 좋겠다"라고 말함 으로써 이런 정치에 대한 저항을 요구하고 있다. 즉, 정치인 안철 수에 대한 지지는 기득권의 음모와 자기 이득 챙기기로 점철된 기 성 정치권에 대한 구매 거부의 성격이 있었다. 종합해보면 '안철수 바람'은 한마디로 '냉소적 정치-소비자 혁명'에 가까웠던 셈이다.

안철수의 2011년 서울 시장 보궐선거 후보직 양보는 이런 프레 임 안에서 진행됐다. 안철수의 양보는 어떤 약속이나 합의 없이 무 조건적으로 이루어졌다. 언론은 이를 '아름다운 양보'로 포장했고 사람들은 감동을 받았다. 정치는 주고받는 것이기 때문에 이 과정 에서 필연적으로 온갖 잡음이 발생하는데, 대다수의 사람들은 여 기에 지쳐버린 상태였기 때문이다. 내 것을 지키려 하지 않고 남에 게 조건 없이 주는 삶은 과연 아름답다.

그러나 이것이 바람직한 정치인가? 그렇게만 볼 수는 없다. 안 철수건 박원순이건 서울시를 어떤 방향으로 이끌고 나가겠다는 나 름의 청사진이 있었을 것이다. 노선이라고 불러도 좋고 정책이라 도 불러도 좋은데, 어쨌든 논리적으로 출마를 결심했다면 그런 구 상이 있었을 걸로 전제할 수밖에 없다. 그러나 양보를 하는 사람 이 "아무런 조건도 없었다"고 말하고 있는 이상 두 사람의 구상이 일치했었던 것인지 여부는 확인할 방법이 없다. 그러나 당시 분위기로서는 그걸 따지는 게 오히려 모두를 불편하게 하는 것이었다. 즉, 사람들이 원하는 것은 이렇게 비정치적인 방식으로 정치가 이루어지는 것일 따름이다. 정치적인 모든 것은 냉소의 대상이며 따지고 들 이유가 없는 것이다.

앞서 언급한 인터넷에서의 열광과 냉소의 교차를 상기해보면 하나의 힌트를 얻을 수 있다. 열광하는 자는 열광의 상태를 유지하기 위해 문제의 핵심에 대한 판단을 기만적으로 중지한다. 안철수에 대한 사람들의 열광은 그가 가진 정치적 노선이나 정책에 대한 게 아니라 그가 '비정치'에 속하면서 동시에 '진정한 정치'일 수 있다는 점에서 나왔다. 때문에 이 열광을 유지하기 위해서는 서울 시장 후보 단일화 문제와 같이 노선에 따른 정치가 필요한 상황에서 오히려 이 자체에 대한 판단을 중지할 필요가 있는 거다. 즉 이는 판단을 거부하는 판단, 편향을 거부하는 편향의 최신 버전이다.

이 열광은 2012년 대선을 거치면서 안철수가 '간철수'라는 모욕적인 별명으로 불리기 시작한 때 이미 무너지기 시작했다. 물론 정치에는 일정 수준의 공작과 술수가 필요한 게 사실이지만 그간 '아름다운 양보'나 '백신'으로 쌓아놓은 이미지와 '간철수'는 양립 불가능한 것이다. 앞서의 구도로 설명하자면 정치인 안철수에 대한 대중의 시각은 '진정한 정치'에서 '정치는 없다'는 쪽으로 좀 더 나아간 셈이다. 정치인 안철수가 내건 '새 정치'라는 구호가 무색해지기 시작한 것도 이런 맥락이다. '새 정치'란 다시 말하자면 '진정한 정치'의 다른 표현이다. '진정한 정치'란 지금의 현실 정치가 거짓으로 점철돼 있다는 인식이 전제된 표현이다. 안철수가 진정한 무언가를 추구하는 사람으로 인식되고 있을 때 이 구호는 유효했다. 그러나 안철수가 점점 때 묻은 기성 정치인이 되어가면서 이구호는 더 이상 대중에게 어필할 수 없는 것이 됐다. 결국 '새 정치'라는 구호는 새정치민주연합이 더불어민주당과 국민의당으로 쪼개지는 상황에서 소멸했다.

상황은 다시 처음으로 돌아왔다. 여전히 안철수는 대권 주자로서 파괴력을 갖고 있지만 그것은 이전의 '진정한 무엇'을 구하는 사람으로서의 영향력이 아니다. 이 글을 쓰는 시점에 안철수의 정치력을 뒷받침하고 있는 것은 이른바 '호남 여론'이다. 이 호남 여론이라는 것은 지난 수십 년간 현재 제1야당의 뿌리를 붙들고 있었던 계층이 2017년 대통령 선거에서 지금의 야당으로는 이길 수 없다는 판단을 내린 결과다. 이 글을 쓰는 시점에서 그 판단의 화살은 '친노의 적자'라고 규정되는 문재인을 향하고 있다.

호남 여론의 이른바 친노 세력에 대한 거부감은 직접적으로 참여정부 시절 열린우리당 창당으로부터 비롯됐다. 나름대로 열과 성을 다해 노무현 대통령의 탄생에 기여했는데, 정권 수립 직후 대통령을 비롯한 주류 세력이 자신들을 구태의 정치 세력으로 낙인찍고 정치적 분리를 시도했다는 것이다. 열린우리당과 민주당의 분당 이후 각 정치 세력의 지지자들은 서로 완전히 다른 길을 걸었다. 열린우리당의 주요 지지자들이 '진정한 정치는 있다'는 틀로 세상을 바라보았다면 당시 민주당의 주요 지지자들은 '정치는 없

냉소 사회

다'는 것에 보다 가까운 포지션으로 이동했다.

다시 한번 설명하지만 정치는 저항의 논리를 동원해 통치를 쟁취하는 것이다. 여기서 '통치'란 정치인이 갖고 있는 노선을 국가를 운영하는 기본 틀 안에서 관철시키는 것이다. 그런데 '정치는 없다'라는 냉소적 관념은 이런 규정을 거부한다. 이들의 규정 안에서 정치는 작동하는 것이 아니라 '정치'로 이름 붙여진 어떤 각축장 안에서 승부를 겨루는 것에 불과하다. 김대중 대통령이 이끌던 야당의 흐름은 '진정한 정치는 있다'는 것에 가까웠다. 김대중 대통령은 어찌됐건 자기 신념과 노선이 있는 사람이었고, 호남 정치는 이에 대한 전적인 지지를 보낸 역사가 있기 때문이다.

그러나 열린우리당의 주요 지지자들이 노무현 전 대통령이 내세웠던 정치 개혁이라는 진정한 정치를 실현하기 위해 편을 가르고 조직을 분리한 이후에는 다소 상황이 바뀌었다. 호남 여론이 보기에 노무현 전 대통령을 필두로 한 이 정치 개혁론자들은 김대중 대통령이라는 구심을 폄하하고 옛 주인인 김영삼 대통령을 찾아가 머리를 조아렸으며 자신들의 정권 재창출 기여를 없는 것으로 취급했다. 참여정부 말기 열린우리당과 민주당은 다시 세력을 합치게 됐으나 이전 상황으로 쌓인 정치적 앙금은 사라지지 않았다.

당시 열린우리당의 대의에 동의했던 사람들은 아직까지도 당시를 긍정적으로 회고하지만 참여정부 말기의 상황과 정권 재창출에 실패했다는 점은 과연 참여정부의 정치가 성공했는지 의문을 갖게 한다. 의욕에 차서 5년 내에 해결해야 하는 문제를 너무 많이 건드

렸는지도 모른다. 또는 진보 세력이 주장하는 대로 신자유주의를 신봉하는 정치경제 기득권들에게 너무 쉽게 투항했는지도 모른다. 문제는 '진정한 정치'라는 관념은 권력이 손 안에 들어왔음에도 진정한 정치를 보여주지 못한 경우에 큰 타격을 입는다는 것이다. 호남 여론이 보기에 참여정부는 실패했으며 그들이 외쳤던 진정한 정치도 함께 파산했다. 그러나 이들이 보기에 문재인을 필두로 한 그 세력들은 아직도 제1야당에 대한 주도권을 갖고 있다.

이들이 문재인 후보를 지지한 2012년 대통령 선거는 이들에게 '미워도 다시 한번'으로 요약할 수 있는 종류의 것이었다. 이런 상황에서 또다시 문재인 후보가 패배하자 이들이 애초 상정했던 '진정한 정치'의 파산은 현실로 다시 그 모습을 드러냈다. 남은 것은 문재인을 필두로 한 이른바 '친노 세력'에 대한 집단적 구매 거부다. 이제 이들에게 필요한 것은 일정한 노선이나 가치를 이야기 하는 '진정성'이 아니다. 친노 세력이 아니면서 보수 정치를 이길 수 있는 카드를 대권 주자로서 내세우는 것이 가장 시급하다. 호남을 기반으로 하는 정치인들이 '호남 정치의 부활'이니 '뉴 DJ'니 이야기하지만 호남 여론에 중요한 것은 이런 것 따위가 아니다. 호남 여론은 이런 구호들이 새로 만들어진 당에서 공천 경쟁을 하기 위한 도구에 불과하다는 것을 잘 안다. 같은 논리로 이들이 대권 주자로서의 안철수를 지지하는 것은 그가 내세운 정치 노선에 동의하기 때문이 아니다. 기초의원의 정당 공천을 없애든 국회의원 수를 100명으로 축소하든 간에 친노와 각을 세우면서 정권을 되찾아

올 수만 있으면 그만이다. 정치인 안철수를 둘러싼 정치적 냉소주의는 이렇게 움직였다.

"이 친구가 아직도 정치를 몰라!"

여기서 잠시 경험담을 다시 꺼내볼까 한다. 나는 진보 정당에서 일한 경험을 갖고 있다. 민주노동당과 진보신당의 지역 조직 및 중앙에서 스스로 자랑스럽게 여길 만한 경험들을 했다. 주지하다시피 민주노동당을 정점으로 하는 진보 정당의 역사는 비극으로 점철돼 있다. 21세기 들어 일어난 연속된 비극의 시작은 민주노동당이 분화되는 것으로부터 시작됐다. 민주노동당에서 권력을 잡지못한 일군의 무리들은 '종북주의와 패권주의의 청산'을 외치며 집단으로 조직을 빠져나와 진보신당이라는 새로운 당을 만들었다.

여기에는 잘 알려진 대로 '평등파'와 '자주파'의 오랜 대립 구도가 작용했다. 자주파의 조직력을 평등파가 견뎌내지 못하고 뛰쳐나오게 됐다는 게 정설이다. 그런데 평등파에 속하는 모두가 분당에 동의한 것은 아니다. 누구는 앞장서서 신속하고 적극적인 조직분리를 주장했고, 또 누구는 먼저 잘못된 것을 고쳐보고 그래도 안되면 분당을 결행하자는 주장을 했으며, 또 다른 누구는 대중의 요구에 기반하지 않은 분당은 필연적으로 실패할 것이라고 주장했다.

나는 어리석게도(?) 적극적으로 분당을 해야 한다는 편에 섰다. 이제 와서 당시에 누가 맞고 틀렸는지를 이 책을 통해 얘기하자는 건 아니다. 다만 분당에 적극적이지 않았던 사람들 중 일부가 했던 말들은 아직도 기억에 남는다. 그들은 분당을 주장하는 사람들을 철없는 이들로 묘사하면서 '정치'를 모르는 백면서생들이 자기 흥에 겨워 경거망동을 하고 있다는 취지로 분당 논리를 비판했다. 그들 중 한 사람은 나에게 "이 친구가 아직도 정치를 몰라!"라고 말했다. 뭐 전적으로 틀린 말은 아니다. 다만 여기서 짚어볼 만한 대목은 이 문제에서 정치를 알고 또 모르는 것에 어떤 차이가 있느냐는 거다.

나는 앞서 일반적 의미의 정치 행위를 단순한 논리로나마 나름대로 규정했다. 그런데 이들이 언급하는 '정치'는 그런 규정과는 사뭇 다른 의미를 내포하고 있다. 여기서의 정치는 원칙이니 노선이니 이념이니 하는 한가한 소리와는 관계가 없다. 양보하고 타협하고 속고 속이고 면종복배하고 오월동주하는 것이 '정치'의 본질이다. 민주노동당을 탈당하고 새로운 당을 만들자고 하는 사람들은 바로 이걸 못해서 실패한 것이며 그 실패를 뒤집을 수단도 없어 패퇴한 것에 다름 아니다. 이 같은 논리는 2011년 진보신당이 다시 쪼개져 일부가 통합진보당 창당에 합류할 때에도 반복해서 등장했다. 진보신당에 남아 있어야 한다는 사람들은 현실을 모르는 정치 문외한으로 규정되었으며 통합진보당을 만들자는 사람들은 현실

냉소 사회

정치의 전문가를 자처했다.

그런데 이들의 이러한 인식은 현실과 정확히 조응했던 것으로 보기 어렵다. 이건 두 가지 측면에서의 평가다. 첫째, 당시 통합진보당 창당을 반대했던 사람들의 주요 논리 중에는, 물론 노선이나 원칙에 관한 것도 있었으나 통합진보당의 창당이 '정치적'으로 실패할 거라는 예상이 포함돼 있었다는 것이다. 둘째는 현실 정치의 전문가들이 장밋빛 미래를 예측했음에도 통합진보당의 창당은 결국 정치적 실패로 귀결되었다는 것이다.

통합진보당 창당을 반대한 정치적 논리는 다음과 같다. 진보신당의 주축 세력이 민주노동당을 탈당한 것은 '종북주의와 패권주의'에 결별을 선언한 진보 정치 노선만이 대중에게 호소력을 가질 것으로 기대했기 때문이다. 그런데 통합진보당 창당의 주요한 축으로 참여한 당시 잔류 민주노동당은 '종북주의와 패권주의'로부터 연유하는 문제들을 개선하지 못했다. 따라서 통합진보당이 창당되더라도 같은 실패가 반복될 수밖에 없고 진보 정치는 대중으로부터 유리될 것이라는 예측이 다시 힘을 얻을 수밖에 없었다.

물론 '현실 정치의 전문가들'이 성공한 듯 보인 시기도 있었다. 통합진보당은 2012년 총선에서 상당한 성과를 거두었다. 문제는 그 이후에 터졌다. 비례대표 경선 과정에서 상상을 초월한 부정한 방법이 동원됐고 조직은 이를 제대로 다루고 소화하지 못했다. 정치적 문외한들이 예상한 그대로였다. 현실 정치의 전문가들은 비례대표 의원직 유지를 위한 '셀프 제명' 같은 웃지 못할 일련의 혼란을 주도한 뒤 진보정의당을 다시 만들어 또 조직을 분리했다. 통합진보당에 남은 자주파들은 이 난리통에 이어 그 유명한 이석기 의원의 시대착오적 연설 사건 이후 박근혜 정권에 의해 완전히 분쇄됐다. 이 비극적, 아니 희극적 사태에 대해 현실 정치의 전문가들이 스스로의 책임을 부정한다면 그것은 최소한의 양심이 없는 것이다.

하여간 비극은 비극이고 문제는 문제다. 현실 정치의 전문가를 자처한 이들이 말한 '정치'의 논리는 어떤 과정을 통하여 정초되었는가? 이걸 이해하려면 2004년 민주노동당이 원내에 진출했었다는 사실을 되짚어보아야 한다. 민주노동당의 원내 진입은 물론 중도와 보수라는 양당 체제에 대한 진보 정치의 통쾌한 한 방이기도 했으나, 기득권 정치 논리에 신진 세력이 익숙해지는 계기로 작용하기도 했다. 현실 정치의 전문가들이 이 시기에 국회에서 활약하며 기득권 정치의 여러 스타일을 배워 온 것이다. 이런 이후에 남에게 "이 친구는 아직도 정치를 몰라!"라고 말하기 위해서는 기득권 정치가 진보적 원외 정치보다 정치의 본질에 가깝다는 전제가 필요하다. 즉, 기득권 정치는 진보적 원외 정치보다 우수하다. 국회에 진출해 기득권 정치를 배워온 자들이 한때는 진보적 원외 정치의 주축이었다는 점을 고려하면 직관의 확장을 감행할 수 있다. 이들은 아마도 원내 진출 직후에 기득권 정치로부터 열등감을 느꼈을 것이다. 또, 동시에 기성의 진보 정치에 대한 무한한 냉소와 경멸을 느꼈을 거다. 한때는 거리의 정치를 외치던 사람들이 원내 진출 이후 기득권 정치의 논리를 답습하면서 그러지 말자고 하는

냉소 사회

이들의 진의를 폄훼한 것은 기득권 정치에 대한 열등감 극복의 심리적 방어기제라는 규정으로밖에 설명되지 않는다. 이건 결국 기득권 양당의 질서 속에서 활로를 찾지 못했던 무력감이 반영된 결과일 것이다. 민주노동당이 원내에 진출한 이후에도 노동자들은 고통 속에서 죽어갔고 정부의 노동 정책은 끝없는 후퇴를 반복했다.

만일 진보 정치가 바람직한 자기 의지를 구현하고 있었다면 당연하게도 기득권 정치에 대한 대중적 저항을 어떻게 만들 것인지에 당력을 집중하자는 논리가 힘을 얻었을 것이다. 그러나 현실은 그렇게 흘러가지 않았다. 기득권 정치에 대한 열등감 극복은 자신들이 지켜왔던 진보적 원외 정치에 대한 냉소로서 구현되었다. 이것이 나름의 세련된 형태를 갖춘 것이 '운동이 아니라 정치'라는 논리였다. 그간 진보적 원외 정치가 해온 것은 오로지 '운동'에 불과하고 우리는 그보다 발전된 진보 정치를 하겠다며 당을 만든 처지이므로, 이제는 운동이 아닌 정치를 해야 한다는 게 이 논리의 핵심이다. 이 논리는 진보 정치 전반을 강력하게 옭아매 원칙이나 노선을 언급하는 모든 사람들을 '정치를 모르는 운동가'로 규정하는 위력을 발휘했다.

당혹스럽게도 여기에 이론적 기반을 제공한 것은 최장집 교수로 대표되는 정당정치론이다. 아니, 더 정확히 따지자면 '운동이 아닌 정치'를 말하는 사람들에게 최장집 교수가 이론적 약탈을 당했다는 표현이 옳을 것이다. 피해자는 최장집 교수뿐만이 아니다. 서구의 몇몇 이론가들도 맥락을 거세당한 채 기득권 정치에 대한 선망을 표현하는 데 동원되었다. 그러나 이것은 정치의 '정수'를 찾아 가고자 하는 탐구의 몸짓이 아니라 대중적 냉소주의, 소비주의에 편승해 그에 걸맞은 '상품'이 되려고 하는 정치의 타락에 가까운 현상이다.

정치가 승리하기 위해 필요한 것

이제 "이 친구는 아직도 정치를 몰라!"라는 논리가 사실상 '정치는 없다'는 선언에 가깝다는 것에 대해 말해보자. 앞서 언급했듯 여기 서 말하는 '정치'란 양보하고 타협하고 속고 속이고 면종복배하고 오월동주하는 것이다. 이러한 개념은 많은 사람들이 정치에 대해 흔히 갖는 냉소적 인식을 그대로 답습한 걸로 볼 수 있다. 사람들 이 기성 정치인에 대해 갖는 흔한 선입견은 앞서도 언급했으나 명 분을 동원해 사익을 추구하는 사람들이라는 것이다. 기성 정치인 들은 사익을 최대로 거두기 위해 명분을 말하고 이걸 핑계로 뒤에 서 온갖 협잡과 공작을 진행하며 정치의 더러운 이면에서 빠져나 오지 못한다.

위에서 다뤘던 현실주의자를 자처한 진보 정치인이 이런 정치의 명분을 설명하는 논리는 간단하다. 뒤에서 온갖 거래와 음모가 횡행하는 것이 정치의 본질임을 부정할 수는 없으나, 진보 정치는 그 목표를 사익 추구가 아닌 복지국가 건설이니 민주주의의 최대 확대니 하는 공익에 두는 점이 다르다는 것이다. 때문에 똑같은 수단을 쓰더라도 남들이 하지 못하는 것을 할 수 있는 진보 정치에 명분이 있다는 것이다.

그렇다. 현실 정치에는 어느 정도의 공작과 술수가 필요하다. 그런데 그것은 결국 그들이 추구하는 가치를 정치로서 관철시키기 위한 여러 수단이다. 강을 건너 마을로 가기 위해 다리를 놓아야 한다고 말하는 것과 강이 거기에 있으니 무조건 다리를 놓자고 말하는 것은 다르다. 현실 정치를 말하는 사람들이 상정하고 있는 정치의 실체는 강이 있으니 그저 다리를 놓자는 주장을 반복하는 것에 가깝다.

아마 그들은 이런 얘기를 들으면 항변할 것이다. 우리에게도 강령이 있고 정책이 있고 노선이 있다고. 이들이 언제나 입에 달고 사는 말 중의 하나는 "작은 차이를 극복하자"라는 것이다. 작은 차이는 물론 극복해야 한다. 이건 정치뿐만이 아니라 다른 사람과 함께 공동체 생활을 하는 인간으로서 일상에서도 무한히 시도해야 하는 일이다. 그런데 "작은 차이를 극복하자"라는 말에는 단지 그런 일상에 대한 격언의 지위를 넘는 특정한 정치적 의미가 담겨 있다. '작은 차이의 극복'은 것은 서로의 의견이 무엇이고, 어떤 부분에서 차이가 있으며, 이 차이를 어떻게 하나의 '정치' 안에서 해소할 것인지를 끊임없이 말하고 따지는 과정을 반복하는 것으로부터 이뤄진다.

그런데 "작은 차이를 극복하자"고 말하는 사람들이 실상 원하는 것은 사람들이 차이에 대해 아무 말도 하지 말자는 것, 즉 열광을 유지하기 위한 판단 중지를 선택하는 거다. 진보 정치의 역사에 남을 2011년 통합진보당의 창당은 바로 그런 과정 속에서 이뤄졌다. 서로 노선과 추구하는 가치가 다른 사람들이 하나의 정당을 구성한 게 문제가 아니라, 그렇게 존재하는 이견들을 어떻게 해소해 나갈 것인지에 대한 합의를 전혀 하지 못한 상태에서 '교섭단체 구성'이라는 당장의 정치적 이득만을 위하여 각자 동상이몽의 결단을 한 게 파국의 씨앗이 되었다. 서로의 차이를 말하지 않는 진보 정치의 결과란 이런 것이다. 많은 사람들이 미리 예견했고 경고했던 문제였으나 당시 조급한 결단을 주도했던 사람들은 실제로 이 파국을 겪고 나서야 "비싼 수업료를 치렀다"라고 말하게 됐다.

이렇게 차이를 말하지 않기로 한 공간에 등장한 새로운 정치적 핑곗거리는 '수권 능력'이다. 이 개념은 앞서 언급한 '운동이 아닌 정치'라는 맥락의 연장선상에 있다. 단순히 표현하자면 이런 얘기다. 진보 정치에 필요한 것은 거리에서 반대나 일삼는 자기만족적 운동이 아니라 실제로 국가를 경영하고 잘사는 나라를 만들어 사람들에게 실제적인 성과를 보여줄 수 있는 능력이다. 틀린 말은 아니다. 그런데 이 개념이 이념과 사상과 노선의 자리를 대신하게 되면 다시 '정치'의 문제를 언급하지 않을 수 없게 된다.

다시 말하지만 우리가 앞서 논한 정치에 대한 단순한 규정은 저항의 논리로 통치를 쟁취하는 것이다. 그런데 '수권 능력'에 대한 담론은 이 맥락에서 말하자면 통치를 어떻게 잘할 수 있을 것인가의 문제만을 말하고 있다. 즉, 사람들에게 진보 정치가 나라를 잘 운영할 수 있다는 것을 보여주고 이해시키면 대중들이 결국 지지해줄 것이라는 믿음이다. 그저 보여주면 믿을 거라는 생각에 허점을 지적할 수 있지만 일단 좋다.

그런데 실제로 축적된 수권 능력을 어떻게 발휘할 것인가? 권력을 잡아야 한다. 권력을 잡는 방법은 무엇인가? 선거에서 당선돼야 한다. 선거에서 당선되는 방법은 무엇인가? 흩어져 있는 세력을 이리저리 끌어모아 큰 덩어리를 이뤄 선거에서 '좋은 구도'를 만들고, 이후에는 공인된 선거 공학을 통해 승리하면 된다.

이런 규정을 통해 보면 수권 능력을 발휘하기 위해 반드시 치러야 하는 선거는 각 정치 세력이 각자의 명운을 걸고 싸우는 커다란 전쟁 같은 것이 된다. 제갈공명과 사마중달이 등장해서 서로의 신묘한 용병과 계략을 겨루는 것이다. 여기서 승리해야 도탄에 빠진 백성들을 구해낼 수 있다. 따라서 필요한 것은 수권 능력을 발휘하기 위한 정치적 공학 논리를 배우고 익히는 것이다. 이 경우 이념과 노선에 충실한 깐깐한 정치인보다 재주 많고 수완 좋은 정치적 기능공들이 각광받게 된다. 이러한 정치인들에 대한 선호와 지지는 이를테면 앞에서 설명한 프로레슬링에서 악역 선수에 대한 환호에 비견해볼 수도 있을 것이다.

'정치는 생물'이라고들 하는데, 문제는 이 필승 공식을 모두 거치더라도 애초의 목표였던 승리를 거두는 경우가 많지 않다는 것이다. 정치의 가장 어려운 점은 (물론 무엇이라고 다르겠느냐마는) 예측을 할 수 없고, 예측을 하더라도 들어맞지 않는다는 것이다. 어떤 선거에 대한 선거기술자들의 평가는 "숨은 표가 야당을 지지해 판이 뒤집혔다"라는 거였다. 그런데 얼마 지나지 않아 치러진 또 다른 선거에서 평론가들은 "야당이 숨은 표에만 기대를 걸어서 졌다"라고 평가했다. 어떤 선거 결과에 대해 평론가들은 "투표율이 높아 젊은 층이 선거에 많이 참여해 야당이 이겼다"라고 말했다. 그런데 이후 치러진 또 다른 선거 결과를 놓고 선거기술자들은 "투표율이 높다고 해서 반드시 야당에 유리한 건 아님이 드러났다"라고 해설했다. 어떤 선거에 대해 선거기술자들은 "찬반 이슈가 분명한 구도를 만들어 전선을 형성해야 한다"라고 말했다. 그런데 또 어떤 선거에서 이들은 "양측이 극단적으로 대립하는 선거 구도에 유권자들이 질렸다"라고 말했다. 오늘의 진리가 내일은 한계로 작용하는 판국이니 여론조사의 과학과 선거기술의 공학만으로 선거의 모든 것을 계획하고 평가하는 것은 무리가 있다는 얘길 하지 않을 수 없다.

오해하지 마시라. 작은 차이를 극복하고 단결하는 것, 주관적 느낌과 판단에 속지 않고 객관적 도구를 통해 정세를 파악하는 것, 선거를 통해 집권하는 것, 유능한 통치를 하는 것은 모두 현대 정치의 매우 중요한 요소들이다. 그럼에도 이런 시시콜콜한 얘기들을 늘어놓는 건 이게 전부가 아니라는 것을 말하지 않을 수 없기 때문이다.

왜 나름의 모범 답안들을 충실히 따랐는데도 이길 수 없는가? 어떤 사람들은 선거에 낙선한 후보에 '관운'이 없었다는 말을 농담처럼 한다. 물론 농담은 삶의 활력소가 되는 좋은 요소다. 그러나 관운이 있어야 한다거나 때를 잘 만나야 한다는 식의 운명론적 결론을 '진지하게' 내리는 것은 현대적인 대의민주제 정치를 부정하는 태도로 이어진다. 정치에서의 실패는 사람들의 욕망과 의지가 어떤 말들로 표현되고 있는지를 파악하지 못하는 데서 시작된다. 대중이 한 정치인을 지지할 때는 자신의 욕망을 어떤 방식으로든 투영하기 마련이다. 다시 말하자면 선거에서 승리하기 위한 온갖 기술적 조치들보다 사람들의 마음과 생각을 파악하는 것이 먼저다.

그렇다면 여론조사를 충실히 해서 사람들의 니즈needs를 파악하고 이를 충족시켜주겠다고 말하면 되는 것이 아닌가? 그런데 여기서 다시 마주칠 수밖에 없는 난관은 사람들이 자신들의 욕망을 곧이곧대로 표현하지 않는다는 것이다. 이를테면 1997년 이후 선거 직전에 사람들이 원하는 것이 무엇인지에 대한 여론조사를 실시하면 거의 백이면 백 '일자리 문제 해결'이라는 답에 가장 많은 응답이 쏠린다. 어떤 여론조사 방식을 동원해도 마찬가지다. 그래서 정치인들은 어느 지역에 어떤 산업을 유치해서 일자리를 얼마나 늘리겠다는 식의 공약을 주저 없이 내건다. 그런데 보통 이런 공약들은 특별한 경우가 아닌 이상 대중적 호소력을 갖지 못하고 그저 어떤 후보의 여러 공약 중 하나 정도로 다뤄진다. 왜냐하면 유권자의

'일자리 문제'가 시급하다는 답은 개별 지역구에서의 공약으로 해결할 수 없는, 좀 더 광범위한 정치적 문제를 말하는 경우가 많기 때문이다. 따라서 여론조사 결과와 달리 실제 선거에서는 일자리 문제와 직접 관련이 없더라도 고도로 정치화된 슬로건들이 폭발력을 갖는 경우가 허다하다.

결국 어떤 정치가 승리하기 위해 가장 먼저 필요한 것은 사회 현상에 대한 진지한 해석과 성의 있는 비평, 이를 하나로 꿰어 맞출 수 있는 정치적 직관이다. 이것은 어떤 종류의 시대정신을 구하는 과정이라 말할 수도 있다. 그것을 구하기 위해 정치인은 끊임없이 대중과 부대끼며 자기 자신의 존재를 대중의 일원으로 밀어 넣어야 한다. 그리고 이 과정은 정치의 주요한 또 다른 한 축이다. 그런데 '수권 능력'을 키우자는 담론은 이런 과정 자체를 '운동'의 영역으로 밀어놓는다. "이 친구가 아직도 정치를 모르네!"라는 편잔은 결국 정치 없는 통치의 논리로 이어질 수밖에 없다.

정치적
보따리장수들

진보 정치에 일어난 비극의 핵심은 한국 정치의 기득권을 점하고 있는 정치 세력들에서도 마찬가지로 관찰된다. 이들의 정치에 대한 비판은 주로 부패했다거나 무능해서 국민의 어려움을 해소해주지 못한다는 논리로 제기된다. 만일 이런 비판의 논리가 옳은 것이라면 그들이 왜 부패했고 무능할 수밖에 없는지에 대해서도 규명할 수 있어야 한다. 그들이 그렇게 된 이유는 무엇인가? 단지 오래된 정치 세력이기 때문인가, 아니면 의지의 문제인가?

사람들은 흔히 정치인을 사익 추구의 화신으로 생각한다. 그런데 실제를 들여다보면 그렇게만 말하기도 어렵다는 사실을 깨달을 수 있다. 기성 정치인들은 대부분 이미 사회적으로 성공을 거둔 사람들이다. 정치인으로 변신하기 전 그들이 어떤 직업으로 먹고 살았는지를 따져보면 금방 알 수 있다.

아마 가장 흔하게 떠올릴 수 있는 경우가 법조인일 것이다. 국회의원은 법을 만드는 사람이므로 이미 법에 대해 잘 알고 있는 사람이 비교 우위를 가질 수밖에 없다. 가장 전설적인 법조인 출신 정치인은 이회창 전 총리다. 그는 그 세대에 대한민국에서 태어난 사람으로서는 그야말로 엘리트의 최첨단 코스를 밟아 성공했다. 사회적 명망과 경제적 이득을 동시에 얻을 수 있는 대법관 직을 수행하고도 굳이 험난할 수밖에 없는 정치인의 길을 선택했다. 대권 도전 삼수로도 목표를 이루지 못한 그는 결국 성공하지 못한 정치인이라는 평가를 받을 수밖에 없게 됐다.

법관이 아닌 법조인의 정치 입문 사례도 많다. 특히 검사 출신 인사의 경우 업무 특성 때문에 정무 감각이 발달해 있는 경우가 많고 상명하복을 기본으로 하는 조직 충성도 역시 특출한 수준이다.

검사들은 조직에서 밀려나더라도 변호사 개업을 통해 상당 수준 이상의 수입을 올릴 수 있기 때문에 현직에 있을 때 정치적 문제에 휘둘린 경우가 아니라면 굳이 정치에 입문할 이유가 없다. 그럼에도 이들은 끊임없이 정치권에 유입된다.

그 외에 정치 입문 비율이 높은 직종으로는 언론인을 들 수 있다. 정치부나 경제부에서 활약하며 좋은 평가를 받았다면 정치권 진출이 매우 용이하다. 대개는 청와대 행정관이나 비서관 등으로 '픽업'된 이후 본격적인 정치인 코스를 밟는다. 여기엔 언론인이 자기 분야에서 상당한 전문 지식을 쌓을 수밖에 없다는 현실적 이유가 작용한다. 언론인을 영입한 정치 세력의 경우 그와의 관계를 통해 기성 언론들과 소통할 적당한 통로를 확보할 수 있다는 것도 중요한 대목이다. 언론인 역시 앞의 예와 마찬가지로 정치에 입문하지 않는다면 논란에 휘말릴 일이 크게 없다. 스스로 책임질 필요가 없는 훈수를 적당히 두면서 인생을 편하게 살면 그만이다. 그런 삶을 버리고 굳이 언론인이 정치를 택할 때에는 비록 초보적인 수준이더라도 사회에 대한 어떤 선의와 신념을 관철해보겠다는 욕망을 가진 결과로 이해할 수 있다.

그 이외에도 대개는 마찬가지다. 정치인 중에 또 높은 비율을 차지하는 직종은 교수와 공무원인데 이 경우도 자기가 하던 일을 마무리하면 여생을 얼마든지 편하게 지낼 수 있는 경우가 대다수다. 굳이 정치권에 진출해서 권력의 단물을 맛보지 않아도 된다. 그런데 결국 그런 선택을 하고야 마는 것은 그 사람이 어떤 공적인 역할을 통해 사회에 기여해보겠다는 욕망을 명예욕이라는 차원의 초보적 수준에서라도 가지고 있기 때문이다. 사익 추구의 화신이 굳이 정치를 택해 패가망신을 자초하는 건 흔한 일이 아니다.

물론 우리 정치의 문제는 그런 공익적 욕망조차도 '좋은 정치'로 이어지지 않는다는 것이다. 이 문제는 단지 공적 역할을 해보고 싶다는 좋은 의지만 가졌을 뿐, 실제로 어떤 지향을 갖고 사회를 변화시킬지에 대한 깊은 정치적 고민을 자신의 것으로 소화해본 일이 없다는 데서 비롯되는 경우가 많다. 사회를 변화시키고 싶고, 사회 변화를 위한 여러 이론이 있다는 것까지는 알고 있으나, 제대로 된 확신과 지향을 가질 만큼 이에 대해 생각해본 일이 없기 때문에 자신의 정치 생명을 연장하는 방식 정도만 고민하는 전형적 정치인이 탄생한다.

그래서 정치적 지향보다는 무조건 '당선 가능성'이 우선순위에 놓인다. 평소에 내놓던 발언이나 주장과 배치되는 노선을 갖고 있는 정부 하에서라도 무조건 집권 여당에 투신해 정치에 진출하는 경우를 우리는 많이 봐왔다. 이건 변절이라기보다는 생존 본능에 가깝다. 정치적으로 각성돼 있는 사람이라면 당연히 자신의 지향과 맞는 정강 정책을 내세우는 정당을 선택하겠지만 그렇지 않은 사람은 당연히 정치인으로 데뷔하기 되기 쉬운 정당을 선택한다. 그리고 이들은 이런 선택을 정치적 능력으로 포장해 전시한다.

바로 이 대목에서 공익 추구에 대한 이들의 열망은 정치의 '정수'라 할 수 있는 이념과 사상에 대한 냉소로 전화한다. 이념과 사상에 따라 정치를 구성하는 게 아니라, 입지에 따라 이념과 사상이 재구성되는 것이다. 이런 상황에서는 과거 국가주의자였던 사람도 이념적으로 신자유주의를 내세우는 정당에 입당할 수 있으며, 과거 자유주의적 진보 정치를 주장했던 사람도 국가주의 세력의 후신이 영향력을 미치는 세력에 투신할 수 있다.

자칭 지식인들은 정치인의 이런 모습을 늘 비판해왔다. 그런데 이런 현상은 기성 정치에서만 나타나는 게 아니라는 점에서 이를 어떤 정치인에 대한 비판으로만 한정할 것은 아니다. 새롭게 등장하는 정치 세력이 위에서 묘사한 정치인의 선택과 유사한 논리로 자기 존재의 의의를 설명하는 것은 더 이상 생소한 모습이 아니다. 2002년의 개혁당 창당은 이런 흐름의 대표 사례로 들 수 있다. 당시 창당을 주도한 유시민은 다음과 같은 논리로 개혁당의 성공 가능성을 설명했다. 여당(당시에는 새천년민주당)과 진보 정당 사이에 상당한 이념적 간극이 있어 그 중간에 해당하는 유권자들의 민의를 대변하지 못하고 있으니 그 가운데 정도에 정당을 만들면 상당한 성공을 거둘 수 있다는 것이다.

이 논리는 안철수의 반복된 독자 정당 창당의 논리로도 변용됐다. '경제는 진보 안보는 보수'라는 지향은 안철수라는 정치인이 나름의 경험을 통해 온전히 도출해낸 이념적 결론으로 보기 어렵다. 물론 그는 이른바 벤처기업 1세대로 활약하면서 대기업의 횡포를 몸소 겪었기에 경제적으로 다소 진보적 입장을 갖게 됐다고 설명하고 있다. 그러나 보수 정당의 후보였던 박근혜 대통령조차 '경제 민주화'라는 구호를 내걸고 대중의 긍정적 반응을 기대한 바 있는 상황에서 그 정도 수준의 지향을 '경제는 진보'라고 규정할 수 있을지 의문이다. 오히려 안철수의 독자 세력화는 2012년 대선 당시 야권 후보로서 문재인이 실패한 이유에 대해 '지나친 좌클릭 때문'이란 취지의 비판이 제기됐다는 점을 주요 근거로 삼고 있는 것으로 보일 정도다. 실제로 안철수가 주도하는 정당은 거의 언제나 '중도'라는 기치를 최전선에 내세우고 있다.

이런 상황은 새로운 정치 세력뿐 아니라 기성 정치 세력의 전략에서도 찾아볼 수 있다. 앞서 언급한 2012년 대선에서 박근혜, 문재인 양 후보 간의 전략전술과 그것을 둘러싼 논란을 보면 명확하다. 당시 박근혜 후보는 '경제 민주화'와 '100퍼센트 대한민국'으로 요약할 수 있는 선거 공약을 전면에 내세웠다. 박근혜 후보가 박정희 전 대통령의 생물학적 딸인 동시에 정치적 후계자라는 점을 고려하면 이 구호는 투표 유보층의 지지를 획득하기 위한 일종의 중도화 전략으로 볼 수 있다. 정치인 박근혜가 지향하는 바를 국민에게 심판받겠다는 게 아니라, 국민에게 선택받기 위해 자신의 지향을 포기하는 행태인 셈이다.

유사 사례가 문재인 후보에게서 발견되는데, 이는 선거가 끝난 후의 논란에서 확인할 수 있다. 문재인의 패배를 놓고 가장 먼저 제기된 비판은 그를 비롯한 이른바 '친노 세력'이 지나치게 좌편향적인 공약과 정책을 내세워 패배를 자초했다는 것이다. 제1야당은 자체 진단을 통해 이런 결론을 내리고 이후 어떤 또 다른 중도화 전략으로 대중의 지지를 다시 획득할지 모색하기 위한 연속된 일정을 소화해나갔다. 문재인이 당대표를 맡은 후 내놓았던 '유능한 경제 정당, 안보 정당'이라는 슬로건은 이러한 고민의 결과물로 간주할 수 있다. 여기서 확인할 수 있는 것은 우리는 정치인 문재인에 대해 아직까지 아무것도 판단할 수 없는 처지라는 것이다. 그는 여전히 '탈원전'을 당론으로 정립하자는 주장을 내놓고 '소득 주도 성장론'이라는 다소 분배에 방점을 찍은 경제 정책을 외치고 있다. 그러나 이러한 주장은 '문재인은 진보적 정치인'이라는 규정으로 자연스럽게 연결되지 못한다. 즉, 그의 주장은 그의 정치적 정체성에 완결적인 영향을 미치지 못한다.

남은 건 어떤 인상뿐이다. 선거전에서 진보 정당 몫의 표를 흡수해야 할 필요가 있을 때에는 실제 제1야당이 충분히 감당할 수 없을 정도의 급진적인 구호까지 내세우는 데 망설임이 없고, 이 때문에 중도층을 잃었다는 비판이 나오면 다시 거리낄 것 없이 중도적 태도로 복귀하는 데 한 점의 의심도 갖지 않는다. 정치 세력이 그들 스스로 주장하는 이념과 가치에 동의하는 더 많은 대중을 조직하기보다, 더 많은 대중이 원하는 쪽으로 자신의 존재 의의를 바꾸는 데 익숙해지고 있다.

심지어 이런 세태는 정치학적 개념으로까지 정립되었다. 오늘날의 이런 현상을 뒷받침하기 위해 포괄 정당이나 선거전문가 정당과 같은 개념이 쓰이고 있다. 그러나 이런 현상을 학문적 용어가 아닌 시장 바닥의 일상 언어로 표현한다면 '보따리장수'쯤이 적당할 것이다. 오늘날의 정치인은 이념과 사상의 보따리를 싸 들고 장이 서는 곳으로 이동해 거기에 맞는 상품을 펼쳐놓고 판매하는 상인과 비슷한 처지가 되어가고 있다.

우파와
반反우파

이렇듯 오늘날 현존하는 정치 세력들이 분명한 노선을 갖추지 못하고 있다는 것은 주지의 사실이다. 그러나 어째서 그렇게 되었는가를 따져보는 것은 결코 쉬운 일이 아니다. 하지만 수박 겉핥기의 수준으로나마 역사를 더듬어본다면 우리의 오늘이 왜 이런 지경에 이르게 되었는지를 희미하게나마 짐작해낼 수 있다.

'노선'이란 늘 다층적으로 구성되는 것이기는 하나, 오늘날 형성돼 있는 정치 지형을 효과적으로 설명하기 위해 정치와 경제의 문제로 거칠게 분리해볼 필요가 있겠다. 정치의 문제에서 정치 세력 간 노선 차이는 여전히 독재 대 반反독재라는 대립항에서 벗어나지 못하고 있다. 새누리당으로 대표되는 보수 정치 세력이 박정희의 뒤를 잇는 독재 정치의 후신이고 나머지 '야권'으로 지칭되는 세력들은 독재에 맞서는 민주주의 세력의 후신이라는 관념이 대표적이다. 박근혜 대통령이 박정희 전 대통령의 생물학적 자녀이며 그가 갖고 있는 정치적 자원의 상당 부분이 여기에서 비롯되었다는 사실은 이런 구도를 더 강화한다.

야권 내에서 중도냐 진보냐의 논쟁이 늘 벌어지는 것은 이 구도를 벗어나려는 시도의 산물로도 볼 수 있다. 야당의 중도화를 부르짖는 목소리의 핵심은 독재 대 반독재라는 구도를 고수해서는 정권을 창출할 수 없다는 상황 인식에 있다. '경제는 진보, 안보는 보수'라거나 '민주화 세력과 산업화 세력의 화해'와 같은 정치 슬로건은 이런 인식을 전제한 대표적 산물이다. 반대로 야당이 원칙과 소신을 갖고 여당과 강하게 맞붙어야 한다는 주장은 독재 대 반독재라는 구도를 유지해야 야권이 '집토끼'라도 지킬 수 있고 이를 통해 때를 노려 큰일을 도모할 수 있다는 걸 근거로 한다.

그러나 문제를 경제 정책의 층위로 옮겨오면 야권의 노선은 애매모호해진다. 문제의 핵심은 박정희 노선에 대한 '안티테제'가 불분명하다는 데 있다. 박정희 정권의 경제 모델은 널리 알려진 바와 같이 '수출 주도형 불균형 성장'으로 요약할 수 있다. 독재 정권이 무소불위의 권력을 휘둘러 기업, 금융, 노동을 모두 짓누르고 국가가 주도하는 수출 중심의 개발이라는 대의 앞에 복종하도록 했다. 그 덕분에 전쟁 이후 폐허에 가까운 상태에서 이른바 선진국의 배려에 의해 간신히 살아갈 수 있었던 한국은 얼마간의 경제적 자립을 이루는 데 성공했다. 그러나 이 모델은 태생적으로 인플레이션을 지속적으로 유발할 뿐만 아니라 중화학공업에 대한 비효율적 중복 투자를 용인한다는 한계를 안고 있었다.

냉소 사회

박정희 모델이 한계에 부딪치게 됐다는 진단이 기득권 내부에서 나오기 시작한 것은 1970년대 미국에서 통화주의 이론을 배우고 돌아온 관료와 학자들이 힘을 갖게 되면서부터다. 성장의 과실을 수확하는 게 아니라 버블 붕괴가 현실이 될 수도 있었다. 거부하는 대통령을 어르고 달래 이들은 1979년 경제안정화 종합시책을 입안해 관철하는 데 성공했다. 이들이 주장한 것은 지금으로 따지자면 '신자유주의'라고들 부르는 정책패키지를 국내 경제 정책에 도입하자는 것과 같았다. 박정희는 일단 물러났다가 다시 자신의 '정책적 신념'을 주장하려 했으나 그해 10월 29일의 비극적 사건으로 안정화 시책의 영향력은 다음 정권까지 유지됐다.

　전두환 정권의 경우 군부독재의 강력한 힘으로 안정화 정책을 밀어붙였으나 극단적인 재정 지출 절감 외에는 애초 안정화론자들이 원하는 만큼의 개혁을 이루는 데는 실패했다. 그건 안정화론자의 강력한 구심이었던 김재익 경제수석이 1983년 아웅산 테러로 유명을 달리했기 때문이기도 했고, 박정희 모델로 수혜를 입어왔던 기업들이 비협조적 태도로 일관했기 때문이기도 했으며, 1987년에 이르기까지 이른바 민주화 세력의 등장으로 노동계급의 정치적 성장에 대한 압력의 세기를 줄여야 하는 운명에 처했기 때문이기도 했다. 그 뒤를 이은 노태우 정권의 신자유주의 개혁 시도는 군부독재라는 올가미에서 풀려난 재계의 전방위적 압박과 노동계급의 성장, 3당 합당을 모색해야 할 만큼 불안정한 권력 기반 등의 요소 때문에 완전히 무산됐다. 김영삼 정권은 어설픈 개혁과 일관되지 않은 경제 정책 덕분에 외환위기라는 최악의 사태를 맞기에 이르렀다. 이때를 기점으로 해서 그간 신자유주의 개혁 조치에 무조건적 반대로 일관해온 기업들은 자신들에 대한 특혜 논리를 신자유주의의 어휘를 사용해 세련되게 포장하기 시작했다.

이미 많은 사람들이 알고 있는 것이지만, 이 과정에 이르는 동안의 경제 정책 패러다임은 결국 박정희 모델이나 신자유주의냐였던 셈이다. 신자유주의라고 거칠게 표현했지만, 이런 주장을 한 경제 관료들이 1980년대에 내놓았던 주장을 요약하자면 세목을 합리화하고 세출 규모를 축소하며, 수입을 자유화해 무역을 개방하고, 금융실명제 실시 등을 통해 자본시장을 확대하며, 중화학공업에 대한 과잉 중복투자를 해소하는 산업 구조조정을 감행해야 한다는 것이다.

이런 내용 자체가 가리키는 것들의 상당 부분은 김영삼 정권에 이를 때까지 순차적으로 현실화됐지만 이 주장을 관통하는 철학 자체가 체제와 하나가 된 것은 김대중 정권 이후이다. 이런 상황은 김대중 대통령의 취임사에 잘 나타나 있다. "정치, 경제, 금융을 이끌어온 지도자들이 정경유착과 관치금융에 물들지 않았던들, 그리고 대기업들이 경쟁력 없는 기업들을 문어발처럼 거느리지 않았던들, 이러한 불행한 일은 일어나지 않았을 것입니다"라는 대목이 대표적이다. 정치권력의 과도한 배려를 통해 기업 집단이 비효율적 방식으로 구성됐고, 이는 시장주의적 원칙이 아니라 권력에 종속된 금융을 통해 이뤄졌다는 인식은 과거 안정화론자들과 동일하다.

냉소 사회

이런 단서를 통해 우리는 소위 민주 정부 10년간의 경제 정책에서의 혼돈이 박정희 모델과 신자유주의(안정화론)라는 대립 구도가 독재 대 반독재의 구도로 치환되면서 발생했다는 걸 알 수 있다. 이를테면 이명박 정부 시절 '메가뱅크'를 만들겠다는 시도에 대해 야당 소속의 정치인들(이의 대응에 나선 이들은 대부분 경제 관료 출신이었다)이 '관치금융의 부활'이라는 논리를 들어 반발했던 점이 그렇다. 과연 그것이 관치금융의 문제였을까? 이런 논리보다는 금융을 하나의 산업으로서 육성할 바에야 제조업에 투자하는 편이 낫다는 게 좀 더 맥락에 맞는 반론이었을 것이다. 그런데 야당이 그렇게 하지 않았던 이유는 아마도 '국가 주도의 제조업 육성'과 같은 논리가 박정희 모델을 떠올리게 할 수 있다는 감각이 작용했던 것 아닐까 추측한다. 물론 당시 야당의 주요 경제 전문가들이 관계 부처 일선에서 고위 공무원으로 근무할 때의 관성이 작용한 측면도 있을 것이다.

　다시 말해 독재와 반독재라는 비교적 명쾌한 구도 속에 국가주의와 시장주의라는 대립 구도를 삽입하려니 스텝이 엉클어진 거다. 이 틀에서 독재는 국가주의로 환원되고 반독재는 시장주의에 맞닿는다. 독재의 안티테제를 '민주주의'로 부르게 되면서 시장주의는 '경제 민주화'로 둔갑했다. 2012년 대통령 선거에서 거의 모든 후보가 '경제 민주화'를 연상케 할 만한 정책 구호를 내놨다는 점은 이런 측면에서 의미심장하다.

　어떻게 여야 후보 모두가 '경제 민주화'를 내세울 수 있는가? 물론 이것은 우파 정당마저도 기존 경제 정책과 상충하는 새로운 패러다임을 말하지 않으면 안 될 만큼 우리 경제가 위기에 봉착했다는 점이 반영된 걸로 볼 수도 있다. 그러나 또 다른 관점에서 경제 민주화라는 용어를 놓고 내릴 수 있는 가치판단이 그만큼 애매하다는 현실을 지적할 수 있다.

실제 역사적으로 경제 민주화라는 말은 그야말로 다양한 의미로 사용돼왔다. 세상만사가 민주화되고 있으니 경제도 민주화돼야 하지 않겠느냐는 짧은 인식에서 나온 이 말은 어떤 주체가 어떤 관점을 갖고 이야기를 하느냐에 따라 의미가 크게 달라진다. 1980년대까지 이어진 군부독재와 이후 이어진 안정화론자의 재벌개혁론으로 큰 곤욕을 치렀던 재벌들도 경제 민주화라는 단어를 자기 입맛에 맞게 쓸 수 있었다. 이런 관점에서 경제 민주화는 기업이 국가 권력으로부터 독립해 앞으로는 하고 싶은 대로 하겠다는 걸 말한다. 정치 자금을 열심히 대주다가 한순간에 회사를 빼앗기는 바보짓은 다시 하지 않겠다는 거다.

그러나 신자유주의를 관철하려 했던 안정화론자들의 시각에서 경제 민주화는 재벌의 독점적 지배력을 시장주의적 원리로 해체하는 것을 뜻한다. 이를 위해서는 금융 산업 발달과 자본시장 개방이 필요하다. 또, 자산가들의 투자를 촉진하기 위해 기업 경영을 투명하게 만들어야 한다. 이들이 내세운 논리의 상당 부분은 오늘날 '재벌개혁론'이 말하는 전형적 주장의 일부로 이미 자리를 잡고 있다.

이른바 시민단체니 노동운동이니에 몸담고 있는 사람들이 말하

냉소 사회

는 경제 민주화는 재분배 정책의 강화를 말하는 것에 가깝다. 경제를 중심으로 한 체제가 정치권력과 재벌의 담합 속에 기득권 중심으로 짜여 있으니 이 구조를 깨서 대다수 국민들에게 성장의 과실이 돌아가도록 해야 한다는 거다.

결국 경제 민주화란 1987년 이전까지의 경제 정책에 대한 상이한 평가와 대안을 하나로 뭉뚱그려놓는 효과를 발휘한 단어인 셈이다. 즉, 이는 어떤 종류의 독재에 대항하는 '반독재'와 궤를 같이한다. 오늘날 이런 주장을 하는 사람들이 대개 기존의 경제 정책을 '(지나치게) 우파적인 것'으로 평가하고 있다는 걸 감안하면 경제 민주화는 일종의 '반우파'적 담론이라고도 볼 수 있을 것이다.

이는 오로지 선거공학의 관점에서 보면 다양한 이념적 스펙트럼을 하나로 모을 수 있는 마법의 도구로 볼 수도 있으나 정치의 근본이라는 차원에서 보면 노선적 대안의 발전을 정체시키는 족쇄로 기능하고 있는 것도 사실이다. 이런 문제들이 모이고 쌓여 우파의 대립항을 '좌파'가 아닌 '반反우파'에 머무르게 하는 효과를 낳고있다. 이렇게 보면 우리는 매번의 선거에서 진보냐 보수냐의 노선을 선택하는 게 아니다. 우파냐 아니냐, 보다 정확하게는 기득권이냐 아니냐의 단순한 선택을 강제당하는 것이다. 이런 선택은 재차설명할 필요도 없이, 앞서 언급한 '재구매 의사 있음' 또는 '재구매의사 없음'이라는 효율적 소비주의의 형식에 지배당하고 있다.

제3 정당론과
진보 정치

이런 측면의 우파냐 반우파냐의 선택은 끊임없이 자기 존재 형식의 변형을 통해 재림한다. 정치 세력이 나름의 '정치공학'으로 이 구도를 무력화하려 해도, 또 여러 제도적 장치의 도입을 통해 변화를 모색하려 해도 사람들의 인식 속에 정치의 지향에 대한 냉소와 정치인에 대한 소비주의가 만연한 이상 이 운명에서 벗어나지 못한다. 5년마다 되풀이되는 대통령 선거에서 이런 현상은 적나라하게 드러난다. 각 후보의 여러 공약과 정책 내용이 검증의 대상이 되지만 선거의 밑바닥 구도는 결국 두 가지 선택지 중 무엇을 고를 거냐의 문제로 수렴되고야 만다. 다만 유권자 전체가 그런 선택을 하는 것은 아닌데, 우파냐 반우파냐는 선택지 자체가 '낡은 상품'이라고 느끼는 계층이 분명히 존재한다는 얘기다.

과거에는 무소속 후보들이 이 계층의 적극적 선택지를 자처했다. 그러다 2002년 이후에는 '진보 정치'가 새로운 상품으로 이 자리를 차지했다. 민주노동당은 2002년 지방선거에서 정당 득표 8% 이상의 성과를 거두었고 2004년에는 열 명의 국회의원을 배출했다. 정치 개혁을 말하는 사람이 대통령이면서 자유주의 정당이 여당인 시대에 진보 정치는 '새로운 상품'이면서 동시에 '미래의 유행'을 상징하는 존재였다.

그러나 2007년 진보 정치가 퇴행적 논쟁이 휘말리고 문국현이 등장하면서 이 지위는 위협당하기 시작했다. 개혁을 내세우는 정치, 실제로 무언가를 안겨줄 능력도 없으면서 우리 모두에게 오직 "바꾸어야 한다"고 강요하는 정치에 대한 피로감 때문에, 사람들은 "성공하자"고 말하는 이명박 대통령을 당선시켰고 기성 진보 정치보다 온건해 보이면서(그러니까 "바꾸어야 한다"고 덜 강요할 것 같으면서) 기업가로서의 능력 역시 보여준 문국현에게 무시할 수 없는 지지를 보냈다. 안철수는 이런 측면에서 보면 제2의 문국현이다.

진보 정치가 낡은 상품으로 확실히 규정된 것은 이른바 통합진보당 사태이다. 사람들은 이를 통해 진보 정치에 두 가지 확신을 갖게 됐다. 첫 번째는 진보 정치가 그들이 다른 이들에게 '강요'해온 대로의 도덕성을 갖고 있지 않다는 거다. 비례대표 후보 부정경선 사태는 새로운 상품임을 스스로 강조해온 진보 정치가 사실은 낡은 정치의 구태를 반복하는 존재임을 세간에 확인해줬다. 두 번째는 진보 정치가 유권자를 '속이고 이용한다'는 거다. 기득권 정치가 '종북' 논리를 확산시킬 때 사람들은 그것을 터무니없는 흑색선전으로 규정했다. 그런데 이른바 '이석기 사태'를 통해 그게 실제로 존재하는 것에 대한 주장이었다는 사실이 드러났다. 이 서사는 진보 정치가 스스로를 '신선한 것'으로 소개했지만, 사실은 오염된 원료로 상품을 제조하고 있었다는 식의 '오염된 식품'에 대한 이야기와 유사하다.

'새로운 상품'이면서 동시에 '미래의 유행'이 될 수 있다고 스스로를 규정하는 정치는 군이 표현하자면 '제3정당론' 정도로 부를 수 있을 것이다. 이 제3정당론은 우파냐 반우파냐라는 선택지는 '진정한 정치'가 아니고, 오로지 자신들만이 진정한 정치를 대변한다고 강변하면서도 실제 '진정한 정치'의 내용은 무엇인지 관계없다는 식의 전형적 냉소주의자의 태도를 취한다.

전통적인 의미의 제3정당론이 사실상 정치적 내실이 없다는 것은 문국현을 중심으로 한 정치를 평가해보면 여실히 드러난다. 2007년 대통령 선거 출마 당시 문국현은 '인간의 얼굴을 한 자본주의'로 요약할 수 있는 온건한 진보 노선을 제시했다. 그러나 그가 만든 창조한국당이 보수적 지향의 충청 지역 기반 정당인 자유선진당과 '선진과 창조의 모임'이라는 국회 교섭단체를 구성한 일을 보면 과연 그런 노선 제시가 무슨 의미가 있는지 의문이 드는 게 사실이다. 그들은 여기에 '실험'이라는 타이틀을 붙이고 4대강 사업 반대 등 제한적 의제에 대해서만 연대하기로 했으나 아무리 국회법이 잘못됐다 하더라도 이런 식의 정치 기획을 실행하는 건 후퇴 그 이상도 이하도 아니다. 결국 문국현과 창조한국당은 어느 순간에 제3정당론의 수혜자라는 지위를 잃고 공중분해되어 버렸다.

제3정당론의 계승자(?)적 위치에 있는 안철수의 시대까지 오면 이런 당혹스러움은 배가된다. 안철수는 자신의 정책과 지향에 대해 책도 내고 여러 차례 말과 글을 통한 입장 표명을 했으나 자기 스스로가 그것에 대해 얼마나 강력한 믿음을 갖고 있는지 의문이다. 왜냐하면 국민의당 창당 이후 자신의 지향을 심판대에 올려놓을 가장 중요한 계기가 될 선거 국면에서 그런 것들에 관한 발언을 거의 한 마디도 하지 않았기 때문이다. 오로지 "정권교체를 할 수 있도록 힘을 달라, 1번과 2번으로는 안 된다"는 게 그와 그의 정치 세력이 내세우는 바였다. 안철수를 제외하고 그 당에서 힘을 갖고 있는 대다수의 인사들이 '구태'에 속한다는 점은 무시됐다. 지역구 후보 공천 과정에서 멱살과 주먹질 끝에 '도끼'까지 등장했다는 사실도 그대로 묻혔다. 더욱 당혹스러운 것은 이런 식의 마케팅(?)이 실제로 먹혔다는 거다. 2016년 4월 총선에서 국민의당이 예상 외로 선전한 것은 '박근혜도 문재인도 마음에 들지 않으니 이번에는 안철수 씨를 밀어주자'란 식의 밑도 끝도 없는 냉소적 지지가 힘을 발휘한 결과다.

안철수와 그의 세력은 여론의 이러한 상태를 아주 잘 알고 있는 것으로 보인다. 이를테면 안철수의 애매모호한 지향에 걸맞은 '국민의당'으로 당명을 정한 것이 그렇다. 식자층에 속하는 대다수의 사람들이 이 이름에 의문을 나타냈지만, 이런 이름은 사실 정치적 냉소주의에 의한 제3정당론을 가장 잘 반영한 작명으로 평가할 수 있다. 정치적 냉소주의의 요체를 한 문장으로 표현한다면 '속기 싫다' 또는 '이용당하기 싫다'일 것이다. 즉 이런 인식으로 보면 '국민의당'이라는 작명은 '이 당은 여러분을 속이거나 이용하기 위해 만든 게 아니라, 그냥 당 자체가 여러분의 것'이라는 의미로 볼 수 있다.

그런데 국민의당을 지지하는 사람들은 사실 이 당이 '안철수의 것'이라는 데 큰 의문이나 이의를 제기하지 않는다. 이는 어떤 면에서 '국민의당'이라는 작명 이면에 있는 어떤 '술수' 자체를 냉소주의적으로 평가한 결과거나 안철수의 정치적 성공이 자기 자신에게도 도움이 된다는 이해타산적 판단의 결과일 것이다. 안철수의 애매모호한 행보는 양자의 판단을 모두 강화하는 근거로 작용한다.

안철수가 언제까지 제3정당론의 수혜를 입을 수 있을지는 장담하기 어렵다. 제3정당론에 의한 수혜는 누가 노력한다고 해서 쟁취할 수 있는 게 아니기 때문이다. 말하자면 그것은 언제나 '정세적'인 성격을 갖고 있다. 그러나 안철수가 제3정당론에 의해 대권을 잡거나 혹은 하루아침에 정치적으로 소멸할 경우 이를 어떻게 평가할 것인지, 과연 정치의 어떤 발전으로 볼 수 있을 것인지에 대해 우리는 이미 결론을 내릴 수 있다. 바로 안철수가 성공하면 성공하는 대로, 실패하면 실패하는 대로 모두 또 다른 정치적 냉소주의의 강화 및 정치의 축소로 이어질 수밖에 없다는 결론이다.

우려되는 것은 진보 정치가 아직도 착각과 관성에서 빠져나오지 못한 듯 보인다는 거다. 진보 정치의 성장은 두 가지 요인에 의해 가능했다. 첫째는 앞서 논한 제3정당론의 수혜자로서의 지위이다. 이는 기성 정치는 더럽고 무능력하니 깨끗하고 능력 있는 진보 정치를 지지해달라는 논리로 표현된다. 둘째는 일종의 계급정치론이다. 돈이 없는 자들은 스스로를 대변하는 정당을 찍어야 한다거나 노동자는 '노동' 들어간 이름의 정당을 찍으라는 것이 이 주장의 핵심 논리다.

2004년 민주노동당의 선전은 이 두 가지 논리가 함께 위력을 발휘한 결과로 해설할 수 있다. 당시 민주노동당은 선거 전략에서도 두 가지 논리에 입각한 슬로건을 만들어 내거는 선택을 했다. 예를 들어 2002년 지방선거에서 서울시장에 출마했던 이문옥의 부패추방운동본부의 존재나 경제민주화운동본부의 상가임대차보호법 제정 요구 등은 제3정당론에 호응한 전략이다. 민주노총의 배타적 지지나 부유세 등의 공약, '부자에게 세금을, 서민에게 복지를'이라는 슬로건은 계급정치론을 고려한 것이다.

이후 정치 환경은 우리가 익히 아는 대로 많이 바뀌었다. 진보 정당은 분열했고 민주노총은 더 이상 특정 진보 정당을 배타적 지지하지 않는다. 제3정당론의 수혜는 앞서 언급했듯 정세적인 것이기 때문에, 진보 정치가 그 수혜를 입는 동안 자기 기반을 확장하고 안정적으로 만들었어야 했으나 결국 이것에 실패했다.

2016년 4월 총선에서 원내 유일의 진보 정당을 자처하는 정의당은 기대 이하의 성적을 받았다. 원내 6석이라는 결과를 결코 무시해서는 안 되지만 두 가지 점에서 긍정적인 평가의 대상은 못 된다. 첫째는 이전 선거와 비교할 때 과연 진보 정치가 발전한 것으로 볼 수 있느냐는 것이며, 둘째는 과연 이 결과로 미래를 기약할 수 있겠느냐는 것이다. 두 질문 모두에 긍정적인 답을 하기 어렵다.

정의당의 이 선거에 대한 대응은 제3정당론의 수혜를 박탈당한 진보 정치의 오늘을 그대로 보여준다. 정의당은 새누리당과 새정치민주연합이라는 양자 대결의 구도 속에서 제3정당론을 통해 결과를 얻기 위한 정치 기획을 꾸준히 제기해왔다. 이것으로 인한 성과는 안철수가 국민의당을 창당하면서 순식간에 붕괴했다. 뒤늦게 제3정당론이 아닌 계급정치론으로 키를 전환하려 했으나, 과거 수혜자의 입장에 있던 시기 지속적으로 자기 기반을 와해시켜온 결과 이는 이미 가능한 일이 아니었다. 이제라도 지지기반의 확장과 안정을 도모해야 하나 제3정당론의 수혜가 없는 상황에서 이는 쉽지 않을 것으로 전망된다.

결국 지난 10년 이상의 허송세월이 진보 정치를 더욱 어렵게 만든 것이다. 제3정당론에 의한 수혜를 '모래 위의 성'으로 규정하고 지지기반의 확장과 안정을 위해 최선을 다했어야 할 시기를 정파의 비생산적 분열과 이로 인한 소모적 논쟁으로 허비하며 핵심 지지층에 실망과 냉소를 안겨온 뼈아픈 결말이다.

냉소 사회

5

탈 출 구 는
무 엇 인 가

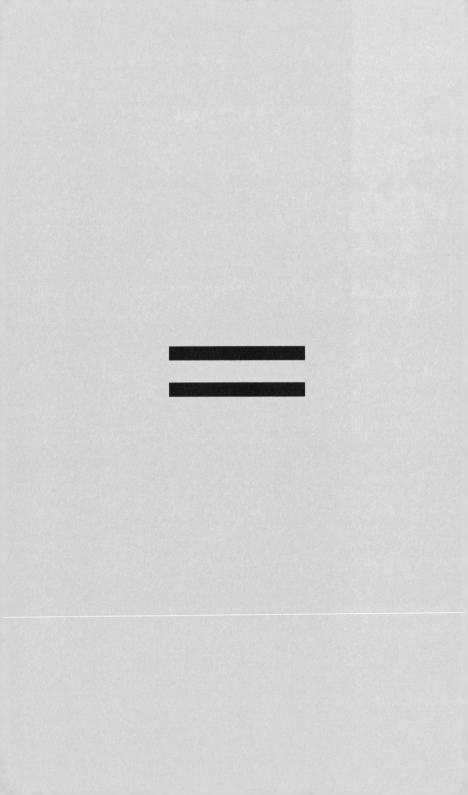

트럼프와 샌더스가
공유하는 것

지금까지의 논의를 보면 냉소주의의 시대에 새로운 정치를 시도하는 게 얼마나 어려운 일이 됐는지 체감할 수 있을 것이다. 미 대선에서 도널드 트럼프가 당선된 이례적 사건은 이 '새로운 정치'에 또 다른 영감을 준다. 냉소주의에 포위된 정치를 돌파하기 위해 어떤 수단이 필요한지, 이러한 시도가 어떤 또 다른 혼란을 낳는지를 도널드 트럼프와 버니 샌더스를 통해 알 수 있다는 거다.

도널드 트럼프와 버니 샌더스는 둘 다 미국 정치의 이단아로 취급됐다. 그런데 공화-민주의 양당 체제에 포섭되지 않았던 이 두 인물이 같은 시기에 대중적 지지를 발판으로 제도권 정치에 위협을 가했다. 이를 두고 수많은 분석이 오가지만 가장 설득력 있게 제시된 것은 '분노한 백인 남성들의 반격'이 시작됐다는 거다.

언뜻 보면 그럴듯한 얘기다. 오바마 대통령이 주도한 8년간의 미국은 여러 논쟁적인 이슈를 두고 대립과 반목을 거듭해왔다. 대외 정책과 노동 정책, 복지 정책이 공화당의 격한 반발을 불러왔으며 '오바마 케어'를 두고서는 클린턴 행정부에 이어 다시 한번 정책 방향을 둘러싼 갈등으로 인한 정부 폐쇄가 현실화되는 등의 우여곡절을 겪어야 했다.

부시 행정부에 이은 오바마 행정부에서도 공화당 내 보수주의 급진 세력의 성장은 꾸준히 가속화됐다. 공화당의 이름으로 대통령 선거에 도전하겠다는 포부를 밝혔던 정치인 중 '티파티'와 관련이 없는 사람을 찾아보기 힘들 정도가 됐다. 작은 정부, 감세, 전통 존중이라는 전형적인 보수주의 담론을 급진적으로 추종하는 집단인 티파티는 오바마 행정부가 하는 일이라면 무엇이든 극렬히 반대했으므로 미국의 양당제저 정치를 보다 극단화시킨 주역들로 평가된다.

오바마 행정부는 업적이라 할 만한 것이 여럿 있으나 미국이 직면한 모든 문제를 해소할 수는 없었다. 특히 경제 문제와 관련해서는 2008년 글로벌 금융 위기 이후 닥친 실물경제의 위기를 완전히 극복하지 못했다는 평가가 많다. 이는 미국의 노동계급에게 실제적인 고통으로 느껴졌을 것이다. 정치가 극단화되는 상황에서 이런 종류의 고통은 언제나 박탈감과 분노로 급진화되기 마련이다. '흑인 대통령'이 지휘하는 체제에서 맨 먼저 이런 식의 급진화된 분노를 표출한 집단은 백인 남성이다. 과거의 기득권이 새롭게 배려받게 된 약자에게 열등감과 패배감을 느끼게 된 건 역사적 아이러니다.

도널드 트럼프의 '다시 미국을 위대하게Make America Great Again'란 슬로건은 이런 급진적 분노를 잘 반영한 것으로 평가할 수 있다. '다시 미국을 위대하게' 하자는 것은, 하여간 미국이 언젠가는 위대한 상태였다는 얘기다. 그 '위대한 미국'이 구체적으로 어느 시대를 가리키는 것인지는 알 수 없다. 아마 구체적일 필요가 없을 거다. 많은 사람들이 과거 회상이라는 형식을 통해 이상을 추구하려 하기 때문이다. 여기서 '과거 회상'이란 열정을 유지하기 위한 판단 중지의 한 예에 속한다. 앞서 언급한 미국의 현실에서 과거를 회상하며 이상을 추구한다는 것은 결국 과거의 어떤 부조리한 상태에서 생긴 비극에 대한 문제의식은 이제부터 무시하겠다는 것이나 다름없어 보인다.

이런 인식 속에서 기성 정치는 고통을 주는 것을 넘어 아예 속이는 존재가 된다. 과거에는 제대로 대접받았던(물론 이는 앞에서 말했듯 환상이다) 자신들이 그동안의 정치인들을 열심히 지지하고 믿어줬음에도 처지가 나아지지 않았다면, 당연히 정치에 속았다고 생각할 수밖에 없다. 그러므로 이제는 솔직한 사람이 리더가 돼야 한다. 소수자에 대한 이런저런 배려가 필요하다는 명분을 주장하면서 자기 잇속이나 챙기는 사람이 아니라 우리의 분노를 솔직하게 대변해주는 사람이 필요하다. 이제 더 이상 우리도 남에 대한 배려 따위를 생각하며 살 게 아니라 우리 스스로의 권리를 외쳐야 한다,

이게 트럼프 지지자들의 기본적 태도다.

선거 기간 동안 도널드 트럼프가 보인 태도를 보면 이런 식의 '솔직함'이 대단히 저열한 형태로 나타났음을 알 수 있다. 여성에 대한 모멸적 태도나 무슬림 입국을 금지하겠다고 말한 것, 멕시코와의 국경에 차단벽을 건설하고 이 비용을 멕시코가 내도록 하겠다고 말한 것 등이 그렇다. 백인 노동자들은 이주 노동자들의 존재 때문에 원래부터 미국인인 자신들이 일자리를 빼앗기는 부조리가 일어난다고 생각하고 있었으므로, 도널드 트럼프의 이러한 막말은 윤리적 측면과는 관계없이 힘 있는 사람의 솔직한, 그야말로 속 시원한 발언으로 받아들여졌다.

도널드 트럼프에 대한 이런 성격의 지지는 정치적 냉소주의의 전형에 해당하는 것처럼 보인다. 위에서 말한 상황들 때문에 '거짓 명분을 내세우고 자신들의 잇속만 챙기는 기성 정치권보다는 명분이 없더라도 솔직한 도널드 트럼프가 낫다'는 논리가 성립하기 때문이다. 도널드 트럼프가 인종차별적 막말을 반복하는 것은 이런 그들의 기대에 결과적으로 부응하는 것이다. 트럼프는 '유색인종에게 일자리를 빼앗기고 있다'는 현실 인식에 대해 현실 해결에 도움이 되지 않는 여러 명분을 말하는 게 아니라 '그럼 다시 빼앗아 오겠다'고 말한다. 여기에는 전통적인 좌우관념의 대립이 존재할 자리가 없다.

처음에는 도널드 트럼프가 '막말' 때문에 공화당 대선 후보가 되는 과정에서 중도 탈락할 거라는 전망이 많았으나 결과적으로 이런 계산은 다 틀린 걸로 드러났다. 전통적인 잣대로 보면 쉽게 이해할 수 없는 부분이다. 원래 선거의 향방은 온건한 중도층이 좌우하는 것이며 현실 정치에 가장 큰 영향력을 미치는 중산층은 도널드 트럼프 식의 '급진성'을 감당할 수 없는 존재다. 그런데 도널드 트럼프가 공화당의 대선 후보로 확정되고 대통령 선거에서 끝내 승리한 걸 보면 그의 특이한 급진성이 공화당 지지층 다수에게 용납되었다는 것을 알 수 있다.

결국 이런 현상은, 말하자면 냉소의 도착성을 드러내는 걸로도 볼 수 있다. 지지자들이 도널드 트럼프를 규정한 또 하나의 표현은 그가 '협상 기술의 대가'라는 거다. 실제로 트럼프는 1987년 『거래의 기술_The Art of the Deal_』이라는 제목의 자서전을 내기도 했다. 이 책에서도 그의 이런 뻔뻔함과 천박한 솔직함은 적나라하게 드러난다. 그런데 뻔뻔하게 장사해서 성공했다는 식의 그의 이력들은 오히려 막말에 대한 사람들의 거부감을 중화시켰다. 이것이 협상에서 성공하기 위한 전략, 즉 '위악'으로 받아들여질 여지가 있다는 것 때문이다.

이건 3부에서 언급한 프로레슬링에서 악역이 갖는 위상과 유사하다. 프로레슬링에서 악역 선수는 그가 얼마나 운동을 잘하는가 또는 많이 이길 수 있는가 따위로 평가되지 않는다. 얼마나 그에게 맡겨진 역할을 유능하게 수행하는가가 핵심이다. 미국이 도널드 트럼프에게 맡긴 역할이 협상에서 이기는 것이라면? 협상에서 이기는 것이 먼저지 막말은 중요하지 않다. 이런 개념은 그의 급진성에 거부감을 느끼는 평균적인 사람들로 하여금 지지를 표명할 수 있는 최소한의 명분을 안겨줬다. 도널드 트럼프를 진심을 다해 지지하는 게 문제가 아니라 내가 저 사람을 지지해도 창피하지 않을 만큼의 구실이 있다는 게 중요하다. 트럼프가 공화당 기득권의 반발을 효과적으로 수습할 수 있었던 이유가 여기에 있다. 공화당 지지층의 입장에선 결국 공화당 후보를 찍지, 민주당 후보를 찍을 것도 아니잖은가?

버니 샌더스도 마찬가지로 '기성 정치에 대한 불만 세력'으로 분류됐지만 도널드 트럼프와는 확연히 다른 스타일을 갖고 있다. 그는 스스로를 '민주적 사회주의자'로 주장하면서 1990년대 이후 미국 정치를 강타한 극단적 형태의 보수 정치를 비판해 인기를 얻었다. '민주적 사회주의'는 복음주의와 시장지상주의로 요약할 수 있는 이 새로운(?) 정치에 맞서기 위한 수사로 보이는데, 이는 과거 민주당 정치인들이 2000년 이후 부시 행정부에 비슷한 취지의 비판을 제기하면서도 급진적으로 비치지 않기 위해 온갖 노력을 다했던 것과 대조된다. 공화당 지지자들이 오바마 대통령을 '빨갱이'로 비난하는 것에 대한 가장 표준적인 반격은 '어떻게 이 정도로 온건한 주장과 정책에 대해 빨갱이라는 평가를 할 수가 있느냐'인데, 버니 샌더스의 해법은 '나는 빨갱이이며, 오늘날 미국엔 빨갱이가 필요하다'는 논리로 여겨진다(물론 버니 샌더스가 정확히 이렇게 발언하지는 않았다).

이 논리를 분해하면 결국 버니 샌더스의 경우도 도널드 트럼프

냉소 사회

처럼 일종의 '솔직함'을 내세운 측면이 있음을 발견할 수 있다. 기성 정치권의 마음에 들기 위해 정치적 술수를 동원하는 비겁함을 보이지 않겠다는 태도는 도널드 트럼프가 주장한 바와 거의 완전히 똑같다. 버니 샌더스가 힐러리 클린턴을 '월가로부터 거액의 지원을 받는 후보'라고 규정한 것은 도널드 트럼프의 '거짓말쟁이 힐러리'란 표현의 세련된 버전에 가깝다. 즉, 도널드 트럼프와 버니 샌더스는 둘 다 기성 정치권에 대한 냉소적 인식을 인기의 동력으로 삼았음이 분명하다.

물론 이미 언급했듯 두 사람을 같은 종류로 취급하는 건 공평한 태도가 아닐 것이다. 이 두 사람에 대한 지지는 앞에서 살펴봤던 냉소주의의 두 가지 형태, 즉 '진정한 무엇은 없다'와 '진정한 무엇은 있다'를 전형적으로 대변한 것이라고 말해도 과언이 아니다. 도널드 트럼프의 지지자들은 '진정한 정치'라는 건 없기 때문에 오로지 자신들의 천박한 욕망을 솔직하게 드러내는 것만이 답이라고 주장했다.

그러나 버니 샌더스 진영의 경우는 온갖 거짓된 정치를 걷어내고 나면 '진정한 정치'가 모습을 드러내기 마련이라고 여겼다. 이러한 인식은 외양에 관심이 없고 오랫동안 같은 주장만을 우직하게 되풀이 해온 버니 샌더스라는 아이콘에 대한 지지로, 또 그가 외치는 '정치혁명'이라는 저항적 슬로건으로 외화됐다. 이 경우에도 저항은 소비주의적 행동양식과 결합했다. 'Feel the Bern'이란 문구가 새겨진 티셔츠, 컵, 속옷 등의 온갖 상품들은 다른 정치인들이 구색 맞추기로 내놓는 것들과는 전혀 다른 크기의 의미로 현실에서 작용했다. 버니 샌더스 지지자들의 입장에서는 그런 상품을 갖추지 못한 사람들, 즉 버니 샌더스를 지지하지 않는 사람들이야말로 열등한 존재다.

이는 버니 샌더스를 지지하는 사람들이 과거 '월스트리트를 점령하라 Occupy Wall Street' 운동에 적극적으로 참여했다는 점을 보면 더 확실하게 알 수 있다. 당시 시위의 끝물에서 '식자층'들이 월스트리트 점령 운동을 '지적으로' 뒷받침하며 이론적 논의를 따라오지 못하는 사람들을 보며 '열등감 극복'을 시도했다는 회고[6]가 있는 걸 떠올려보면 더 쉽게 이해될 것이다. 불행히도 당시의 '식자층'들은 교육 수준이 높은 백인 남성인 경우가 많았고, 버니 샌더스에 대한 지지세에도 이런 구성은 그대로 반영돼 나타났다.

이런 점들을 종합해보면 버니 샌더스와 도널드 트럼프를 떠받친 정치적 기반이 흔히 생각하는 것처럼 '전형적'인 게 아니라는 결론을 내리는 것도 가능하다. 호사가들은 좌우 양극단으로서의 버니 샌더스와 도널드 트럼프를 말했지만 사실 오늘날 우리가 갖고 있는 도식을 통해 이렇게 구분하기에는 현실이 너무나 복잡하다.

도널드 트럼프의 경우 일부 정책에서 민주당의 전통적 포지션을 인정하는 태도를 취하고 있다. 과거 미국의 엘리트주의 담론을 지배했던 워싱턴 컨센서스의 핵심은 사회보장제도의 축소, 외교적 개입을 통한 군산복합체의 이해 대변, 금융으로의 산업구조 고도화이다. 그러나 도널드 트럼프는 일부 사회보장제도의 확대, 외

냉소 사회

교적 고립주의, 제조업 강화론 등을 말했다. 이는 그가 경제적으로 소외된 백인 남성의 주장을 포퓰리즘적 시각에서 가장 열심히 대변하려 한다는 점을 고려하면 당연한 결론이다. 도널드 트럼프는 과거 민주당에 몸담았던 전력을 갖고 있다. 민주당 백인 지지층도 소수 인종에 대한 적대감을 가진 경우가 많은 게 사실이다.

　도널드 트럼프가 오히려 전형적인 신자유주의적 주장을 적대한 것처럼 보였다는 사실과 마찬가지로 버니 샌더스도 전통적인 의미의 공화당적 가치와 반목하지 않는 부분을 갖고 있었다. 그가 보여주는 어떤 종류의 예절, 품위, 검소함, 신실함, 이를 통해 드러나는 '네거티브'를 동원하지 않는 선거 전략 등은 '링컨의 공화당'을 말하는 공화당 지지자들의 선호와 일치한다. 만약 버니 샌더스가 민주당 소속이 아니었다면 부시 행정부 이후 완전히 근본주의에 잠식된 공화당에 염증을 느꼈던 지지층이 이탈해 그를 지지했을 가능성도 완전히 배제할 수는 없다.

　요약하자면 도널드 트럼프와 버니 샌더스의 등장은 단순한 극우와 극좌의 싸움으로만 묘사 할 수 없다. '백인 남성들의 분노'라는 설명도 상황을 모두 드러내기에는 부족하다. 오히려 이것은 기득권 정치에 냉소주의가 반응하는 두 가지 양상이 고스란히 나타난 것으로 볼 수 있다. 그리고 이 두 가지 양상은 명확히 분리된 독립된 정치 기획에 의한 것이라기보다는, 더 큰 묶음으로서의 냉소주의에 좌우되며 '속아 넘어가는 것을 즐기는' 사람들이 흔히 그러듯 '진정한 무엇은 없다'와 '진정한 무엇은 있다'의 사이를 오가는 대중의 현재를 그대로 반영한 것으로 볼 수 있다. 결국 바로 이 상황에 대응하는 방법을 찾는 것은 냉소주의의 함정에서 정치가 벗어날 길을 찾는 것과 정확히 같은 작업이 될 수밖에 없다. 이를 이루려면 우린 다시 처음으로 돌아가야만 한다.

극우 정치의
발호

복잡한 문제를 논하기 전에 짚고 넘어갈 수밖에 없는 것은 도널드 트럼프와 버니 샌더스의 예에서 볼 수 있는 것처럼 고전적 의미의 좌우 구분이 혼란스러워진 시대에 우리가 살고 있다는 것이다. 미국의 경우 자유주의 세력이 오랫동안 기득권의 일부로 기능해오면서 신자유주의-복음주의 세력과 대결해온 정치적 특성이 있다. 그래서 도널드 트럼프가 위기에 대한 해결책으로 극우적 메시지를 동원할 때 반대편에서 '사회주의'를 노골적으로 말하면서 그동안 자유주의자들에게 외면받아왔던 버니 샌더스가 대안처럼 여겨질 수 있었다. 그러나 미국에서 자유주의 세력이 했던 것처럼, 사회주의의 일부가 기득권을 유지하는 데 복무해온 유럽의 경우는 트럼프냐 샌더스냐의 대립 구도조차도 만들지 못하는 비극을 맛보아야만 했다.

유럽은 이른바 사회민주주의의 발흥지로서 복지국가라는 대안을 실현한 국가들이 주도하고 있다. 이들이 내세우는 '사회민주주의'란 볼셰비키들이 급진적으로 권력을 장악한 러시아와는 다른 길을 선택한 유럽식 사회주의의 또 다른 이름이다. 이들은 유럽에서 시장주의 원칙을 강화하고 신자유주의적 개혁 정책을 도입하려는 보수 정치와 오랫동안 정권을 주고받으며 경쟁해왔다.

그러나 그들이 정권을 잡은 시기에도 사람들의 실제 생활수준은 그다지 나아진 것이 없었기 때문에 유럽에서는 사회민주주의조차 냉소의 대상이 되고 있다. 2012년 프랑스 유권자들이 사회당 소속의 프랑수아 올랑드에게 대권을 쥐여준 것은 니콜라 사르코지로 대표되는 우파 집권기의 고단함을 경험한 사람들이 사회민주주의에 대한 마지막 신뢰를 보여준 사건으로 볼 수 있다. 올랑드 대통령은 집권 초기 부자에게 세금을 물리고, 없는 사람들을 위한 정책을 펴는 것으로 요약할 수 있는, 그를 지지한 사람들의 요구를 들어주기 위해 노력하는 것처럼 보였다. 그러나 보수 세력의 반발 속에서 사회당 정부는 힘을 잃었고 올랑드에게 기회를 줬던 대중의 에너지는 급격하게 극우 정치로 흡수되고 있다.

프랑스 극우 정당인 국민전선의 마린 르 펜은 21세기 극우 정치의 전형을 보여주고 있다. 그의 아버지인 장마리 르 펜은 20세기 말부터 21세기 초입에 이를 때까지 반유대주의 선동으로 '천박한 정치'라는 평가를 받았다. 그런 점에서 그는 방향이 바람직하진 않았지만 어쨌든 제2차 세계대전 시대에 사고가 묶여 있는, 다소 이

넘적 지향이 뚜렷한 정치가였던 걸로 파악된다.

이에 비하면 마린 르 펜은 포퓰리스트에 가깝다. 지지층 확장을 위해 부담스러운 주장을 내세우는 자기 아버지를 당에서 축출해버리는 선택을 한 걸 보면 알 수 있다. 오히려 마린 르 펜은 공화주의, 양성평등, 신자유주의 세계화 반대 등 전통적인 극우 정치가 말하지 않는 주제에 긍정적인 태도를 보인다. 이러한 '긍정적 태도'는 극우 정치의 새로운 주적을 상정하는 근거를 작동시킨다.

극우 정치의 새로운 주적은 이제 사회민주주의가 아니라 이슬람이다. 이슬람은 정교가 분리돼 있지 않아 공화주의에 위배되고 여성에 억압적이므로 양성평등 가치 역시 훼손한다는 것이다. 이런 '미개한' 무슬림들이 '선진 유럽'에 대거 유입된 이유는 유럽연합을 위시한 신자유주의 세계화 때문이고, 결과적으로 '유럽인'들은 무슬림들에게 국가가 통제하는 제한된 자원을 양보해야 한다. 따라서 양식 있는 유럽인들은 신자유주의 세계화를 주장한 보수주의와 이를 거든 사회민주주의라는 거짓말쟁이들에게 저항해야 하며, 그들이 만든 유럽연합에서는 탈퇴해야 하고, 무슬림이 주를 이루는 이민자들의 추가 유입을 막아내야 한다.

여기서 열등감과 냉소주의로 이어지는 하나의 서사를 발견하는 것은 어려운 일이 아니다. 국민전선 식의 극우 정치는 현 상황을 위기로 진단하고, 많은 사람들은 이에 동의한다. 이 위기란 "이제 우리는 더 이상 '유럽'일 수 없게 된다"는 거다. 더 이상 우리가 유럽일 수 없다는 것은 지정학적 의미를 말하는 게 아니라 정치, 경제, 문화를 통틀어 세계를 선도하고 이끌어온 '메이저'의 지위를 내려놓아야 함을 의미한다. 이들의 머릿속에서 현 상황이 유지된 유럽의 미래는 중동과 크게 다를 바가 없다.

'유럽'을 지키기 위해 유럽연합과의 단절이 필요하다는 논리가 가능한 건 순전히 이런 상황 때문이다. '유럽'을 지키기 위한 유럽 전체에 대한 어떤 조치가 필요한 게 아니다. '유럽이 아닌 유럽'으로부터 자기 자신을 분리해내는 순간, 즉 다수의 이슬람 '루저'들을 우리의 무리로부터 배제해버리는 순간, '나'는 온전한 메이저로서의 '유럽'으로 남을 수 있다. 노르웨이에서 총기 테러를 일으킨 아네르스 베링 브레이비크의 사례는 유럽적인 것을 추구하는 민족주의 담론으로 이뤄진 극우 정치가 극단주의적 테러리즘과 어떤 방식으로 맞닿을 수 있는지 보여준다.

브레이비크가 노르웨이 노동당의 '미래'를 뿌리 뽑으려 한 것은 노동당 정부를 이민자 유입을 가속화해 유럽적 순수성을 훼손하는 주범으로 보았기 때문이다. 그는 테러 계획의 정당성을 주장하기 위해 온갖 철학과 종교의 스타일을 동원한 매우 긴 논고를 작성했는데, 오히려 그렇게까지 해야 했던 걸 보면 결국 스스로도 유럽적 순수성을 지키기 위한 테러를 저질러야 할 정당성을 찾는 데 성공하지 못했다고 짐작할 수 있다.

이는 유럽의 극우 정치 역시 마찬가지로 직면한 딜레마이다. '유럽을 지킨다'고 자신 있게 주장하고는 있으나, 이것의 적극적 의미가 무엇인지에 대해서는 기만적 규정 이상으로 나아가지 못한다.

이민자 유입을 금지하는 법이 필요하다고 하면서도, 이후 (어디까지나 우파적 관점에서) 산업 발전에 필요한 저임금 노동력을 어떻게 동원할지에 대해서는 명쾌하게 설명하지 못한다. 유럽 극우 정치가 강조하는 또 하나의 축인 유럽연합 탈퇴 문제로 가면 이 불명확성은 배가된다. 그러나 계획이 명확하든 말든, 앞뒤가 맞든 그렇지 않든 만연한 정치적 냉소 덕에 근본적 쟁점에 대한 판단을 중지해버린 대중은 이들을 지지한다.

브렉시트가
보여주는 것

영국이 국민투표를 통해 유럽연합 탈퇴를 결정했을 때 사람들이 가장 재미있어한 것은 정작 저질러놓고 영국이 후회하고 있다는 식의 보도가 이어졌다는 점이었다. 대개 미국 언론을 인용한 것으로 보이는 이런 보도들은 국민투표가 끝나고 나서야 영국인들이 EU가 무엇인지를 구글에서 검색하고 있다거나 브렉시트 찬성론자들이 "실제로 될 줄 알았으면 브렉시트 찬성 투표를 하지 않았을 것"이라고 말했다는 등의 내용이다. 이런 보도를 통해 영국 상황을 파악한 국내의 모 교수는 이 사태를 "영국의 감성적 결정"이라고 표현하기도 했다.

그러나 '감성적 결정'이라는 말이 지닌 비하적 함의에 대해서는 한번쯤 생각해볼 필요가 있다. 예를 들면 한국인들이 박근혜 대통령을 탄생시켰을 때, 우리는 한국인들이 직면한 어떤 조건이 그런 엄청난 결과를 불러왔는지를 진지하게 분석하는 데에 열중했다. 2012년 대선에서 박근혜 후보를 지지한 표 중에는 당연히 '감성적 선택'이 포함되어 있었음이 명백한데도, 박근혜 대통령의 탄생 비결을 '감성'에서 찾지 않았다. 영국인들의 경우도 마찬가지다. 우리가 브렉시트 결정의 전후 사정에 대한 통찰을 얻기 위해서는 여전히 열등감과 냉소주의라는 렌즈로 사건을 분석해볼 필요도 있다.

유럽연합 탈퇴 논리는 앞서 유럽 극우주의 정치를 언급하면서 서술한 맥락에서 크게 벗어나지 않는다. 영국은 어차피 처음부터 유럽의 일부로서 책임을 다하고 싶은 마음이 강하지도 않았는데, 어찌됐건 산업구조 고도화 논리에 따라 금융 집중의 체제를 유지하기 위해 유럽연합의 일원이 되었다. 나름 경제대국으로서 천문학적 비용의 분담금을 내며 기여해왔지만 돌아온 것은 보수당 정부의 긴축정책과 '이민 폭탄'이다. 유럽연합은 이런 상황에 개선책을 마련해주기는커녕, 영국이 잘할 수 있는 일에 대해서도 사사건건 간섭하며 딴죽을 걸어왔다. 거기에 이제는 터키까지 유럽연합에 가입을 한다고 하니, 도대체 '유럽'이란 게 무엇인지 알 수 없는 지경에 이르렀다. 영국인들끼리 나눠 먹기에도 부족한 부를 무엇인지도 모를 '유럽'을 위해 소모하느니 차라리 유럽연합을 탈퇴해 각자 갈 길을 가는 편이 생산적이다.

실제로 브렉시트를 주장한 정치인들은 이런 논리를 반복적으로 설파했다. 집권 보수당 소속의 정치인들은 같은 당에 몸을 담은 처지임에도 찬성파와 반대파로 나뉘어 아예 캠프까지 따로 차렸다. 브렉시트 찬성파는 유럽연합을 탈퇴하기만 하면 사회의 많은 문제들이 일거에 해결될 수 있을 것처럼 호들갑을 떨었다. 그 전략이 먹혔는지, 처음엔 불가능하다고 생각됐던 브렉시트가 현실화될 수 있다는 여론조사 결과들이 보도되기 시작했다.

이에 대응해 투표 직전에는 잔류 지지자들이 '공포 마케팅'을 시작했다. 브렉시트가 현실화되면 영국은 거의 망하게 될 것이며 젊은이들이 살아갈 수 없는 황폐한 땅이 되고 만다는 식이었다. 그러나 이들의 노력에도 브렉시트가 현실이 될 가능성은 하루가 다르게 높아졌다. 투표 결과가 나오기 직전, 유럽연합 잔류파들은 패닉에서 헤어나오지 못했다. 그런데 실제로 브렉시트가 가결되고 나니 오히려 유럽연합 탈퇴파들이 이보다 더한 혼란에 빠진 듯한 모습을 보이기 시작했다.

유럽연합에 낼 분담금을 복지 정책에 투자하겠다던 우파 정치인들은 투표가 끝나자 손바닥 뒤집듯 입장을 바꿨다. 오매불망 유럽연합 탈퇴만을 기다리며 '독립기념일 선언'까지 했던 나이절 패라지 영국독립당 대표는 "(무책임한 약속을 한 게) 실수였던 것 같다"고까지 말했다. 보수당 내에서 탈퇴파의 대표 선수로 상당한 인기몰이를 했던 정치인들은 국민투표가 끝난 직후 데이비드 캐머런 총리에게 직을 유지해달라고 요청했다. 유럽연합 탈퇴에 성공할 경우 차기 총리로 유력하다는 평가를 받았던 보리스 존슨은 아예 보수당 내 경선에 출마조차 하지 못하는 상황에까지 내몰렸다.

정치인들의 이런 처지는 무엇을 의미하는가? 그들 스스로도 브렉시트에 대한 확신이 없었다는 것은 분명하다. 유럽연합 탈퇴라는 포지션을 강하게 선점함으로써 당장의 정치적 이익을 거두는 데에만 급급한 나머지 이후의 전망을 세우지 못한 것이다. 자기가 책임질 필요가 없을 때에야 얼마든지 달콤한 말을 쏟아낼 수 있었지만, 이제 책임의 무게를 직접 감당해야 할 순간이 오니 기존의 입장을 유지할 방법이 없다. 이전에 서술한 어휘를 통해 표현하자면, 이들은 저항에는 성공했지만 통치는 쟁취하지 못했다.

유럽 극우 정치의 운명이 이를 따르지 않으리라는 보장이 없다. 이런 분위기라면 언젠가는 극우 정치가 통치의 책임을 맡는 순간이 오고야 말 텐데, 실제로 유럽연합을 탈퇴하고 이민자 유입을 금지할 경우 경제 불안을 초래할 가능성이 크기 때문이다. 통치를 하려면 약속을 뒤집어야 하고, 저항을 이어가려면 지지자들에게 약속한 것들을 고수하면서 지금까지 일반 상식으로는 생각해내지 못한 묘수를 고안해야 한다. 이 묘수의 범위에 대규모의 전쟁이나 학살이 포함돼 있었던 게 20세기다. 그 역사를 반복할 것인지는 순전히 통치권을 손에 넣은 극우 정치인들의 '배짱'에 달려 있다.

또 하나 짚어야 할 것은 이런 상황 자체에 대한 영국인들의 반응이 무엇이냐는 거다. 미국 등의 외신이 전하는 바와 같이 영국의 브렉시트 지지자, 즉 유럽연합 탈퇴파들이 '우리가 지금 무슨 짓을 한 거지?'라며 혼란에 빠져 있는지는 의문이다. 탈퇴파들의 처지와 성향, 사안의 성격을 고려하면 이들은 오히려 언론이 무어라 말하든 신경 쓰지 않고 있을 가능성이 크다.

이들이 정치에 대한 실망감을 표현하기 위해 탈퇴를 선택한 것은 분명하지만, 그 뒤에 흐르는 정서의 정체는 쉽게 단언할 만한 게 아니다. 예를 들면 "남들이 호들갑 떠는 것만큼 그렇게 큰일은 일어나지 않는다"라는 말의 의미를 다져보자는 거다. 탈퇴를 지지한 계층이 영국의 노인들이라면 필시 그렇게 생각할 거다. 이들은 유럽연합 같은 게 없던 시대를 겪어보았고 유럽 통합과 관련한 몇 차례 중요한 논쟁의 내용들도 이미 기본적 내용을 숙지하고 있을 수밖에 없다. 오늘날 영국이 결정한 것은 경제동맹에서의 이탈일 뿐인데, 이들은 그보다도 더한 화폐동맹의 붕괴를 두 눈으로 목격했다. 1992년 조지 소로스가 영란은행을 무너뜨린 바로 그 사건 말이다.

유로존의 전신은 따지자면 유럽환율조정장치인 ERM이다. 여기에 가입한 국가들은 독일 마르크화를 기준으로 제한된 폭 내에서만 환율을 조절할 수 있었다. 1990년 이후 독일이 통일 비용을 치르느라 과도한 유동성을 공급하고 고금리를 통한 인플레 억제로 일관하자 문제가 생겼다. 불황을 견디지 못하고 일부 국가들이 ERM에서 탈퇴하는 와중에도 영국은 꿋꿋이 의리를 지켰다. 여길 버텨내야 유럽 내에서의 주도권을 독일로부터 빼앗을 수 있다고 판단한 것이다.

그러나 결과적으로 ERM 탈퇴를 예측한 조지 소로스가 파운드

화에 대한 천문학적 액수의 공매도 주문을 내면서 영국은 무릎을 꿇고 만다. 결국 영국은 ERM에서 탈퇴했고 그 결과 유로화 전환에 실패했다. 그러나 이제 와서 보면 과연 그것 때문에 무슨 큰일이 벌어졌는가? 영국 노인들이라면 브렉시트로 세상이 망한 것처럼 이야기하는 언론에 대고 "내가 겪어본 바에 의하면 별일 없다"라고 자신 있게 말할 수 있다. 그렇기 때문에 탈퇴를 주장한 정치인들이 혀가 꼬이든 말든 큰 상관이 없다. 그들은 원래부터도 그래왔기 때문이다. 유럽연합 탈퇴에 정치란 없다!

오히려 지금 패닉에 빠진 것은 고학력 젊은 층 위주의 브렉시트 반대론자들이다. 그렇잖아도 보수당 정부가 젊은 층에 대한 복지 축소로 일관한 데다 일자리 문제 등으로 미래가 보이지 않는 상황에서 금융의 단기적 실패가 눈앞에 다가오니 패닉이 일어나지 않을 수가 없다. 패닉은 결과적으로 '적'을 필요로 한다. 노인들이 자신들의 작은 이득을 위해 젊은이들의 미래를 팔아먹었다고 말하는 게 대표적이다. 오늘의 사태는 이 노인들의 이기심과 무지를 정치인들이 명분이 아닌 사익 추구에 동원한 결과이다. 이것은 '진정한 정치'가 아니다. 그렇기 때문에 '진정한 정치'를 찾아야만 한다. 이들이 과연 노동당 대표인 제러미 코빈이나 스코틀랜드독립당 정도로 만족할 수 있을지는 장담할 수 없다.

물론, 탈퇴를 주장한 쪽에서도 '진정한 정치'를 찾는 사람들이 있을 수 있다. 이 사람들이야말로 영국 극우 정치의 핵심이자 이후의 '나쁜 상황'을 주도할 중핵들이다. 믿었던 보리스 존슨과 나이

절 패러지가 사실상 그저 그런 사기꾼인 것으로 밝혀진 이상, 무슬림들을 내쫓고 유럽연합 탈퇴 협상을 마무리 지을 적임자를 다시 찾아내야만 한다. 그건 히틀러일 수도 있고 무솔리니일 수도 있는데, 이들이 실제로 통치권을 얻게 되느냐는 앞서 '영국 노인'으로 형상화해 묘사한 냉담자들이 다시 손바닥 뒤집듯 태도를 바꿔 '진정한 정치'를 찾는 데 동참하느냐 여부에 달려 있다.

표현의 자유와
정치적 올바름

위에서 돌아본 사례들의 공통점은 정치적 문제의 해법을 찾는 과정에서 우리가 종종 극우 정치의 함정에 빠진다는 것이다. 국내의 담론 구조에서 이런 사례를 찾는다면 '표현의 자유와 정치적 올바름의 충돌'이라는 구도에서부터 이야기를 시작할 필요가 있다. 한국에서 극우 정치의 그림자는 바로 이 대목에 대한 논란과 충돌에 어른거리고 있기 때문이다.

긴 설명보다 하나의 사례가 낫다. 이 논란의 대표 주자는 역시 '일베'다. 2009년 출현한 이 유머사이트는 정치적으로 민감한 주제들에 대해 보수적 입장을 가진 네티즌들이 다수 모여 있는 걸로 알려지면서 이런저런 분석의 대상이 돼왔다. 일베의 정체와 이 사이트 이용자들이 갖는 특수성에 대해서는 워낙 많이 알려진 부분이니 여기서 재론할 필요가 없을 것이다. 다만 '표현이 자유와 정치적 올바름의 충돌'이란 측면에 한정해서 이야기를 풀어보자면 말하지 않을 수 없는 게 혐오 표현의 문제다.

일베 이용자들이 사회적 지탄을 받게 된 것은 그들이 그전까지 바람직하지 않은 걸로 여겨졌던 사회적 표현을 거리낌 없이 했기 때문이다. 특정 지역, 성별, 정치적 지향에 대한 혐오를 노골적으로 표현하면서 이들이 내세운 주장은 '표현의 자유'라는 개념으로 요약할 수 있다. 자신들의 생각을 그저 표현할 뿐인데 왜 그것을 금지하고 비난하느냐는 항변이다. 이에 대한 모범 답안은 모든 표현이 윤리적으로 허용될 수 없는 것은 당연하고, 특히 소수의 약자에 대해서는 이러한 원칙을 더욱 강하게 적용할 필요가 있다는 것이다. 이는 '정치적 올바름'이라는 개념으로 표현된다. 즉, 정치적 올바름에 대한 요구는 애초에 권력관계의 반영이 전제돼 있다.

그런데 일베는 바로 여기에 반론을 제기한다. 그 정치적 올바름이 결국 우리가 일반적으로 믿는 강자와 소수의 권력관계를 호도하기 위해 오직 정파적으로만 적용된다는 게 이들의 결론이다. 이들의 도식 속에서 정치적 올바름은 그 명분에도 불구하고 오로지 주장하는 사람의 사적 이익을 보장하기 위해서만 작동한다. 정치적 지향을 기준으로 말하자면 이미 종북좌파 세력이 사회 곳곳에 침투해 있는 상황에서, 정치적 올바름은 이들에 의해 이용돼 사상적 선전 선동으로 기능한다. 성적 지향으로 말하자면 정치적 올바름은 성을 매개로 남성을 보다 효율적으로 착취하기 위한 여성들의 음모이다. 지역적으로 말하자면 정치적 올바름은 특정 지역의 전폭적 지지를 등에 업고 이미 10년 이상 '해 처먹은' 정권이 정치적 생명을 연장하기 위해 만들어낸 핑곗거리에 불과하다.

여기서도 정치에 대한 냉소적 인식을 발견할 수 있다. 정치가 내세우는 명분이란 사실 거짓이며 실제로 판단의 기준이 되는 것은 사적 이익의 추구라는 아주 전형적인 형태다. 이 인식 안에서는 정치가 사람들을 속이고, 속는 사람은 피해자가 된다. 잘났기 때문에 더 이상 속지 않는 게 아니라 지금까지 바보같이 속아왔기 때문에, 즉 자신이 피해자이기 때문에 더 이상 속지 않기로 한 거다. 그런 점에서 이들이 택하는 행동양식은 '저항'의 형식을 갖춘다.

이들의 '광우병 선동과 촛불시위 서사'는 이런 인식 체계를 매우 적나라하게 보여준다. "나도 2008년 촛불시위 때 거리로 나갔지만 광우병에 대한 좌익들의 선동이 사실과 다르다는 걸 알게 됐다. 그걸 알려준 사람들이 오늘날 일베에 함께 있다"라고 말하는 것은 결국 자신의 '속아 넘어간 경험'에 대한 정당화다. 그래서 이들이 말하는 '표현의 자유'는 시민적 권리의 이름으로서 호출되는 게 아니라 단지 거짓 선동에 속지 않을 방법론으로 등장한다. 표현의 자유가 반드시 '팩트 타령'과 엮이는 것도 이 때문이다. 거짓에는 진실, 그러니까 팩트를 수단으로 해서 맞서야 한다는 것이다.

여하간 이젠 더 이상 속지 않기로 했기 때문에 이들은 세상만사에 대한 냉소적 태도를 극단까지 유지한다. 5·18 광주민주화운동에 대한 일관된 폄훼는 그 사건이 민주주의 체제에 상징적 부채를 지우고 있다는 서사에 속지 않기 위한 것이다. 전두환이 탱크를 타고 와서 폭도들을 멋지게(?) 진압했다는 식의 세계관은 이런 태도의 정치적 결말을 보여주는 상징이다. 세상 천지에 믿을 수 있는 당위와 명분은 아무것도 없으므로 남는 것은 오로지 원초적인 형태의 힘뿐이다. 강한 자가 이기는 것이며 이긴 자가 곧 아버지요 국가권력이다.

만일 이들이 말하는 표현의 자유가 시민적 권리의 요청에 따른 것이라면 그것을 억압하는 국가가 투쟁의 상대여야 한다. 왜냐하면 이들이 집착하는 인터넷상의 표현에 대한 검열과 구체적인 처벌의 근거는 뭐가 어찌됐든 체제가 만드는 것이기 때문이다. 그러나 이들은 국가권력에 저항하지 않는다. 자신들이 보는 모든 불이익의 책임을 상대적으로 만만한 존재들에 전가한다. 왜냐하면 국가권력에 저항해봐야 이길 수도 없고, 그랬다는 사실이 과거처럼 어떤 '훈장'이 되지도 않는다는 사실을 민주 정부들의 몰락을 통해 확인했기 때문이다. 바로 이 '만만한 존재'들에 호남, 여성, 민주 정부, 더 나아간다면 이주노동자들이 포함된다.

일베식 표현이 '사회현상'이 된 것은 일베가 내세우는 '속지 말라'는 대의에 공감하는 냉소주의적 주체들이 인터넷 이용자 중에 꽤 많기 때문이다. 그렇다면 이렇게 된 이유는 무엇인가? 일베에 열광하고 이를 즐기는 세대가 '진정한 정치'를 갈구하는 시대를 거쳐왔다는 점을 떠올리면 일단의 실마리를 찾을 수 있다. 일베 이용자는 2010년을 전후한 시점에서 10대 후반에서 30대 중반 정도의 연령대, 즉 70년대 후반에서 90년대 초반 출생자에 집중되어 있을 가능성이 높다. 이들이 사회적 감수성을 키우고 정치적 자아를 형성한 시기는 민주화 운동이 결실을 맺고 거기서부터 출발한 정치권력이 정권을 운용한 시기로 볼 수 있다. 구체적으로는 문민정부, 국민의 정부, 참여정부다.

가치와 당위, 명분을 말하는 정치인이 권력자로 득세한 이 시기에 정치는 이들에게 고통만을 안겨주었던 걸로 기억된다. 정치 환경은 분명히 개선되었는데 구체적 삶의 조건은 팍팍해지기만 했다. 그게 실제로 그 정치권력들의 책임이든 아니든, 또는 구체적으로 이 정권들의 어떤 부분이 이런 문제를 야기했는지의 진실과는 별개로 어떤 사람들은 이걸 명분만 쫓다 현실에서 패배한 정치처럼 묘사했다. 정치 개혁은 성공했지만 경제 개혁은 미완으로 남았다거나, 정치 개혁에만 신경 쓰다 경제를 등한시했다는 평가들이 신문 지상에 오르내린 것도 이런 사례의 하나다.

이러한 민주 정부의 정통을 끊고 이명박 대통령과 그의 슬로건이었던 '부자 되세요'가 승리한 것은 또 다른 냉소주의의 개화처럼 비쳤다. 실제로 이명박 대통령의 반대자들이 제기한 문제는 그가 실제로 법을 어긴 일이 많은데 어떻게 남에게 법을 집행하는 행정부의 수장이 될 수 있겠느냐는 거였다. 그러나 이명박 대통령은 그가 '전과 14범'이라는 둥의 악성 선전에도 불구하고 2위 후보와 약 600만 표 차라는 전무하고 아마도 후무할 대승을 거뒀다. 대중들은 '속아 넘어가는 것을 즐기기'를 선택했다. 가치와 당위의 추구를 정체성으로 설명하는 정치 세력은 완전히 망해버린 것처럼 보였다. 이 시기를 본 사람들이 '진정한 정치는 없다'는 식의 냉소주의에 빠지지 않는 게 더 이상할 지경이다.

정치적 냉소주의의 문제를 세대론으로 완전히 치환하는 건 또 다른 편향에 빠지는 일이겠지만, 사태를 이렇게 보는 건 생각보다 중요한 대목일 수 있다. 왜냐하면 이 시기의 정치적 맥락 변화에 주목해야 일베적인 것들에 맞서는 사람들에 대한 평가도 정확히 할 수 있기 때문이다.

2012년 대선을 전후해 일베가 사회 문제가 되면서 여기에 어떻게든 조치를 취해야 한다고 생각하는 사람들의 숫자도 늘어났다. 이들은 일베가 국정원에 의해 조직적으로 관리됐다는 등의 의혹을 제기하기도 했다. 어쨌든 '일베 반대'의 핵심은 지금까지의 맥락으로 보면 가치와 당위를 추구하는 정치 풍토의 복원(?)이 돼야 하겠지만, 솔직히 말해 현실은 그렇지 않았다. 오히려 일베를 반대한다는 사람들이 선택한 것은 우파와 이에 반대하는 반우파의 구도를 반복하는 손쉽고도 효율적인 일을 다시 한번 하는 것이었다.

그렇기 때문에 여기서도 가치와 당위는 여전히 기만적인 차원에서만 추구됐다. 이런 맥락에서 일베는 그저 '상대팀'이기 때문에 이런저런 방식으로 공격받았다. 일베를 만든 대중적 에너지가 뭐고, 또 그 에너지를 추동한 배경이 무엇인지를 규명하는 것에 많은 사람들이 큰 관심을 보이지 않았다. 우리가 처한 어떤 정치적 위기가 이 상황을 초래했는지를 탐구하는 게 아니라, 일베라는 사이트를 폐쇄해야 할지 말지, 일베적 표현을 법적으로 처벌해야 할지 말지, 일베 회원으로서의 행위를 한 사람을 어떻게 괴롭힐지를 논하는 데 훨씬 더 많은 에너지를 쏟았다. 일베가 만든 문제를 이 사회가 제대로 소화하고 일베적 상황 그 자체를 해소하는 방법을 말하는 것보다는 '우리 편' 상품의 재구매 가치가 훨씬 높다는 것을 선전하는 게 더 중요하게 여겨졌다. 실제로는 체제가 감당했어야 할, 또는 정치가 포섭했어야 할 문제들에 대한 책임이 보다 약한 존재들에게 전가되고, 이게 극우 정치의 동력으로 차곡차곡 쌓여가는 현실은 방치됐다. 그래서 결국 실제로는 강자가 약자에게 책임을 돌리는, 즉 권력관계의 문제일 수밖에 없는 사회 현상들이 왜곡된 형태의 '표현의 자유와 정치적 올바름의 충돌'이라는 구도로 치환됐다. 가치와 당위를 추구하는 정치의 위상이 땅에 떨어진 상황에서는, 일베에 반대하는 사람들조차 결국 외양은 상이할지라도 본질적으로는 일베와 같은 방법을 선택할 수밖에 없었던 거다.

일베를 반대하는 사람들의 일베에 대한 이런 태도는 수많은 다른 영역에서도 똑같은 형태로 일어났다. 언론 종사자 입장에서 말할 수밖에 없는 것이 종편 문제다. 이명박 정부가 도입한 종편의 반대 논리는 애초 두 가지 결로 제기됐다. 첫 번째는 '기울어진 운동장' 형태인 언론 지형에서 사실상 모든 '족쇄'로부터 자유로운 종편은 반드시 보수 세력에 종속될 수밖에 없다는 거였다. 두 번째는 신문 권력이 방송사까지 소유해 권력을 확장하고 신문에서만

냉소 사회

가능한 편향적 관점을 방송에서 재생산하리라는 거였다. 즉, 언론 재벌이 신문과 방송을 독점하는 결과가 방송 공공성의 마지막 보루를 형해화하는 결론으로 이어지리라는 게 우려의 핵심이었다.

손석희 사장을 앵커로 내세운 JTBC를 둘러싼 논쟁이 이제 거의 정리 단계에 이르렀다는 것은 이른바 야당 지지자들이 종편 반대 논리의 두 번째 부분을 잊었거나 내다 버렸다는 사실을 깨닫게 해준다. JTBC는 편향적 관점이라는 의구심은 해소했지만 언론재벌의 신방겸영이라는 방송 공공성 훼손의 문제는 해결하지 못했다. 그럼에도 야당 지지자들이 공유했던 '종편 반대'라는 대전제는 JTBC로 인해 사라지고 마는 중이다. 한때는 록 페스티벌에 "미디어법 통과됐는데 락페 오고 이 지랄"이란 문구가 쓰인 티셔츠를 입고 오는 사람이 있을 정도였다. 10년도 안 됐는데 그야말로 격세지감이다. 일베가 지금과 똑같은 태도를 고수하면서도 보수 정권을 배신하는 정치적 선택을 하면 과연 '활용론'이 안 나오겠는가.

미러링과
정상적 존재의 추구

일베의 반대자들에 대해 말하자면 메갈리아를 언급하지 않을 수 없다. 이들이 오직 일베에만 대항하기 위해 만들어진 존재들은 아

261

5 ___ 탈출구는 무엇인가

니지만, 노골적인 남성성의 과시라는 측면에서는 인터넷이 논의의 중심이 된 상황에서 단연 일베가 맨 앞에 설 수밖에 없기 때문에 이 두 커뮤니티의 대립 구도를 상정할 수 있는 게 사실이다. 앞서 언급한 대로 일베에 대한 일반적 대항 구도는 '표현의 자유와 정치적 올바름의 충돌'이었지만 메갈리아를 위시한 일부 세력은 '표현의 자유 대 또 다른 표현의 자유' 구도를 상정했다. 한마디로 말하자면 '너는 되고 왜 난 안 되느냐'는 거다. 여기에는 여성이 사회적 약자로서 겪는 고통과 실제적 차별에 대다수 남성들이 공감하지 못하고 있으며, 이를 통해 '여성혐오'라고 부를 수 있는 차별과 대상화의 논리가 일반화된 것에 대한 분노가 크게 작용했다. 쉽게 말하면 좋은 말로 해서는 공감하질 못하니 직접 그 고통과 차별을 느끼게 해주겠다는 거다. 메갈리아 이용자들은 이를 '미러링'이라는 개념으로 포장했다. 이는 어떤 의미로든 앞서의 '표현의 자유 대 정치적 올바름'이라는 구도를 뒤흔들었고 긍정적으로든 부정적으로든 일정 정도 이상의 혼란을 초래했다.

숱한 비판에도 불구하고 이들의 미러링이란 행위가 긍정적 효과를 거둔 측면이 있다는 것은 분명한 사실이다. 첫째로는 이러한 행위가 여성들에 의해 인터넷 공간에서 어느 정도 일반화되면서 표현의 자유를 둘러싼 그간의 논의가 권력관계의 문제를 은폐했음이 드러났다는 점을 평가하지 않을 수 없다. 미러링 문제로 한바탕 떠들썩해지고 나서야 그간 '일베는 나쁜 것'이라는 공식을 외우기만 하면 됐던 일부 남성들이 '표현의 자유'란 게 과연 누구의 것이어야 하는지 고민하지 않을 수 없는 처지가 됐다. 둘째로는 미러링이라는 개념적 근거가 생긴 이후에 그간 소외됐던 여성들이 비록 인터넷에 국한된 형태일지라도 훨씬 적극적인 목소리를 낼 수 있는 환경이 조성됐다. 이는 결국 페미니즘을 요구하고 이를 고민하는 주체들의 확대를 기대할 수 있다는 점에서 고무적이다.

어떤 사람들은 메갈리아의 미러링을 일베의 호남, 여성, 민주 정부 혐오와 다를 것이 없다고 평가하지만 당연히 양자 간에는 차이가 있다. 일베의 혐오가 표현의 자유를 방패로 삼아 약자에게 체제적 파탄의 책임을 떠넘기는 것이라면 메갈리아의 미러링에는 적어도 존재적 약자가 권력 구도의 불리함을 거스르려는 시도의 하나라는 일말의 명분이 있다.

물론 세상만사가 다 그렇듯이 메갈리아의 미러링을 주도한 흐름에도 당연히 한계는 존재한다. 한계는 곧 정체성이다. 원래 한계가 없는 문제는 없다. 미러링의 한계라는 건 앞서 '세대론'의 잣대를 근거로 해서 언급한 맥락에서 크게 벗어나지 않는다. 미러링이 만병통치약이 아닌 데다 어느 날 하늘에서 뚝 떨어진 것도 아니기 때문에 시대적 한계를 고스란히 공유한다는 거다.

그 한계들은 미러링이라는 행위 역시 냉소적 인식을 앞에서 설명한 방식으로 형성된 '인터넷 문법'을 통해 표현하는 것이라는 점에서 촉발된다. 다만 이들은 '정치는 없다'는 쪽이라기보다는 '진정한 정치는 (어딘가에) 있다'고 믿는 편이다. 이런 차이는 이들이 주장하는 '진정한 정치'의 상당 부분이 아예 평가의 대상조차 되지 못해왔다는 데서 기인한다. 여러 형태로 지속되어온 페미니즘 운동에도 불구하고 공직에 성공적으로 진출한 여성은 소수이며, 조직 내부에서도 의견을 제대로 관철하는 데 어려움을 겪는다. 최초의 여성 대통령은 여성이기 때문이 아니라 독재자의 생물학적 후손이기 때문에 대통령이 됐다. 적어도 이 나라에서 여성은 권력을 스스로 만들어본 일이 없다.

만일 이들이 상정할 수 있는 '진정한 정치'가 작동해왔다면, 오랜 기간에 걸쳐 작동해온 남성 중심의 가부장적 질서는 이미 붕괴했어야 할 것이다. 그러나 이들이 느끼기에 그런 일은 일어날 기미조차 보이지 않는 게 현실이다. 그래서 허망한 명분과 당위를 말하면서 뒤에서는 남성 중심적인 사익 추구로 일관해온 정치에 속아 이용당하지 말아야 하는 거다. 기성 정치와 체제에 단지 읍소할 게 아니라 직접 나서서 압력을 가함으로써 '진정한 정치'를 쟁취해야 하며, 스스로 그럴 수 있는 주체로 거듭나기 위해 '코르셋'을 벗어야 한다. 이 서사는 '정치는 없다'로부터 시작되는 전형적인 형태에서 '기득권'이나 '기성 정치'의 개념에 '남성'을 덧붙이는 것으로 성차로 인한 권력 구도를 반영한 결과다.

미러링으로 용기를 얻어 시작된 저항이 여성 안전에 관한 문제 제기로 우선 이어진 것은 당연히 여성들이 겪는 실제적 고통의 상당 부분이 살인과 강간을 포함한 강력범죄의 문제이기 때문이기도 하지만, 정치가 실패한 상황에서 정치가 가장 먼저 해결했어야 할 문제에 대해 직접 팔을 걷어붙일 수밖에 없기 때문으로도 볼 수 있다. 메갈리아를 주도한 흐름이 내세우는 '업적'에는 화장실 등의 몰카 문제 공론화와 소라넷 폐쇄가 꼭 포함되는데, 이 두 가지는 대개 남성에 의해 여성의 안전 문제가 침해당한 대표적 사례다.

체제가 남성이 여성의 안전을 침해하지 않는 조건을 마련해야 하는데, 정치 자체가 총체적으로 실패해서든 정치가 남성의 사익 추구만을 전적으로 보장해서든, 어쨌거나 현실 정치는 이를 사실 상 포기한 것처럼 보인다는 게 문제의 발단이다. 당하는 사람 입장에선 세월호 참사를 연상할 수밖에 없다. 그 배가 가라앉을 거라고, 국가가 해상 사고의 대응에서 이토록 무능할 거라고 예상한 사람이 과연 몇 명이나 있겠는가. 이런 문제에 있어서 체제가 작동하지 않는다는 점을 경험한 이후에 '예외적 위협'은 언제 누구에게라도 일어날 수 있는 '일반적 위협'이 되었고 무차별적인 공포감을 동반하게 되었다.

여성들의 요구를 정치가 소화하기 위해서는 어떤 대책이라도 내놓아야 한다. 그런데 미봉적인 현실 정치는 이 문제가 시작된 근본적 원인인 성차로 인한 권력 격차의 완화를 시도하기보다는 이미 존재하는 '치안 담론'에 기대는 걸로 급한 불을 끄려고 한다. CCTV 설치 확대나 성범죄자에 대한 강력한 처벌 같은 대안들이 그렇다.

상황이 이렇게 되면, 치안 담론이 가져올 자유주의의 붕괴가 오히려 장기적으로 약자들에게 손해로 다가올 거라는 지적을 할 수밖에 없다. 그러나 이미 무차별적 공포를 경험하고 있는 여성들의 입장에서 이는 팔자 좋은 사람들의 '선비질'로밖에 받아들여지지 않는다. "일단 살아남아야 저항이 됐든 혁명이 됐든 할 거 아닌가" 라는 항변은 이런 측면을 잘 보여준다. 우려되는 것은 여성들이 경험하는 무차별적 공포와 무책임하게 치안 담론을 호출하는 미봉적 정치가 이런 식의 조응을 지속할 경우 결과적으로 '미러링'은 '정상적 존재의 추구'로 수렴될 가능성이 있다는 거다.

오해하지 마시라. 메갈리아로 통칭되는 일군의 네티즌들이 결국 파시스트가 될 거라는 1차원적 얘길 하는 게 아니다. 앞에서도 언급했듯 이미 일어난 현상에 정치가 어떻게 대응하느냐의 문제라는 점을 강조하고 싶은 거다. 여성주의자들이 오랫동안 문제 제기 해온 것은 '비정상적 존재의 일탈 행위'가 아니라 여성에 대한 차별과 범죄가 성차에 의한 권력의 격차라는 구조적 문제로부터 기인하고 있다는 거다. 그런데 정치의 대응은 이 문제를 비정상적 존재의 일탈행위로 규정하고, 다수의 여성들이 이를 지지할 수밖에 없게 만들고 있다.

이 과정에서 필연적으로 등장하게 될 문제는 '비정상적 존재'의 범주가 끝없이 확장되는 거다. 사실은 가부장적 질서를 공고히 하는 데 앞장서 왔으면서 스스로를 '정상적 존재'로 치장하느라 여념이 없는 남성들 역시 이 흐름에 가담할 것이다. 이 상황은 서구 사회가 몸살을 앓게 하는 극우 정치의 논리를 우리가 답습하는 결과로 이어질 수 있다. 도널드 트럼프의 사례처럼 한때는 정상적Great 이었던 사회를 기만적으로 회고하며 이를 정치에 반영하거나, 브렉시트처럼 비정상적 존재(이슬람과 결탁한 유럽연합)와의 절연과 분

냉소 사회

리를 통해 자신의 정상성(유럽성)을 회복하려는 여러 시도들은 결국 우리 사회를 파국으로 이끌 것이다. 이런 흐름은 이미 소라넷 논란에서 이상성욕자들에 대한 비난의 확대로, 강남역 살인 사건에서 조현병 환자들에 대한 편견의 확대로, 또 섬마을 여교사 성폭행 사건에서 '미개한 시골'에 대한 공포심의 증폭으로 나타난 바 있다. 그리고 이 흐름의 배후에는 모두 정치의 미봉적 대응이라는 공통 요소가 포함돼 있다.

우리가 이런 인식에 동의할 수 있다면 극우 정치의 함정을 피해가기 위해 결국 어떤 이상적 정치를 다시 복원할 필요가 있다는 결론에 이르게 된다. 이상적 정치의 복원을 위해 필요한 것은 정확한 현실 인식이다. 정확한 현실 인식이란 실제 대중이 놓여 있는 상태, 즉 '사실'을 분명히 하는 것과 이를 올바로 '해석'하는 것이 동시에 이뤄질 때 가능하다. 결국 이는 과거 우리가 말했던 이데올로기 비판의 문제인 셈이다.

냉소주의의 문법

여기까지 오면 지금까지 표현된 사례들에서 볼 수 있는 냉소주의를 좀 더 일반화해 어떤 '문법'으로 정리할 수도 있을 것 같다. 우리 사회를 휘감고 있는 냉소주의의 문법에서 보이는 가장 중요한 특징은 언제나 상대 주장의 내용이 아니라, 그의 '진정성'을 확인하려 든다는 것이다. 이것은 냉소주의적 현실 인식에서 모두가 나를 속이려 들기 때문이고, 소비주의적 관점에서는 감쪽같이 속아 넘어가는 건 무능하고 열등한 것이며 패배한 것이기 때문으로 볼 수 있다. 따라서 상대가 과연 나를 속이려는 것인지 아닌지를 먼저 판단해야 상대의 주장에 대한 나 자신의 태도를 정할 수 있다. 상대의 주장은 나를 속이는 게 아닐 때에만, 즉 나에게 일부러 손해를 끼치려고 시도하는 게 아닐 때에만 이해와 수용의 대상이 된다.

그렇다면 이런 '진정성'은 어떻게 확인할 수 있는가? 그건 상대의 주장을 다시 그 자신에게 돌려줬을 때 그 자신이 수용할 수 있는가를 묻는 것이다. 예를 들면 앞서 설명한 '재구매 의사 있음'의 문제가 그렇다. 이런저런 논리를 동원해 이 상품을 구매해야 할 필요를 주장했더라도 그건 믿을 수 없고, 오직 손해의 위험을 감수하고 이 상품을 다음에 또 살 의향이 있는지만 묻는다는 것이다. 상품평은 오로지 '재구매 의사'가 있다고 할 때만 믿을 수 있다.

아니면 범죄자의 인권을 논하는 사람에게 "당신의 부모나 자식이 당했다고 생각해보라"라고 반박하는 걸 떠올려보자. 이 사람의 입장에서 범죄자의 인권을 옹호하는 사람은 세상 물정을 모르는 철부지이거나 범죄자에게 감정이입을 하는 잠재적 범죄자일 것이다. 이 사람에게 '범죄자의 인권'이란 한가한 사람들이 말하는 헛소리며 아무 의미가 없다.

냉소 사회

그러나 부모나 자식이 범죄의 피해자가 됐을 경우 누구도 이성적으로 판단할 수 없기 때문에 우리는 이런 문제의 책임을 물을 때 대개 당사자를 배제한다. 이성과 합리에 기반해 따져야 할 당위의 문제를 이해관계와 손익의 문제로 접근하면 올바른 결론을 내릴 수 없다는 건 아주 당연한 얘기다.

그러나 수많은 인터넷 논쟁에서 이런 식의 '진정성 확인 절차'가 이뤄지는 걸 우리는 쉽게 관찰할 수 있다. 이런 과정에서 '남의 자유를 억압하는 것만 빼고 모든 것을 허용하라'는 자유주의의 명제는 협소화된다. 왜냐하면 모두의 자유를 보장하라는 주장이 왜 제기되는 것인지, 그건 누구를 위한 것인지, 나에게도 등가로 적용이 되는 것인지 확신할 수가 없기 때문이다. 이제 앞의 이야기는 이렇게 바꿔야 한다. '나의 자유를 억압하는 것을 일단 금지하고, 나머지는 다음에 논하자.'

어쨌든 이렇게 진정성을 확인해야 한다는 것은 어떤 원칙 또는 약속을 누구에게 어떻게 적용할 것인가, 또는 어떻게 지키게 할 것인가의 문제로 확장된다. 원칙을 적용하자는 건 누군가가 하고 싶은 일을 하는 것을 자제해야 한다는 이야기가 된다. 그러나 대다수의 사람들은 자기가 하고 싶은 일을 포기하려 하지 않고, 원칙에 동의한 사람이라 해도 종종 이를 어길 수밖에 없는 게 현실이다. 최대한 원칙을 지키기 위해 우리는 여러 불편함을 감수하고 모순과 직면해야만 한다.

따라서 불편을 감수하고라도 원칙을 지키기로 마음먹은 냉소주의자는 반드시 이를 주장한 다른 사람들 역시 자기처럼 원칙을 지키는지를 감시하게 된다. '나만 손해 볼 수는 없다', '나만 속을 수는 없다'는 것이다. 만일 누군가 이 원칙을 훼손하고 있다는 사실이 밝혀진다면, 그는 비관용의 대상이다. 이제 냉소주의자는 자신이 지키는 원칙을 비관용의 대상에 대해서만 적용하지 않거나, 아니면 원칙 자체를 폐기하는, 둘 중 하나의 선택을 하게 된다.

이 과정에서 발견할 수 있는 것은 '눈에는 눈, 이에는 이'라는 함무라비 법전식 해결 방법이다. 내가 원칙을 지키면 너도 원칙을 지켜야 하고, 네가 원칙을 어기면 나도 원칙을 어길 수 있다. 어떤 경우에는 법전의 한도를 넘기도 한다. 사실 함무라비 법전의 정확한 의미는 '눈에는 눈만, 이에는 이만'으로 요약하는 게 올바를 거다. 어쨌든 그 당시의 사회상에 비추어 볼 때 복수의 한도를 제한하기 위해 법전이 만들어진 측면이 있을 것이기 때문이다. 상대가 자신의 눈을 다치게 했다면 이에 대한 복수는 상대의 눈을 다치게 하는 걸로 끝내야지 완전히 생명을 끊어서는 안 된다는 거다.

그러나 오늘날 원칙을 지키지 않은 상대 또는 약속을 어긴 상대, 다시 말하자면 '나'를 속인 상대에 대한 무차별적 또는 무제한적 공격이 자행되는 광경 역시 쉽게 볼 수 있다. 이른바 '네티즌 수사대'를 자처하는 사이버 자경단들이 상대가 무엇을 했든지에 관계없이 사실상의 온갖 테러를 감행하는 것이 대표적이다. 이것은 상대 역시 나의 잘못에 비례해 복수하지 않고 무차별적인 또는 무제한적인 복수를 감행한다고 여기기 때문일 거다. '눈에는 눈, 이에는 이'가 아니라 '무차별적 복수에는 무차별적 복수'인 셈이다. 이 '무차별적 복수'는 스스로를 피해자로 정체화한 사람에게는 '무차별적 공포'로 다가온다. 어떤 사람이 스스로를 피해자로 규정하는 것은 결국 어떤 권력관계에서 스스로가 하위에 놓여 있는 걸로 인식한다는 말도 된다. 이런 경우 이 원칙을 다시 고쳐보자면 '무차별적 공포에는 무차별적 복수'라고 말할 수 있다.

이제 응용을 해볼 차례다. 냉소주의의 세계에서 이를테면 표현의 자유란 무엇인가? 앞서도 언급했듯 표현의 자유는 어떤 시민적 권리의 이름이다. 누구도 부당한 권력의 횡포 때문에 표현하고 싶은 것을 표현할 수 없게 돼서는 안 된다는 거다. 그런데 단지 이런 규정을 현실에 적용하는 것도 쉬운 일은 아니다. '부당함'이란 구체적으로 무엇인지, '권력'이란 또 무엇이고 사안마다 권력관계에서의 강자는 누구인지, 어떤 행위가 '횡포'인지를 판단하고 합의하는 게 복잡한 현대 사회에선 날이 갈수록 어려운 일이 돼가고 있기 때문이다.

원론이라면 이 모든 의문을 이성과 합리에 기초한 토론을 통해 공동체의 규칙을 만들어나가는 기회로 만들어야겠지만, 냉소주의는 그런 모범적 관념에 기초한 당위를 거부하기 때문에 결국 표현의 자유는 핵심 쟁점에 대한 '판단 중지'의 결과인 피장파장의 규칙에 의해서만 작동한다. 즉, 남이 누리는 자유는 나도 누려야 한다는 거다. 일베가 '왜 쥐박이는 되는데 노알라는 안 되나'라고 묻는 게 대표적이다. 만일 일베의 이 항의성 질문에 어떤 방식으로든 반론을 하면 진정성에 의문이 제기되고 일베는 속아 넘어갈 뻔한 피해자가 되어 '무차별적 복수'가 작동한다. 이는 거꾸로 된 방식으로도 작동한다. 이 경우는 '네가 내 표현의 자유를 억압하니 나도 네 표현의 자유를 박탈한다'는 논리다. 만일 이 논리에 반대하면 또다시 무차별적 복수가 작동한다.

냉소주의의 문법으로 '정치적 올바름'을 표현해본다면 어떨까? 정치적 올바름이란 결국 내가 하고 싶은 대로만 할 수는 없다는 사실을 인정하는 것이다. 우리는 사회적으로 다양한 권력 구도가 형성되는 시대에 살고 있고, 이 과정에서 나의 일상적 표현 때문에 부당한 권력 구도가 고착화되는 경우가 많기 때문이다. 물론 우리는 스스로를 객관화할 수 있는 능력을 갖추고 있으나 일상의 모든 순간에서 객관적인 태도를 유지하는 건 불가능하다. 그 때문에 정치적 올바름이라는 사회적 규칙이 필요하다. 즉, 정치적 올바름 역시 권력관계의 문제다.

물론 여기서도 앞서 표현의 자유에 제기되는 의문이 모두 똑같이 등장한다. 그래서 이게 사회적 권력관계의 문제라는 사실은 슬그머니 제거된다. 내가 손해를 감수했기 때문에, 남도 손해를 감수해야 한다. 그래서 정치적 올바름의 문제에서는 '나는 정치적 올바름을 지키는데, 왜 너는 지키지 않느냐', 또는 '네가 정치적 올바름을 지키지 않는데, 내가 왜 지켜야 하느냐'는 항의가 제기되는 게 일반적이다. 스스로 점잖은 신사를 자처하는 남성들이 메갈리아의 미러링에 대해 '배려를 해줄 필요가 없는 대상'으로 규정하고 무차별적 복수를 감행하는 게 대표적이다.

지금까지의 언급에서 '무차별적 복수'라고 한 것은 사실 '혐오'의 기제로 볼 수도 있다. 물론 혐오의 본래적 의미는 원초적인 감정에 대한 것이지만 냉소주의의 문법을 따르는 현대에 사회적 의미로서 작동하는 혐오는 권력 구도에 기반해 다분히 계산적이고 기만적으로 작동한다. 냉소적 문법에서의 혐오는 위에서 언급했듯 '내가 지키는 원칙을 스스로는 지키지 않으면서 나에게 여전히 원칙을 강요하는 존재', 즉 '나에게 손해를 강요하는 존재' 또는 '나를 속이려 하는 존재'에 대한 '나의 무차별적 복수'로부터 시작된다.

어떤 측면에서 이는 '부당한 권력 구도'의 전복 시도로 표현될 때도 있다. 물론 이들이 전제하는 '부당한 권력 구도'는 진실일 때도 있고 거짓일 때도 있다. 그러나 여기서 그 권력 구도가 진실이냐 아니냐는 중요하지 않다. 왜냐면 그 권력 구도는 거짓말쟁이 또는 세상 물정 모르는 사람들의 고담준론에 의한 정치적 기준이 아닌, '나'라는 주관적 인식이 결정하기 때문이다. '부당한 권력 구도에 의해 피해를 본 나'는 '피해자'로 스스로를 규정한다. '나'는 어쨌든 부당하게 손해를 보고 있다. 이런 논리로 어떤 사람들은 언제 어떤 경우에도 억울한 '피해자'를 자처할 수 있다.

문제는 이 권력 구도 안에서 냉소주의 문법이 또다시 작동한다는 거다. 상대에 대해 무차별적 복수를 감행한 내가 또다시 무차별적 복수의 대상이 되어서는 안 된다. 진정성 확인의 논리에 의해 내가 남에게 적용한 원칙은 나 자신에게도 적용되어야 하기 때문이다. 여기서 '내가 남에게 적용한 원칙'이란 '내가 지키는 원칙을 안 지키는 너는 비관용의 대상'이라는 원칙이다. 이런 이중 삼중의 인식 속에서 만일 내가 남에게 강제한 원칙을 나 스스로가 지키지 않는다면 내가 무차별적 복수의 대상이 되는 걸 받아들여야만 한다. 그러지 않으려면 나는 관용의 대상이어야만 한다. 뒤집어 말하자면 나는 비관용의 대상이 아니고, 또 한 번 다시 말하자면 나는 혐오의 대상과 같은 존재가 아니다. '나는 네가 아니다.' '우리 사람은 되지 못해도 짐승은 되지 말자.'

이 논리를 완전히 고착화하는 건 열등감의 경험이다. 앞 장에서 계속 논했듯이 체제는 그야말로 끝이 없는 경쟁을 유도하고 있고, 그 와중에 단계마다 탈락하는 '나'에게 반복적으로 해결되지 않는 열등감을 체험하도록 굴욕을 강요하고 있다. '나'는 열등감의 논리 속에서 자존감을 되찾기 위해 열등한 존재를 짓밟고 올라서야만 한다. 실제로 한국 사회의 무한 경쟁을 통한 효율성 추구의 전통은 경쟁에서 도태된 사람을 위한 어떤 배려도 하지 않는다. 즉, 이 체제 안에서 열등하면 죽는다. '나'는 한국에서 한국인으로 키워지는 와중에 이 논리를 내면화했다. 그러면 '열등하면 죽는다'는 건 '열등한 존재는 죽어야만 한다'가 된다. 냉소주의 문법의 무차별적 복수는 이런 방식으로 열등감의 논리와 만나 혐오의 수단이 되고 있다.

만일 앞서 설명한 논리에서 관용의 대상 속에 포함되는 걸 '내'가 포기했다면 어떻게 해야 할까? 이런 경우 '나'의 정체성은 나를 속이고 나에게 부당한 손해를 강요하는 거짓말쟁이를 이기지 못한

'패배자'이다. 열등감의 논리대로라면 패배자는 무차별적 복수에 의해 죽어야 한다. 냉소주의의 문법으로 말하자면 '나'는 내가 무차별적 복수의 대상이라는 걸 인정하면서, 동시에 곧 도래할 무차별적 복수에 대한 또 다른 무차별적 복수를 꿈꾼다. 그래서 세상에 공평한 것은 오로지 '죽창'의 '너도 한 방, 나도 한 방'뿐인 것이다.

열등의식과의 화해

이러한 일련의 과정은 단 몇 문장으로 요약할 수 있다. 자본주의가 촉발한 무한 경쟁과 인터넷의 발달로 인한 빠른 속도의 감정 교환은 우리가 일상에서 열등감과 결별할 수 없는 조건을 형성했다. 대중의 열등의식은 이를 극복하기 위한 여러 시도의 과정에서 냉소를 키우는 계기를 맞게 되었고, 동시에 이는 소비주의적 행동양식의 일반화를 초래했다. 냉소주의와 이를 통한 소비적 세태는 정치에도 영향을 미쳐 진지한 의미로서의 진보 정치 성장을 저해하고 있다.

우리가 이런 진창을 근본적 차원에서 빠져나가기 위해서는 열등감, 냉소주의, 소비주의라는 세 가지 차원에서의 화해가 필요하다. 이것이 '극복'이나 '파괴'가 아니라 '화해'가 될 수밖에 없는 것은 우리 자신과 정치가 이 세 가지 부정적 개념들로부터 자유롭지 않고 완전히 결별할 수도 없기 때문이다. 이러한 정신들로부터 완전히 자유로워지는 것은 이미 모순이 타파된 사회에서나 가능할 것이다. 그러니 어쨌든 우리는 현재에 존재하는 이 개념들을 인정할 수밖에 없고, 그러한 현실 안에서 무언가 새로운 모색을 해볼 수밖에 없는 거다. 그리고 이 새로운 모색은 동시에 열등감, 냉소주의, 소비주의가 실재하지 않으면 시도하지 못할 일이기도 할 것이다.

그렇다면 우선 열등감과 어떻게 화해할 것인가? 앞서 언급했듯 우리는 일평생 사는 동안 열등감을 강요당하며, 이것에서 벗어날 수 없는 가련한 처지에 놓여 있다. 이에 대한 자본주의의 모범 답안은 '열등감을 극복하자'이다. 이것은 보통 누구에게나 한 가지쯤은 잘난 점이 있다거나 우리 자신은 살아 있는 것 자체로 소중한 존재라는 식의 결론으로 나아가기 마련이다. 전자는 일종의 능력주의로 해석할 수 있고 후자는 '얼굴 찌푸리지 말라'는 식의 종교적 수사와 가까운 걸로 볼 수 있다. 오늘날 냉소주의가 세계를 지배하는 세태에서 후자의 논리는 보통 '정신 승리'라는 반발을 불러일으킨다. 어쨌든 자본주의가 강요하는 열등감 극복의 과정은 스스로가 열등하지 않으면 체제가 그에 상응하는 보상을 해주며 그러면 살아남을 수 있다는 게 핵심이다.

그런데 이런 식의 해법은 또 다른 열등감과 능력주의를 유발하기 때문에 근본적 해결책이 되지 못한다. 이를테면 '열등감을 극복하자'는 슬로건 아래서는 열등감을 극복하지 못하는 사람이 열등하다. '잘난 것 하나'도 갖지 못한 사람이거나 '깨달음'을 얻지 못하는 못난 사람이다. 그리고 우리가 겪고 있는 무한 경쟁의 체제를 고려하면, 이렇게 열등감을 극복하지 못한 사람은 살아남을 수가 없다. 이는 더 길게 설명할 것도 없이 높은 청년 실업률과 자살률이라는 실제 수치로 확인된다. 그러한 구조 안에서 우리는 열등감을 극복하려다 오히려 열등감을 만나는 악무한에서 빠져나갈 수 없다.

대다수의 현명한 사람들이 선택하는 열등의식의 극복 방법은 경쟁에서 실제로 남을 이기도록 노력하는 것이다. 열등감에 물든 사회에서 사람들은 남을 이기기 위한 효율성을 끝도 없이 고안해내는 데 자신의 모든 열정을 투입한다. 물론 이러한 시도가 늘 성공하는 것은 아니다. 그렇기에 내가 이기지 못할 경우에는 승리자를 깎아내려야 한다. 사람들이 감행하는 남에 대한 매도의 강도는 날이 갈수록 점점 더 높아지고 있다. 이는 앞에서 묘사한 바대로 인터넷 공간에서의 문화적 변화만 봐도 알 수 있다. 인터넷으로 대표되는 네트워크의 세상은 예의와 존중의 공간에서 자포자기의 정서가 표출되는 공간으로의 변모를 거쳐 이제는 끝도 없는 혐오와 적대가 전시되는 공간으로 자리매김했다.

경쟁에서 진 존재에 대한 조소와 이기지 못한 상대를 깎아내리는 질투는 대개 그들을 어떤 '비정상'으로 지목하거나, 부당하고 공정하지 않은 방식을 통해 승리를 거둔 존재로 격하하는 것으로 표현된다. 그리고 앞서 말했듯 극단적 시장주의의 첨단을 달리는 한국 자본주의 체제 안에서 진 사람과 부당하게 이긴 사람은 모두 없어져야 할 대상이다. 2000년대 초반에만 해도 스스로를 패배자나 실패자의 지위에 놓고 '막장'들의 공간을 만들어 나름대로의 일탈을 통한 유희를 즐기던 청춘들은 이제 열등한 존재는 죽음을 피할 수 없다는 논리를 내면화해 "죽창으로 사이좋게 너도 한 방 나도 한 방 찌르자"는 이야기까지 하고 있다. 우리가 서로 죽창으로 찔러 죽여야 하는 이유는 앞에서 강조한 것처럼 우리 모두가 패배자이고 결코 승리자가 될 수 없기 때문이다.

이런 방식의 열등의식 발현은 결국 '만인의 만인에 대한 인정 투쟁'으로 귀결된다. 내가 실제로 이겼든지 말든지 최소한 남에게 '승리자'로 인정받거나 그게 아니면 억울하게 승리를 박탈당한 '피해자'로 취급돼야 한다. 이런 자해적인 자기규정의 연속을 중단시키기 위해서는 두 가지 조건이 충족돼야 한다. 하나는 경쟁에서 배제될 경우 패배자는 사실상의 '죽음'을 택할 수밖에 없는 사회 구조를 변화시키는 것이다. 경쟁에서 패배해도 다시 기회를 얻을 수 있고, 실패가 늘 교정될 수 있다는 걸 사회의 구성 원리로 체험할 수 있다면, 우리는 굳이 목숨 걸고 나를 높이거나 남을 깎아내리지 않아도 된다.

이런 조건을 만들기 위해 또 필요한 것은 각 사회 주체들이 서로를 짓밟고 올라서는 게 아니라 할 수 있는 데서부터 각자의 연대를 모색하는 것이다. 이를 통해서만 우리는 서로의 처지를 이해할 수 있고 사회구조를 변화시키기 위해 힘을 모을 조건을 만들 수 있다.

냉소 사회

사회를 변화시키기 위해서는 단지 각자의 이익을 걸고 목소리를 내는 것뿐만이 아닌, 사회에 대한 총체적 인식을 함께 만들고 공유하는 게 필요하다. 이를 위해서는 각자가 어느 조건에서 어떤 문제로 싸우고 있는지, 그 싸움이 나의 처지와는 어떤 관계를 맺고 있고 공동의 승리를 위해 필요한 것은 무엇인지를 우리가 사고할 수 있어야 한다.

물론 우리는 '연대투쟁'의 중요성을 늘 강조해왔다. 그러나 우리가 지속적으로 확인하는 바는 사람들에게 "연대해서 싸워야 합니다"라고 외치는 것만으로는 부족하다는 거다. 당연한 주장을 그저 제기하는 걸로 문제가 해결되지 않는다는 건 이미 우리가 수백 번도 더 겪은 일이다. 특히 이 문제에 한정해서 말하자면, 연대해서 싸워 이기는 것보다 나 하나라도 살아남는 게 더 가능성이 높고 효과도 좋다. 오히려 남의 문제 해결을 위해 쓸데없이 나섰다가 나만 손해를 보는 경우가 나날이 늘어가고 있다.

우리의 주장이 세상에 만연한 냉소와 기만, 불신의 장애물을 넘어 상대방의 인식에까지 닿으려면 단지 주장이 아니라 그것을 실현할 수 있는 '기술'이 반드시 필요하다. 설득을 위한 대화 기술이나 사교성, 친화력의 중요성 따위를 강조하려는 게 아니다. 여기서의 '기술'이란 사회적 차원에서 명확하게 이해관계를 달리하는 여러 집단에게 한정된 자원을 효과적으로 분배하기 위한 합의의 모색을 말한다. 그리고 이건 사실 사전적 의미에서 '정치'의 자기규정이다. 즉, 오늘날 우리의 공간에서 '정치'가 작동하지 않으면 열등감의 만연이 불러오는 극단적 문제들은 해소되지 않는다.

이런 교훈은 노동조합운동에서도 찾을 수 있다. 노동조합운동은 1987년을 전후해 급격히 성장하기 시작했는데, 여기서 가장 큰 위력을 발휘한 것은 노동자들이 정치사회적 문제를 고민하지 않고 자신들의 처지 개선에만 집중하는 '경제주의'다. 노동자들의 경제주의적 투쟁은 오로지 임금 인상과 사내 복지의 확대만을 목표로 진행됐다. 이 과정에서 계급의식을 형성해야 했던 노동자들은 그러기는커녕 오히려 파편화돼서 각자의 안위만을 생각하게 됐다.

노동운동 세력은 애초에 '전투적 노동조합주의'를 내세워 경제주의 문제의 극복을 우회하려 했다. 즉, 노동운동이 직면한 문제의 해결책을 말하면서 "더 가열찬 투쟁이 필요하다"고 주장한 것이다. 오늘날 '전노협 정신'을 말하는 사람들이 쉽게 회고하는 게 바로 이 부분이다. 문제는 전투적 노동조합주의가 말하자면 미봉적 대책에 가깝다는 거다. 목표를 이루기 위해 방향을 바꿔야 할 문제를 방향은 그대로 둔 채 정도만 달리하는 정도로 타협하는 건 과거 노동운동에서 쉽게 볼 수 있는 광경이다.

노동자들이 경제주의에 매몰된 것은 싸우는 게 싫어서가 아니다. 만일 현안이 경제주의로 풀 수 있는 문제라면, 그러니까 사측이 임금 인상과 사내 복지의 확충을 결사적으로 반대하고 있다면 노동자들은 얼마든지 급진화될 수 있다. 그러나 현안이 사업장 내에 머물지 않는 것이라면, 그러니까 정부를 상대로 제도 개선 등을 요구해 전체 노동자들이 처해 있는 근본적 노동조건을 바꿔야 하

냉소 사회

는 것이라면 얘기가 다르다. 예를 들면 다수 불안정 노동자들의 처지에 영향을 미칠 최저임금 인상 투쟁에 대형 산별노조의 조합원들은 별로 관심을 갖지 않는다. 한때 노동운동은 '비정규직 철폐'라는 구호를 그야말로 입에 달고 살았지만 정규직 노동운동이 오히려 비정규직 노동운동을 탄압하는 일이 문제된 것은 한두 해 얘기가 아니다.

시간이 흐르면서 노동운동 세력이 전투적 조합주의를 넘어서는, 좀 더 구체적인 비전과 계획을 내놓게 된 것은 그래서 분명한 발전이었다. 기업의 울타리를 넘어 개별 산업의 측면에서 문제 해결을 위한 힘을 모을 수 있는 산별노조 전환과 의회정치에 개입이 가능한 통로를 만드는 노동자 정치 세력화가 주요 쟁점이 된 게 대표적이다. 산별노조 전환은 실질적으로 노동계급의식을 형성하는 기폭제가 될 수 있었고, 노동자 정치 세력화는 정치화된 노동운동이 다른 운동들과의 수평적 연대를 통해 새로운 통치의 논리를 만드는 도구의 발명으로 이어질 수 있었다. 물론 모든 일이 계획대로 되는 것은 아니다. 실패의 원인과 그간의 과정에 대한 평가는 백가쟁명을 할 일이나 어쨌든 앞의 두 가지 프로젝트는 오늘날 모두 실패했다고밖에는 평가할 수 없게 됐다. 이는 진보 정치의 실패와도 밀접한 관계를 갖고 있다.

최근 전통적인 운동권의 스타일에서 자유로운 시위와 투쟁이 많아지고 있다. 2000년대를 전후해 나타난 '순수한 시민'이란 프레임이 대표적이다. 2002년 미군 장갑차에 의한 여중생 사망 사건은 현대적 의미의 촛불시위가 벌어진 기원이 되었다. 시위를 주도한 사람들은 이 행사가 전형적인 '운동권 시위'처럼 되는 것을 경계했다. 이들이 주장한 시위의 형태는 무조건 운동권이 시위를 주도해선 안 된다기보다는 새로운 대중의 출현에 맞는 시위 방식을 택해야 한다는 거였다. 이는 이 시위의 형태를 광장에서의 민주적 토론과 같은 것으로 만들었다. 이 과정에서 운동권들은 습관처럼 자신들의 조직 이름을 표기한 '깃발'을 높이 들어 올렸는데, '순수한 시민'들은 자신들이 운동권에 이용당하고 있다고 생각한 나머지 "깃발 내려"란 구호를 외치며 이에 저항했다. 이런 양상은 2008년 광우병 촛불시위에서도 거의 동일하게 나타났다.

이런 분위기는 마치 기성 사회운동이 진화된 대중을 따라가지 못하는 것처럼 보이게 했다. 이는 이른바 운동권의 숫자가 심각한 수준까지 줄어들었고 조직은 허약해졌으며 사회에 미치는 영향력은 사실상 없는 것이나 마찬가지인 현실의 반영일 수밖에 없다. 과거 운동권은 사람들이 서로 연대해야 한다는 당위를 강조하면서, 학습하는 공간에 늘 영향력을 미쳤다. 가장 대표적으로 볼 수 있는 게 학생운동이다. 그 공과에 대한 평가는 명확해야겠지만 적어도 노선에 근거한 학생운동 연대체 또는 학생 정치조직은 일상의 투쟁 과정을 정치화하는 존재로 스스로를 규정했다. 학생들이 일상적으로 부딪치는 학내 문제들은 대개 이들의 역할을 통해 사회적 의미를 가지게 됐다. 이들 덕분에 노동자로 따지면 경제주의적 투쟁으로 귀결될 수 있었던 문제들이 대학생들에게는 사회의식 형성

냉소 사회

의 계기가 될 수 있었던 거다.

이렇게 보면 '새로운 시위'는 사실상 정치로부터 고립된 대중의 상태를 반영하는 결론을 내릴 수 있다. 뒤집어 보면 '새로운 시위'에 주도적으로 참여하는 사람들은 사실 자신들이 정치에 기댈 데가 없음을 잘 알고 있다는 얘기가 된다. 이들에게 정치화된 사회운동이 붕괴한 상태에서 연대와 소통, 서로에 대한 이해는 목표 달성에 방해가 될 뿐만 아니라 실패를 반복하는 길일 뿐이다. 실제로 통합진보당 해산과 기득권의 무분별한 종북 낙인찍기에 진보 정치가 굴복한 이후 이런 경향은 더욱 심화됐다.

그러나 어쨌든 무엇이라도 시작하기 위해서는 이 상황을 어떻게든 돌려놓아야 한다. 방법은 정치가 신뢰를 회복하고 최소한의 문제 해결 수단으로 작동하는 길뿐이다. '정치가 여러분을 부자로 만들어 준다'는 게 아니라, 정치라는 수단을 선택할 때만 우리 모두가 열등한 존재가 아닌 사회를 만들 수 있다는 걸 설득해야 한다는 거다. 이 문제는 열등하지 않은 사람들이 아니라 오직 열등한 사람들이 정치의 전면에 나설 때에야 해결할 수 있다. 즉, 우리는 체제의 논리로 보았을 때 열등한 존재이기 때문에 오히려 세상을 바꿀 힘을 가질 수 있다. 물론 지금까지 길게 설명했듯, 이 과정의 가장 큰 걸림돌은 만연한 정치적 냉소주의다.

냉소주의와의
화해

도대체 냉소주의를 어떻게 피해 갈 것인가, 이 물음의 답을 찾아내는 것은 어렵다. 왜냐하면 냉소주의적 주체는 논리적 완결성과 당위를 냉소하기 때문에 어떤 주장을 어떻게 제기하든 이를 성공적으로 무력화하기 때문이다. 냉소주의적 주체는 남이 지적하는 문제의 모든 해결책을 부정할 수 있다. 심지어 이 해결책들이 서로 이율배반적인 성격을 갖는 것들에 대해서도 모두 반대 논리를 내세울 수 있다. 이 책에서 수차례 언급한 '진정한 무엇은 없다'와 '진정한 무엇은 있다' 사이를 냉소주의자들이 끝없이 오가는 것도 그들 자신이 가진 이런 특징이 작용하기 때문이다.

냉소주의 때문에 망하는 것은 당위와 명분의 정치다. 이득과 손해의 정치는 오히려 냉소주의의 덕을 본다. 이런 세태에서 유권자들이 뜬구름 잡는 소리만 하는 정치인보다 자기 집 앞에 도로 포장이라도 해준다고 말하는 정치인에게 더 끌릴 수밖에 없는 건 당연하다. 이렇게 말하면 오늘날 다수 대중의 정치의식이 오로지 이익만을 좇는 것 같지만 또 그렇지만은 않은 점이 있는 것도 사실이다. 어떤 경우엔 사람들이 마치 진실한 어떤 가치를 좇는 것처럼 행동한다. 굳이 말하자면 사람들은 우리 같은 호사가들이 체념을 하면 '의외의 선택'을 했고, 기대를 하면 실망을 줬다. '민심은 천심'이라는 말은 대중의 이런 성향을 잘 나타낸다. 이 표현은 "민심을 외면하지 말고 잘 따르라"고 말하고 싶을 때 보통 쓴다. 그런데 천심이란 물론 여기서 말하는 것처럼 '반드시 따라야 하는 것'을 말하기도 하지만, 영문을 모르겠는 것에 대한 얘기도 된다. 즉, '민심은 천심'이라고 할 때의 '민심'은 무조건 따라야 하는 것이기도 하지만 동시에 왜 그런 형태가 되었는지 정치인이 도저히 이해하지 못하는 것이기도 하다. 하늘이 내게 왜 이런 고통을 주는지 도대체 누가 알겠는가? 그래서 '하늘의 뜻'에는 늘 해석이 뒤따른다. 우리는 '민심'을 해석해야 한다.

지방의 한 노동조합을 예로 드는 게 좋을 것 같다. 그 노동조합 안에는 노사 협력적인 어용 노조가 아닌 민주적이고 자주적인 노동조합운동 노선을 추구하는 사람들이 다수였다. 보통 이런 경우는 민주노총 소속이다. 투쟁의 최전선에 있던 이들은 전국적 수준의 노동운동 전선으로부터 고립된 이후 어느 날부터 노사협조주의로 일관하더니 결국은 민주노총에서 제명돼버렸다. 이 사건은 노동운동가들에게는 그야말로 뼈아픈 트라우마였다. 그런데 그로부터 10년 이상의 세월이 지난 어느 날, 다시 '강경파' 노선의 집행부가 들어섰다. 복합적인 위기를 앞에 두고 조합원들이 그간 외면해온 쪽의 손을 다시 들어준 것이다. 이 글을 쓰는 시점에서 이 노조는 이제 다시 민주노총 재가입을 추진하고 있다.

실제 현장의 내부에 들어가 본다면 상황은 다를 수 있겠지만, 서울의 노동운동가들은 이 사건에 오히려 당황했다. 이 노조뿐만이 아니라 그간 노동조합의 활동이 저조했었던 다른 사업장들에도 '강경파' 노선의 집행부가 들어서자 의구심은 더 커졌다. 노동운동 가들이 떠올린 생각은 자신들이 노선적 정당성을 매개로 조합원들을 이끌고 있는 게 아니라, 조합원들이 필요에 따라 강경파나 온건 파를 실리적으로 선택할 뿐이라는 거였다. 그러니까 결국 이들이 생각하기에 조합원들은 노동운동이 '무엇을 하겠다'고 말하는 것을 애초에 신뢰하지 않는다. 누가 더 잘 싸울 거냐, 또는 잘 협상할 거냐의 문제다. 그러니 상층의 노동운동가들이 무슨 노선을 놓고 치고받으며 싸우는 건 다 헛일이다. 한마디로 노동운동의 노선은 여기서 냉소의 대상이다.

진보 정당도 이와 똑같은 문제에 빠져 있다. 어느 순간의 정치 효과로 의외의 지지를 받기도 하지만, 예기치 않은 정국의 변화로 이렇게 얻은 지지는 순식간에 무너져 내린다. 이렇게 되는 이유는 진보 정당이 내세우는 노선을 애초에 유권자가 믿지 않거나 여기에 관심을 가지지 않기 때문이다. 진보 정치는 오직 기성 정치에 대한 안티테제로 여겨질 뿐이다. 이제는 진보 정치 스스로도 자기 자신을 이렇게 규정한다.

즉, 대중의 이런 반응을 진보 정치가 돌파하지 못하는 건 진보 정치 스스로도 노선을 믿지 않기 때문이다. 오늘날 관성화된 진보 정치는 제대로 대중의 상태를 살피고 이를 정치에 반영하기 위해 노선을 업데이트하는 일에 매우 게으르다. 과거의 제한된 경험이나 파편화된 묵은 지식들만을 현실에 적용하려 애를 써보지만 잘

냉소 사회

되지 않고 스스로도 이게 된다고 믿지 않는다. 그러다 보니 대중과 유리된 형태로 자기만족적인 활동만을 반복하고 그러다 문제에 부딪힐 경우도 제대로 대안을 모색하기보다는 이미 제출된 몇 가지 선택지 중 하나를 골라 그저 대중이 알아주길 기다린다. 그러나 진보 정치의 이런 상태를 대중이 모를 거라고 생각하면 오산이다.

　냉소주의를 돌파하기 위해서는 냉소를 받아들이고 인정하는 게 우선이다. 왜냐하면 대중이 갖는 냉소주의는 하늘에서 뚝 떨어진 근거 없는 정치혐오로만 이루어진 게 아니기 때문이다. 군이 표현하자면 대중이 갖는 냉소주의의 서사는 믿었던 존재로부터 배신당하거나 이용된 경험으로 점철돼 있다. 실제 배신이라는 사건이 일어났는지는 사실 중요치 않다. 왜냐하면 우리는 이 서사의 존재 자체가 당위와 명분을 말하는 정치가 잘못된 결과라는 걸 이미 알고 있기 때문이다. 만일 당위와 명분을 말하는 정치가 제대로 작동했다면 그게 그에게 있어서 참이든 거짓이든 이런 서사는 존재하지 않았을 거다.

　그렇기 때문에 정치적 냉소주의를 선택한 사람에게 냉소주의의 한계와 위험성을 말하는 건 대개 별 소용이 없다. 그는 이미 그런 식으로 말하는 자들에게 보기 좋게 속아왔다고 생각하기 때문이다. 정치가 냉소주의자에게 할 수 있는 유일한 말은 그의 냉소적 현실 인식이 실은 옳다고 말하는 것이다. 이렇게 할 수밖에 없는 것은 우리 자신과 우리의 정치가 냉소주의의 본질로부터 자유롭지 않기 때문이다. 오히려 정치는 오늘의 냉소주의를 만든 진원지이며 냉소주의적 현실 인식을 기반으로 확장되고 있다.

물론 우리가 여기서 이 이야기를 중단하는 것은 당연히 문제의 해결 방법이 아니다. 냉소주의자의 냉소를 긍정했다면 이제 필요한 것은 책으로 따지면 다음 장으로 넘어가는 것, 즉 영원히 현재의 상태를 유지하기 위해 맴도는 냉소주의자의 인식을 어떻게든 좀 더 앞쪽으로 옮겨놓는 것이다. 즉, 그의 냉소적 현실 인식이 옳다는 것을 전제하고서도 그 이후의 이야기를 이어갈 수 있어야 한다.

말은 쉬우나 결코 현실에서 쉽게 할 수 있는 일이 아니다. 일종의 대화법에 비유해보자. 냉소주의라는 강을 건너면 '진정한 무엇 같은 건 없다'와 '진정한 무엇은 어딘가에 있다'라는 두 갈래의 갈림길이 나온다. 그런데 정치적 냉소주의를 극복하려 하는 우리에게 '진정한 무엇 같은 것은 없다'고 말하는 건 대안이 아니다. 그 답변은 지금의 상황을 유지하는 길로 이어지기 때문이다. 따라서 우리는 냉소주의의 논리를 재전유하여 '진정한 무엇은 어딘가에 있다'라고 말해야 한다. 냉소주의자는 이 답변에 이어지는 결론을 이미 갖고 있다. 그 결론은 "'진정한 무엇은 어딘가에 있다'는 것은 다시 말하자면 '지금 여기에는 없다는 것'이 아니겠냐"는 것이다. 여기서 우리의 대답은 다시 앞으로 돌아간다. '(당신의 말대로) 지금 여기에는 없지만, 진정한 무엇은 어딘가에 분명히 있다.' 똑같은 것을 끝까지 우기라는 얘기가 아니니 오해하지 말기 바란다. 말장난 같지만 이걸 계속 되풀이해야 세계 자체에 대한 근본 인식에 가까워질 수 있다. 이런 수단을 통해서 끝없이 문제의 본질로부터 멀

냉소 사회

어지려고 하는 냉소의 흐름을 거슬러 올라가야 한다.

〈킥 애스〉라는 영화 시리즈를 예로 들어보겠다. 동명의 만화를 원작으로 하는 이 시리즈는 세상을 더 낫게 만드는 데 기여하기 위해 가면을 쓴 '슈퍼 히어로'를 자처하는 사람들을 소재로 한다. 이들의 활약은 곧 실제 현실에서의 문제에 부딪치게 된다. 가면을 쓴 용사들은 정의감에 도취돼 마치 컴퓨터 게임을 하듯 자신의 원래 신분을 감추고 거리로 나가 자경단원이 되어 범죄와 싸우려 하지만, 그 대가는 가상이 아닌 현실적 차원에서 치러야 하기 마련이다. 실제로 자칭 슈퍼 히어로들은 본인이 몸을 다치거나, 소중한 사람을 잃게 된다. 이들의 활약이 진짜 악당들이 영웅들에 대항하는 '슈퍼 빌런'을 자처하며 범죄를 저지르는 난리통의 원인이 되기도 한다.

이런 사태에 대해 기성세대 또는 기득권이 이들에게 하는 말은 가면 따위는 벗고 현실로 돌아오라는 것이다. 즉, '진정한 영웅'은 없다는 진실을 깨닫고 '영웅이 없는' 바로 이 현실로 복귀하기를 강요하는 거다. 그런데 〈킥 애스〉의 주인공들은 이를 거부한다. 인터넷과 현실 세계라는 분리된 정체성 간의 갈등에서 '진정한 자아'를 인터넷에서 찾는 우리의 모습과 겹치는 대목이다. 이들이 현실로 복귀할 수 있는 건 영웅 대 악당이라는 전형적 구도가 그들의 내적 논리로서 해소되고 난 이후다. 이때 가면을 쓴 영웅들은 기성세대의 조언처럼 소시민으로 돌아가는 게 아니라 오히려 영웅으로서의 정체성은 유지한 채 슈퍼 히어로라는 외피를 버리는 쪽을 택해야 한다.

이를 통해 '진정한 영웅'은 그게 가면을 쓴 형태든 그저 소시민의 형태든 현실에 명백히 존재할 수 있게 된다. 그들은 여전히 세상을 더 좋게 만들기 위해 노력한다. 과거에는 세상을 좋게 만들기 위해 가면이 필요했지만, 이제는 아니다. 그렇다면 진정한 영웅으로서 세상을 더 나은 곳으로 바꾸기 위해 지금부터 이들이 해야 할 일은 무엇인가? 당위와 명분을 말하는 정치가 힘을 얻게 되는 것은 바로 이 시점부터다.

그렇기 때문에 당위와 명분을 말하는 정치는 적어도 세계에 대한 총체적 이해와 계획을 갖고 있어야 한다. 여기서 총체적 이해와 계획이라는 것은 앞의 표현으로 말하자면 '통치'다. 통치에 대한 비전이 없으면 냉소주의자와의 이 끝없는 문답을 계속할 수 없다. 영원히 반복되는 문답 속에서 언젠가는 '진정한 무엇은 지금 여기 없다'는 질문에 답할 수 없는 순간에 직면하게 될 것이기 때문이다.

무슨 헛소리인가 싶다면, 크로스핏이라는 운동의 예를 들어보면 어떨까 한다. 크로스핏이 내세우는 당위와 명분은 운동을 제대로 된 방식으로 하자는 것이다. 만일 그저 운동을 하자고 하면 냉소주의자들은 '진정한 운동은 없다'는 논리를 꺼내 들 것이다. 운동을 한다는 것은 근육을 키우거나 다이어트를 하기 위해서인데, 이는 남에게 돈을 벌어다 주기만 할 뿐이며 꾸준히 하지 않으면 몸이 다시 원상태로 돌아갈 뿐이라는 식의 주장이다. 이에 대해 과거의 체육관 경영인들은 새로운 운동기구를 도입한다거나, 종류가 다른 운동을 결합해 이를 새로운 '상품'으로 포장한다거나, 아니면 아예 외모가 뛰어난 트레이너나 회원을 유치하는 '미봉적 대책'으로 응하려 했다.

그런데 크로스핏은 냉소주의자의 반론을 긍정하면서도 '진정한 운동은 어디엔가 있다'라고 답한다. 기존의 이른바 '헬스'라는 운동 방식은 외모를 가꾸기 위한 방법론으로 이뤄져 있지만, 크로스핏은 이런 건 말하자면 '가짜 운동'이고, 운동 능력을 향상시키는 데 집중하는 게 '진정한 운동'이라고 주장한다. 여기서 운동 능력이란 더 빨리 달리고, 더 오래 매달리고, 더 무거운 것을 들 수 있는 능력을 말한다. 체중 감량과 근육의 발달을 통한 멋진 몸매 형성은 이 과정에서 부수적으로 딸려 오는 것에 불과하지 처음부터 목표로 할 것이 아니다. 오히려 멋진 몸매를 만들기 위한 특정 근육의 편중된 발달은 이른바 '코어 근육'이라고 하는 기본 근육들에 해가 된다.

냉소주의자에게 이 주장을 납득시키기 위해서는 크로스핏이라는 운동 형태가 가진 특징이 실제로 운동 능력을 향상시킨다는 게 증명돼야 한다. 운동 능력의 향상이라는 것은 물론 실제 경험해보는 게 가장 분명한 근거가 될 테지만 냉소주의자는 실제 경험하지 않을 것이기 때문에 여기에는 이론이 필요하다. 즉, 인간 근육의 생김새, 인체 구조, 각 근육들의 상호작용과 메커니즘, 그리고 이것과 각 운동 동작 간의 상관관계에 대한 명확하고도 깊은 이해가 있어야 냉소주의자의 '영원한 문답'에 대답할 수 있다. 실제로 크로스핏 운동은 스포츠재활의학 등과 교류하며 이런 방면에서 지식의 깊이를 추구해 지속적인 발전을 이뤄왔다.

오해하지 마시라. 여기서 말하고자 하는 것은 크로스핏 사업이 얼마나 대단한 성공 가능성을 지녔는지가 아니다. 또 냉소주의를 극복하기 위해 우리가 크로스핏이라는 운동을 해야 한다는 얘기도 아니다. 크로스핏이 본래적으로 진보적 성향을 갖추고 있다는 얘기도 아니다. 오히려 크로스핏은 성장과 발전이라는 담론의 중심을 사회적인 것에서 개인의 육체로 옮겨감으로써 보수주의에 호소하는 결론으로 이어질 수도 있다. 내가 말하고자 하는 것은 크로스핏 그 자체가 아니라 크로스핏 스스로가 자신을 규정하는 방식을 하나의 예로서 보자는 거다. 즉, 크로스핏은 피트니스 전반에 제기되는 냉소주의자의 의문을 인정하고 받아들이면서 이에 대한 새로운 대답을 제출하고 쟁점을 제기하는 방식으로 자기 자신의 정체성을 확립해온 것이다.

이 얘기가 모든 준비를 끝낸 사람만이 정치를 말할 자격이 있다는 걸로 받아들여질지도 모르겠다. 그러나 세계와 체제에 대한 모든 이론적 지식을 갖춘 완벽한 사람만이 이러한 어려운 과업을 할 수 있다는 개념은 예를 들면 스탈린주의자의 생각에 가까운 걸로 볼 수 있다. 스탈린주의에서 세계에 대한 총체적 인식은 그들이 나름대로 해석한 마르크스와 레닌에 의해 이미 완성되어 있고, 스탈린주의 국가의 관료는 오로지 교과서에 존재하는 공식의 정합성을 반복해서 증명하려 들 뿐이다.

그러나 세계와 체제에 대한 완벽한 이론적 지식이란 존재하지도 않고 존재할 수도 없다. 현실사회주의의 파탄은 이를 실천적으로 증명했다. 소련을 위시한 국가사회주의자들은 분명 완벽한 사회 이론을 가졌다고 선전했는데, 실제로는 사회에 대하여 별반 아는 것이 없었다는 게 만천하에 드러났다. 만일 이들이 자기 이론을 현실과의 끝없는 교류 속에서 바꾸고 발전시켜 나갔더라면, 그리고 이를 다시 자신들이 창조한 체제에 반영했더라면 현실사회주의의 실패는 그렇게 파탄적인 모습이 되지 않았을지도 모른다. 그러나 스탈린주의의 오만은 사회주의를 거의 범죄와 같은 수준에서 궤멸시킴으로써 유토피아를 상상하는 시도 자체를 불경한 것으로 만드는 데 한몫했다.

　만일 우리가 사회주의자라면, 사회주의의 이런 불행한 현실을 인정하는 것 자체가 냉소주의자의 냉소적 인식을 인정하고 그의 논리를 재전유하는 첫 걸음이 될 수 있다. 현실에 존재하는 냉소를 인정하며 책장을 끝없이 넘기는 과정은 오히려 교과서를 새로 써 가는 것에 가깝다. 그리고 이를 통해 각자가 만들 교과서 중에는 완전히 같은 내용의 책이 단 하나도 없을 것이다. 그렇기 때문에 정치는 오히려 완벽하지 않은 사람들이 말하기 시작해야 하고, 또 끊임없는 실패를 반복해야 한다. 그러한 실패의 퇴적 속에서, 다시 냉소의 논리를 재전유하는 대답을 시작하는 결단을 내리는 것으로 우리의 만신창이가 된 정치는 단 반 발자국이라도 전진할 수 있기 때문이다. 즉, 이렇게 만들어질 교과서의 결론이 중요한 게 아니다. 우리의 답 없는 문답과 정치가 대중의 인식이 체제의 근본에 가 닿도록 하는 매개가 돼야 한다는 점이 중요하다. 이렇게 할 때에만 우리는 저항의 논리로 통치를 쟁취하는 데 성공할 수 있다.

소비주의와의 화해

우리가 목표를 달성하기 위해서는 정치의 작동을 가로막는 또 하나의 요인인 소비주의의 문제를 해결해야 한다. 소비주의는 아마도 앞서 논한 열등감과 냉소주의의 원인인 동시에 결과물이고 또 수단일 것이다. 소비주의의 전형적 형식은 자신을 소비자의 위치에 놓고 모든 것을 자본주의의 구매 논리로 평가하는 것이다. 소비자에게는 세상의 모든 일이 사거나 또 사지 않거나이다. 이들에게는 정치 역시도 그런 문제일 것이다. '손님은 왕'이라는 표현은 소비자의 거의 모든 것을 표현하고 있다. 이는 보통 소비자의 모든 요구를 판매자가 성실하게 들어줘야 한다는 의미의 경구로 받아들여지지만, '손님은 왕'이라고 할 때의 '왕'은 단 한 명뿐이어야 한다는 것 역시 핵심이다.

그런데 현실적으로 소비자는 단 한 명뿐일 수 없다. 우리가 생산자와 소비자를 직접 연결하지 않는 대량생산 체제에 살고 있다는 점은 이런 사실을 더욱 분명하게 만든다. 그래서 소비자는 판매자에게 모든 손님을 왕으로 대해줄 것을 요구한다. 모든 손님을 왕으로 대한다는 것은 손님 간의 차별을 하지 않는다는 말이다. 여기서 탄생하는 것은 기이한 자기중심적 평등주의다. 그렇기 때문에 소비주의는 앞에서 살펴봤듯 기만적 방식의 저항 도구로서 활용된다. 소비주의가 기만적 저항을 하나의 전형으로 만든다는 것은, 다시 말하자면 저항이 소비화된다는 것이다. 소비가 저항을 대체하는 시대는 모든 문제의 정치적 맥락을 제거해 대안 모색을 불가능하게 만들고 있다.

이 상황은 어떻게 극복해야 할까? 단순히 말하자면 소비자적 정체성을 가진 유권자들이 정치에 직접 참여하는 걸로 문제를 해결할 수 있다. 그런데 현실의 문제는 이렇게 단순하지 않거니와, 이렇게 정치 참여를 가까스로 만들어냈다 해도 정국의 변화에 따라다시 소비자적 태도로 돌아가는 것에 속수무책이었다는 게 지금까지의 경험이다. 애초에 '정치 참여' 자체가 소비자로서의 자기 인식을 극복하는 과정으로서나 가능하다는 것도 문제다.

결국 소비자라는 정체성을 버리는 게 지속적인 효과를 갖기 위해서는 소비자를 자처하는 사람들에게 판매자가 아닌 생산자의 존재에 대해 생각하도록 만들어야 한다. 소비자가 이기적인 자기중심적 평등주의를 고수할 수 있는 것은 생산 과정을 단지 상품을 기준으로만 상상하기 때문일 것이다. 예를 들자면 소비자로서의 우리는 상품을 대할 때 가격과 품질 이외에는 생각하지 않는다. 이 맥락에서 생산자는 오직 가격과 품질에 대한 책임을 지는 존재다. 최근 일부 식료품에 생산자의 이름이 찍혀서 나오는 것은 소비주의적 관점에서 이와 같은 생산자의 위치를 반영한 것이다.

그러나 엄밀한 의미에서 생산자란 도대체 무엇인가? 식료품에 찍혀 있는 이름의 주인이 실제로 생산에 얼마나 관여했는지 우리는 확인할 수 없다. 상품의 포장재에서 찾아볼 수 있는 또 다른 책임 소재의 주인공은 기업인데, 이를테면 삼성전자나 현대자동차와 같은 낱말들은 말 그대로 그저 어떤 집단의 이름일 뿐이다. 대량생산을 기반으로 한 자본주의 체제에서 실제 상품의 생산 과정에 가장 직접적으로 관여하는 것은 기업에 고용된 노동자들이다.

그런데 이 노동자들은 분업화를 필두로 한 자본주의적 생산 체계의 특징 덕분에 생산물로부터 소외된다. 이는 마르크스의 규정인데, 단순하게 말하자면 자본주의의 모순이라는 게 여기서부터 노정된다. 현대 사회에 비추어 보자면 일부 특수한 경우를 제외하고 소비자의 대립항으로서의 생산자란 존재하지 않으며, 그 자리에는 온갖 복잡한 정치사회적 문제가 도사리고 있을 뿐이란 얘기다. 그러므로 진정한 의미에서 소비자의 권리는 이 복잡한 정치사회적 문제를 스스로 직면하고 이의 해결을 모색할 때에야 완전히 보장 가능하다. 그리고 자본주의 논리의 '화신'인 소비자가 이러한 문제와 직면할 수 있는 유일한 경로는 노동자로서의 자기 자신을 자각하는 것이다.

사실 소비자를 노동자로 만들자, 그러니까 계급론에 기초한 정치의식을 조성하자는 것은 진보 정치와 노동운동의 오래된 목표이다. 한국의 경우 1980년대부터 2000년대 초반까지는 이게 그럭저럭 성공한 듯 보이는 측면도 있었다. 노동조합은 폭발적인 노동자들의 투쟁에 힘입어 1996년 민주노총이라는 새로운 '내셔널 센터'로서의 노동조합 연맹을 만들고 사회적 지위를 획득했다. 진보 정치는 다년간의 방황 끝에 합법 정당을 만드는 데 성공했고 2004년 열 명의 국회의원을 배출하는 영광을 누렸다.

그런데 어느 순간부터 기성의 전략은 한국 사회의 변화를 따라가지 못하게 되었고 특히 1997년 외환위기 이후 온 사회를 파편화시킨 자본의 새로운 전략, 즉 신자유주의 개혁 조치에 일방적으로 밀리고 패배하는 비극을 벗어나지 못하는 신세가 됐다. 이 과정에서 진보 정치와 노동운동은 갈팡질팡했다. 매일매일의 새로운 생존게임에서 질서 없는 패배만을 반복했다. 자기들끼리 싸우고 분열하면서도 뼈를 깎는 혁신을 이루지 못했다. 앞에서도 여러 차례 지적했지만 이제 진보 정치와 노동운동은 죽을 날만 기다리는, 혹은 곧 죽게 된다는 사실을 애써 외면하는 무기력한 사형수의 모습을 떠올리게 한다.

이 난관을 벗어나야 한다. 만일 우리가 어차피 세상은 변하지 않는다는 비관론에서 조금이라도 벗어나야 한다는 공감대를 가질 수 있다면, 소비자 정체성을 노동자의 것으로 전화하는 일이 일상에서부터 시작돼야 한다는 사실을 인정할 수밖에 없다. 노동자로서의 정체성은 실제 스스로가 노동을 할 때 가장 극적으로 부각되고,

297

노동자가 집으로 돌아가 고독한 순간을 맞게 되는 순간 사실상 사라진다. 그렇기 때문에 진지한 운동가라면 이 노동자가 자신의 작업장을 벗어난 이후의 시간대에 노동자의 정체성을 상기하고 유지하도록 할 방법이 무엇인가를 고민할 수밖에 없다. 전통적 방식은 노동계급의 정치가 어떻게든 언론과 텔레비전을 장악하기 위해 노력하는 것이었지만, 앞서 언급한 대로 기존의 그러한 전략은 파탄 지경을 맞이했다. 따라서 새로운 전략은 상층이 아니라 하층에 기반하는 것이고, 중앙 정치가 아닌 지역 정치에 뿌리를 내리는 형태가 되어야 할 것이다.

새로운(사실 뒤에 말하겠지만 이게 새로운 전략은 아니다) 전략이 이런 형태를 띨 수밖에 없는 것은 노동계급의 정체성이 더 이상 '노동자'라는 하나의 표현으로만 한정되지 않기 때문이다. 전통적인 의미의 노동계급은 이제 정규직 노동자와 비정규직 노동자로 명확하게 구분돼 있다. 비정규직 노동자도 그 안에서 여러 고용 형태에 따라 무기계약직, 기간제, 간접고용, 특수고용노동자 등으로 다시 분절화된다. 노동시장에서 탈락한 사람들은 수시로 자영업자의 대열에 합류한다. 컴퓨터 프로그래머의 마지막 직업이 '치킨집 사장'이라는 식의 인터넷에 만연한 자조가 이를 반영한다. 정규직 노동자들도 숙련 노동자와 비숙련 노동자 간의 차별적 대우를 내면화하고 있다. 연봉 계약과 성과급제, 임금피크제 등이 구체적인 사례다.

소비자가 노동자가 되려면 이들을 분절된 정체성을 하나로 묶어

냉소 사회

야 하는데, 전통적인 의미의 사업장 내 노동조합 활동만으로는 역시 어렵다. 이를 극복하기 위한 노동운동의 전략은 앞서 언급한 산별노조로 조직의 형태를 바꾸고 산업별 집단 교섭을 추진하는 것이었다. 기업별노조는 소산별노조로, 소산별노조는 다시 대산별노조로의 전환이 지금도 시도되고 있다. 그러나 당면한 모순을 해결하려는 첫 시도를 하기 위해서는 산별노조의 지역화라는 과제도 여기에 추가될 필요가 있다. 같은 지역에 사는 어떤 형태의 노동자라도 이 산별노조의 조합원이 될 수 있다. 지역화된 산별노조가 개별 노동자들이 직면한 문제를 공동으로 풀어갈 수 있는 정책적 기반과 조직적 틀을 제공하는 모델이라면 어떨까?

물론 노동조합의 힘은 교섭력에서 나오기 때문에 지역화된 산별노조가 자체 동력으로 움직이기는 한계가 있다. 지역에 기반한 노동조합으로 볼 수 있는 이른바 일반노조 등이 편의점 아르바이트 등 소규모 기업에 소속된 노동자나 각 지자체가 권한을 행사하는 공공기관의 노동자들 외에 영향력을 발휘하지 못하는 것은 이런 모순을 그대로 반영한다. 그래서 오히려 대형 산별노조의 지역본부가 교섭과는 별개의 역할을 자임해야 하는데, 이런 모델이 작동하려면 특정한 정치적 지향이 작용해야 한다는 건 분명한 사실이다. 그래서 지역화된 산별노조는 진보 정치와 만나야 하고, 또 지역에 존재하는 여러 시민사회단체들과도 교류할 수 있어야 한다.

사실 지금까지 '새로운 전략'으로 표현한 이런 문제들은 이미 10여 년 전부터 진보 정치와 노동운동 일각이 주장해온 것이다. 이들이 노동조합, 진보 정치, 시민사회단체 등이 만날 수 있는 공간을 만들자는 취지로 제기한 게 이른바 '민중의 집' 운동이다. 민중의 집이란 유럽 일부 국가에서 전통적인 사회 공동체의 산물로서 존재했던 것인데, 시민단체나 노동조합, 사회민주주의 정당 등이 같은 공간을 쓰면서 일상적인 활동과 고민을 공유하는 형태로 운영되었다. 따라서 어떤 의미에서 이런 공간들은 계급의식을 배양하는 하나의 장이 되었다.

이런 사회에서 민중의 집은 자연스럽게 존재하게 된 것이지만, 자본주의와 노동조합이 '이식'의 형태로 들어온 한국에는 이런 형식의 공동체가 존재하지 않는다. 없으니 만들자는 게 한국에서 민중의 집 운동을 주장한 사람들의 애초 계획이다. 한국의 민중의 집 운동은 여러 지역에서 다양한 형태로 추진되고 있는데 아직 충분한 힘을 발휘하지는 못하고 있다. 무엇을 해냈고 무엇을 못 했는지에 대한 엄정한 평가가 필요하겠지만, 적어도 이런 시도가 계속되고 있다는 것 자체는 긍정적인 일이다.

비슷한 취지의 문제의식으로 진행되는 또 다른 사업들도 있다. 이른바 협동조합이니 하는 것들이 그렇다. 협동조합이라고 불리는 조직에도 굉장히 여러 갈래가 있으니 뭉뚱그려서 말할 것이 아니다. 이 중에는 그저 일반 기업과 소유 구조만 달리하는 조직체도 있을 정도다. 이런 사례는 한국의 재벌과 같은 형태나 주식회사와 같은 자본주의적 형태의 기업마저도 성장의 한계를 체감하고 있으니 새로운 조직 형태를 도입해야 하지 않겠느냐는 문제의식으로

냉소 사회

표현할 수 있을 것 같다. 오늘날 심지어 기성 정치권마저 '사회적 경제'를 언급하며 협동조합 모델을 말하는 것은 협동조합운동의 이러한 넓은 스펙트럼 덕분일 것이다.

어쨌거나 이러한 협동조합운동의 여러 한계에도 불구하고 주목할 점이 있다면 이 운동이 소비자로서 우리의 정체성을 파훼하는 기회를 제공할 수 있다는 점이다. 대표적인 성공 사례로 드는 스페인 몬드라곤 그룹의 경우를 들여다보면 이해하기 쉽다. 몬드라곤 그룹의 특징은 협동조합이 지역과 거의 일체화되는 것으로부터 시작됐다는 거다. 수십 명의 마을 주민들이 돈을 모아 노동자생산협동조합을 만든 데서 유래한 이 운동은 주민에게 노동자로서의 정체성을 갖도록 하고 생산 과정에 자주적으로 참여하도록 함으로써 지역공동체를 형성하는 원리를 유지해왔다. 대형화된 이후에는 초기의 운영 원리를 상실하고 있다는 비판을 받기도 하지만, 어쨌든 하나의 대안적 모델을 만드는 데 영감을 줄 수 있는 사례임은 분명하다.

협동조합과 지역이 결합한 사례의 대표 격을 말하자면 이탈리아의 볼로냐 시도 빼놓을 수 없다. 이 도시는 '협동조합의 천국'으로 불릴 정도인데, 그야말로 다양한 협동조합들이 지역사회를 지탱하는 중요한 역할을 떠맡고 있다. 생필품 공급이나 문화생활, 식사, 육아와 같은 일상에서부터 금융 서비스나 주택의 건설까지 협동조합 활동을 하는 것만으로 해결할 수 있다. 적어도 이 도시에 사는 주민들은 소비자적 정체성을 다른 것으로 대체할 매우 다양한 기회를 얻고 있는 셈이다.

이런 사례들을 거론한 걸 민중의 집 운동이나 협동조합 운동 자체에 대한 찬양, 또는 중앙 정치와 결별한 지역 운동만이 살 길이라는 이야기로 읽지 말았으면 한다. 요즘은 지역 정치를 말하면 정치색이 거의 완전히 탈색된, 그야말로 지역에 관련된 일만을 다루는 정치를 떠올리거나 오로지 선거를 대비해 지역 주민을 조직하는 사업에 관심을 갖는 형태의 정치를 상상하는 게 대부분이다. 그러나 이런 식의 지역 정치는 오히려 애초의 문제의식을 호도한다는 점에서 큰 도움이 되지 않는다.

그러나 무엇보다도 중요한 것은 앞서 언급한 운동들을 관통하는 하나의 함의를 발견하는 것이다. 적어도 이러한 운동들은 결정적 한계를 갖고 있긴 하지만 체제가 강요하는 공동체의 파편화를 일정 부분 거슬러 사회를 재조직화하는 효과를 거둔 게 분명하다. 그러니까 종합해서 말하자면 소비자적 정체성은 사회가 파편화된 결과이므로, 세상을 더 나은 곳으로 만들고 싶은 사람들은 사회를 재조직할 수 있는 전략을 세우고 행동에 나서야 한다는 것이다. 결국 사회를 재조직하는 과정은 정치의 개입에 의해 공적 영역 회복으로 이어지는 단초를 제공하게 될 것이다. 공적 영역의 회복은 설사 저항의 정치가 통치에 실패하더라도 다시 시작할 수 있는 최소한의 정치적 유산과 맥락을 보존해줄 것이다. 솔직히 말해 우리의 정치는 결국 실패하고야 말겠지만, 그 실패는 정치의 집단적 구매 거부를 촉발하는 게 아니라, 다시 새로운 정치가 시작되는 것으로 이

냉소 사회

어져야 한다. 그리고 그 정치의 방향은 적어도 이 세상을 좀 더 낫게 만드는 쪽을 향해야 한다.

정치적 냉소가 지배한 박근혜 정권

이제 결론을 내리기 위해 우리가 발을 딛고 선 시대를 돌아봐야 할 것 같다. 2012년 대선의 결과로 등장한 박근혜 정권은 정치적 냉소주의가 정치를 집어삼켰을 때 벌어지는 파국이 어떤 것인지를 너무나 명확하게 보여주고 있다. 정치적 냉소는 박근혜 정권의 시작과 끝을 모두 지배했고, 정치는 그 결과 자기 이익을 주장하고 손해에 항의하는 것 이상의 의미를 갖지 못하는 것으로 전락했다.

박근혜 정권이 공약 차원에서 내세운 것들은 정치에 대해 말하는 걸 업으로 삼은 사람이라면 누구나 따로 자료를 참고하지 않아도 나열할 수 있을 것이다. 민주 정부 10년과 이명박 정부 5년을 지나오며 사회 갈등이 심화되었으므로 이를 치유할 수 있는 '100퍼센트 대한민국'을 만들어야 한다. 사회 양극화가 심해진 만큼 경제 주체들 간의 권력을 재조정하는 경제 민주화와 생애주기별 맞춤형 복지 정책을 추진해야 한다. 전임 보수 정권이 남북관계에서 전혀 진전을 이루지 못했기 때문에 이제는 한반도 신뢰 프로

세스 등 대북 유화책이 필요하다. 제왕적 대통령제의 폐해가 국가 통치에 부정적 영향을 미쳤으므로 책임총리제와 책임장관제를 도입해야 한다. 지난 정권들에서 산업구조 고도화의 일환으로 추진된 금융화 정책은 2008년 금융위기를 반면교사로 삼아 고부가가치 제조업 및 지식 기반 산업을 중심으로 하는 창조경제 패러다임으로 변화되어야 한다.

박근혜 정권은 출범 1년이 채 지나기도 전에 자신들이 내놓은 대부분의 공약을 무효화했다. 경제 민주화는 일부 중도적인 경제 정책을 말로만 시도해보는 정도에서 끝냈고 생애주기별 맞춤형 복지 정책은 기초연금 후퇴 논란 속에서 "어차피 공약을 다 지킬 수는 없다", "이기기 위해 무리한 공약을 남발하기도 하는 게 선거다"라는 식의 냉소적 변명의 대상이 됐다. 책임총리제나 책임장관제는 청와대가 고위 공무원 인사권을 모두 틀어쥔 상황에서 소리 소문 없이 사라졌고 창조경제는 실제 구체적 내용이 무엇인지 모르겠다는 의문 속에서 표류에 표류를 거듭했다. 남북 관계 개선은 '친중 논란'까지 자초하며 나름의 노력을 기울였으나 북한붕괴론에 대한 기대 속에서 북한의 4차 핵실험을 막지 못해 파탄으로 끝났다.

박근혜 정권은 애초에 목표했던 것들을 이루지 못했고 목표 외의 성과도 얻은 게 없다는 점에서 명백하게 실패했다. 더욱 큰 문제는 박근혜 정권의 실패가 권력을 실제로 휘두른 이의 냉소적 정치 인식에서 비롯된 것으로 보인다는 거다. 박근혜 정권이 위기를 맞이할 때마다 비슷한 대응을 해 같은 논란에 반복해서 휘말렸다는 점은 이런 문제를 분명하게 보여준다.

특히 세월호 참사를 둘러싸고 벌어진 논란들은 박근혜 정권의 이러한 성격을 여실히 드러낸다. 그렇게 많은 학생들이 변을 당했고, 이 원인이 제도적 허점에 있음이 드러났다면 정권은 그야말로 특단의 조치를 통해 이 문제를 바로잡기 위해 나라를 완전히 뒤엎어야 할 것이다. 그러나 박근혜 정권이 한 일이라곤 해경 해체나 국민안전처 및 인사혁신처의 설치와 같은 보여주기식 대책밖에 없었다. 대통령은 공무원들의 안이한 대처를 꾸짖고 기득권을 뒤흔들 대안을 내놓기는커녕 카메라 앞에서 눈물을 흘리는 작위적인 연출에 적극 참여하는 걸로 사실상 모든 대응을 종결했다. 문제를 해결하려 한 게 아니라 정치적 리스크를 최소화하는 데만 골몰한 것이다.

우리는 바로 여기서 권력의 냉소적 정서를 발견할 수 있다. 근본적 대책이라는 것은 문제를 인식하고 인정하기 어려운 우리 자신의 실패를 직면할 때에야 마련할 수 있는 것이다. 그러나 대통령은 문제와 실패를 '어쩔 수 없는 것'으로 치부했다. 세월호 사고는 "교통사고에 불과하다" 같은 말은 이런 인식 속에서 나왔다. 즉, '진정한 대책'이라는 건 애초에 없으니 통치의 생명 연장이라도 모색하기 위해 어떻게 잘 넘어가는 방법을 마련하자는 거다.

이런 식의 정치 인식은 그해 말의 청와대 문건 유출 사건에서도 드러났다. 청와대 내부에서 '비선 권력'의 존재를 언급하고 이에 대한 우려를 표한 문건이 생산됐고, 이게 대통령의 친인척과 비선 권력의 대립 구도까지 이어졌으며, 급기야 이 문건이 유출돼 더 큰 혼란이 발생했다는 게 언론을 통해 보도된 이 사건의 내용이다. 만일 대통령에게 이 사건에 대한 근본적 차원의 문제의식이 있었다면 고질적인 비선 권력에 대한 의구심을 없앨 방안을 마련했어야 했다. 자신이 약속했던 책임총리제나 책임장관제처럼 이른바 공식 라인에 대한 정책 자율권을 보장하는 조치를 단행하는 것도 하나의 방법이다. 어쨌든 중요한 것은 권력의 구조가 대통령과 얼마나 가까운 자리에 있는가를 중심으로 구성되는 게 아니라, 권한이 보장된 직위를 중심으로 구성되도록 해야 한다는 것이다.

그러나 대통령은 이번에도 어떻게 잘 넘어가는 방법을 택했다. 문건은 그저 시중에 돌아다니는 이른바 '찌라시'의 내용을 종합한 것에 불과하며 비선 권력 같은 것은 애초부터 존재하지 않았다는 거다. 이른바 '문고리 3인방'의 위세는 이후에도 하늘을 찔렀다. 이 사건의 파괴력을 최소화하는 데 혁혁한 공을 세운 걸로 알려진 우병우 당시 민정비서관은 이후 민정수석비서관으로 승진해 문고리 3인방과 어깨를 겨룰 만큼의 권력을 갖게 된 걸로 알려진다.

박근혜 정권의 권력자가 생각하는 정치는 사회 구성원들의 다양한 의견이 정치인과 공직자를 통해 표현되고, 이것이 공적 체계를 통해 문제 해결의 대상이 되는 하나의 일관된 체계가 아니다. 정치는 무한히 치러지는 권력 게임이며 승자와 수많은 도전자로 구성된다. '도전자'들은 대개 사익을 추구하거나 다른 마음을 먹고 있는 자들이며 오직 '우리 편'에 해당하는 사람들만 나라를 위해 충성하는 애국심의 소유자들이다. 왜냐하면 데카르트가 "나는 생각한다, 고로 존재한다"라고 정의한 바와 마찬가지로, 권력이 스스로 오직 애국애족만 생각하는 사람이라는 것을 보증하기 때문이다. 결국 '나'와 '나'를 따르는 이들 이외에는 누구도 권력을 가질 이유가 없다.

이런 인식이 가장 적나라하게 드러난 게 2016년 4월 13일 치러진 총선이다. 새누리당은 끝끝내 '배신의 정치'라는 낙인이 찍힌 유승민을 공천하지 못했다. 유승민은 총선이 치러지기 전 해에 원내대표로서 교섭단체 대표 연설을 통해 자신의 정치 노선을 밝힌 바 있다. 박근혜 정권이 내세우는 증세 없는 복지는 허구이고, 중부담─중복지로의 전환을 모색해야 하며, 중도적 정책 변화를 통해 따뜻한 보수의 노선을 걸어야 한다는 거였다. 그러나 대통령은 이에 대해 '배신의 정치' 운운하며 국민이 심판해달라는 등 정제되지 않은 분노를 내비쳤다. 정치에 대한 이런저런 말과 글로 먹고 사는 사람들은 대통령의 이러한 강공에 오히려 당황했다.

유승민 당시 원내대표의 행동은 차기 대선을 준비해야 하는 새누리당의 입장에선 해볼 만한 시도였다. 박근혜 정권의 일방적 정책 추진에 대한 국민들의 피로감이 커져가는 상황에서 집권 여당이 스스로 비판의 목소리를 내는 그림 자체가 나쁘지 않을뿐더러 정권 재창출을 위해서는 현 정권과는 다른 지향의 목소리를 현실에 존재하는 노선의 하나로 만들어놓아야 할 필요가 있기 때문이다. 물론 대통령의 입장에서는 부담스러울 수 있다. 집권 여당이

'차기'를 자처하는 정치인들에게 줄을 서느라 청와대의 통제에서 벗어날 위험이 가중되기 때문이다. 그러나 그건 순전히 국정 운영과 통치의 영역에서 해소할 문제이지, 유승민을 콕 집어서 '배신'이라고 하는 것은 권력의 인식이 단순히 그런 정도에 그치지 않는다는 점을 드러낸다.

요컨대 박근혜 정권의 권력자는 유승민이 실제로 배신을 모색하고 있다고 본 거다. 유승민 원내 지도부가 국회법 개정안에 대한 야당과의 합의라는 모양새를 갖추면서 실제로는 행정부의 힘을 빼려 한 것은 권력자의 이러한 인식을 보다 강화했을 것이다. 청와대 권력을 사실상 식물로 만들고 집권 여당 안에서 차기 대권주자 행세를 하며 의원들을 줄 세우는, 즉 권력에 대한 사익 추구가 작동하리라는 것이다. 이게 '배신'인 또 하나의 이유는 유승민에게 배지를 달아준 사람이 다른 사람도 아닌 대통령 본인이었다는 점이다. 실제로 대통령은 '배신의 정치'를 언급한 바로 그날 다음과 같이 말했다.

"꼭 필요한 법안은 당리당략으로 묶어놓으면서 본인들이 추구하는 당략적인 것은 빅딜을 하고 통과시키는 난센스적인 일이 발생하고 있다." "우리 정치는 국민을 중심에 두는 새로운 정치를 하는 정치인들만이 존재할 수 있도록 해야 할 것." "정치적으로 선거 수단으로 삼아서 당선된 후에 신뢰를 어기는 배신의 정치는 결국 패권주의와 줄 세우기 정치를 양산하는 것으로 반드시 선거에서 국민들께서 심판해주셔야 할 것이다."

냉소 사회

이후 박근혜 정권의 권력자는 여당 내에서 자신의 통치를 뒷받침해줄 수 있는 사람들을 중심으로 당선 가능성이 큰 곳에 공천을 요구했고 이 사람들의 상당수가 총선에서 국회로 살아 돌아왔다. 이들은 '배신의 정치'와 대조를 이루는 '진실한 사람들'로 표현됐기 때문에, '진실한 친박' 즉 '진박'이라는 이름표까지 얻었다. '진실한'의 반대는 '거짓된'이라는 점을 볼 때 이러한 이름 자체가 권력자의 냉소적 정치인식을 보여준다고 말할 수 있다. 자기편이 아닌 사람들은 다른 의견을 갖고 있는 게 아니라 정치에 임하는 태도 자체가 거짓된 것이고, 이런 거짓은 사익 추구를 위한 것이라는 도식이 반복되고 있기 때문이다.

여당에 대해서도 이런 식인데 야당이나 진보 정당에 대해 어떤 인식을 갖고 있는지에 대해선 더 말할 필요조차 없다. 전임 정권에서도 그랬지만 박근혜 정권에 들어서 유난히 '종북'이라는 표현이 늘어난 것이 상황을 잘 보여준다. 대통령은 유난히 '월남패망의 교훈'을 자주 언급했다. 보수 세력이 언급하는 월남패망이라는 것은 베트남이 남북으로 나뉘어 싸울 당시 자본주의 진영이 공산주의 진영의 이념 공세와 기만전술에 무력화돼 스스로 패망을 초래했다는 서사가 기본이다. 대통령이 굳이 이를 반복 언급하는 것은 당시 공산 진영의 이념 공세와 기만전술을 야권이 내세우는 '당위와 명분'에 비견하기 위해서이다. 즉, 야당이 '좋은 소리' 하는 것에 속아 넘어가면 결국 북한을 이롭게 할 뿐이라는 얘길 하는 거다. 여기서 야당의 정치철학은 기껏해야 북한 정권의 음모적 공작 수준으로 격하된다.

4·13 총선에서 집권여당이 대패한 것은 대통령이 내보인 이런 냉소주의적 인식에 의한 정치의 파탄을 국민들이 더 이상 견딜 수 없게 됐기 때문이다. 전무후무한 여소야대의 상황에서도 권력의 이런 세계관은 유지됐고, 이는 새누리당이 '도로 친박당'이 되는 결과로 이어졌다.

대부분의 차기 대권 주자들이 비박계로 분류된다는 걸 볼 때, '도로 친박당'이 된 새누리당의 거의 유일한 정권 재창출 경로는 반기문 UN 사무총장의 대선 레이스 참여라는 주장이 힘을 얻었다. 이 구상을 가능케 한 것 역시 정치적 냉소주의였다.

'반기문 대망론'의 기반은 크게 두 축으로 이루어져 있다. 하나는 대구경북과 충청의 지역 기반이 결합해 권력을 창출할 수 있다는 거다. 새누리당의 신임 당대표로 대통령의 복심이라는 이정현이 당선됨에 따라 여기에 억지로 호남까지 끼워 넣어 '삼각연대'라는 그럴싸한 그림을 그리는 사람도 있었다.

또 하나의 축은 다름 아닌 개헌론이다. 과거 친박계 일부는 내치는 총리가, 외치는 대통령이 맡는 분권형 개헌을 주장했다. UN 사무총장을 지낸 반기문이 외치를 담당하는 대통령을 맡도록 해 권한을 제한하고, 내치는 지역에 기반한 현 집권 세력이 책임진다는 식의 구상이다. 즉, '반기문 대망론'은 현재로선 어찌됐건 현 집권 세력이 통치를 연장하기 위한 수단 외의 의미가 없는 것이다. 실제로 반기문은 지금까지 한국 사회를 어떻게 바꿔야 한다는 무슨 전망에 대한 얘기를 단 한 마디도 한 일이 없다. 정견을 말한 일이 없는 사람에 대한 대망론이 냉소주의의 결과물이 아니고 무엇이겠는가.

당위와 명분의 정치를 복원하기 위하여

냉소주의 속에서 태어났고, 다시 이를 통치에 활용한 박근혜 정권은 '최순실 게이트'에 휘말려 냉소주의에 의한 피해자(?)가 됨과 동시에, 냉소주의의 지위를 진리화하며 사실상 최후를 맞이하게 됐다. 이러한 사실은 이 사건을 평하는 사람들이 쓰는 '말'과 '논리' 속에서도 그 모습을 드러낸다.

사람들이 가장 많은 분노를 내비치는 대목은 최순실 일가가 이권을 고리로 한 온갖 국정 농단 행위를 저질렀음에도 단지 박근혜 대통령과 친하다는 이유로 모든 법적 제한을 피할 수 있었다는 거다. 일상을 살아가는 보통 사람들은 작은 잘못만 저질러도 혹독한 책임을 져야 하는데, 박근혜 대통령과 최순실 일가는 어떤 책임을 어떻게 질 것인지를 누구도 장담할 수 없는 상태가 상당 기간 이어졌다. 국정 농단과 헌정 유린에 대한 진지한 문제 제기를 하는 와중에도 많은 사람들은 '너는 되고 왜 난 안 되느냐'를 뒤집은, '내가 못 하는 것은 너도 하지 말아야 한다'의 논리를 활용하고 있다.

이러한 상황 규정 속에 냉소적 시선이 있다는 점은 이제 굳이 길게 설명하지 않아도 될 것이다.

일부 남성 정치인들은 박근혜 대통령을 자기 모녀의 이권을 지키는 데만 활용한 최순실을 '웬 강남 아주머니' 등으로 비하해서 부르고 있다. 권력을 가질 만한 자격, 즉 지적 능력과 사회적 경험 및 정치적 판단력을 갖추지 못한 사람이 한 나라의 통치를 좌지우지했다는 것이다. 이 표현에도 역시 여성혐오적 뉘앙스와 함께 정치적 냉소주의로 해석할 수 있는 맥락이 공존하고 있다.

이 부분에서 최순실을 향한 냉소주의적 관점의 핵심은 박근혜 정권의 모든 실정失政이 바로 이 자격 없는 '강남 아주머니'에 의해 아무런 공적 맥락이 없이 이루어졌다고 믿는 것이다. 이 '강남 아주머니'는 나라를 제대로 다스리기 위한 어떤 의지도 가지지 않은 상태에서 오로지 자신과 딸의 성공만을 위해 국정을 농단한 것이다.

박근혜 대통령은 이러한 국정 농단 행위의 적극적인 협력자였는데, 냉소주의의 관점에서 그가 대한민국에서 가장 큰 권력을 손에 넣었음에도 불구하고 협력자로서의 역할을 떠맡은 이유는 최순실 일가가 만든 사이비 종교에 빠졌기 때문이거나 미르 재단과 K스포츠 재단을 통해 최순실 일가가 빼돌린 이익을 공유하려는 의도를 갖고 있었기 때문이다.

앞서 박근혜 정권이 습관적으로 동원한 어휘와 논리의 형태를 여기서 상기하면, '최순실 게이트'란 결국 사적 이익을 위해 공적 명분을 활용한 사례의 대표 격이다. 박근혜 대통령과 최순실 일가가 애국, 진실한 정치, 창조경제, 문화융성 등의 번지르르한 명분을 동원하여 자기 배를 불리는 데에만 골몰했다는 것이다. 즉, 박근혜 정권은 그럴듯한 명분으로 국민을 속이고 실제로는 사익을 추구했다. 이 사실이 이렇게 어이없는 방식으로 드러났기 때문에 국민은 박근혜 정권을 '불매'하기로 결심했다. 촛불집회는 바로 이의 표현이다.

사람들이 갖는 박근혜 정권에 대한 이런 냉소주의적 인식은 언론의 보도 등을 볼 때 진실에 속하는 걸로 보인다. 최순실은 박근혜 대통령의 권력을 아무런 근거 없이 사유화해 자신의 재력을 키우기 위한 재단을 만들도록 했다. 또 이에 방해가 되는 요소들 역시 박근혜 대통령의 권력을 활용해 제거했다. 재단으로 모은 돈은 자신의 딸인 정유라가 승마 선수로서 성공을 거두는 데 도움이 되도록 설계했다.

왜 하필이면 승마였을까? 승마 선수를 만들기 위해 '재력'이 절대적으로 필요하다는 점을 상기하면 의문이 풀린다. 승마 선수 자제를 둔 유력자들은 대개 정치적 경제적 권력을 어떤 형식으로든 자신의 사적 이익을 위해 활용할 수 있는 사람들, 즉 정치인이나 재벌이다. 만일 최순실 일가가 승마 금메달리스트를 배출한 가문이 된다면 바로 이런 사람들과 어깨를 나란히 하게 되는 것이다.

최순실 일가는 이미 충분한 돈을 소유하고 있었다. 그러나 이 나라를 실질적으로 움직이는 유력자들과 대등한 수준의 명예 또는 지위는 돈으로 살 수 없는 종류의 것이다. 박근혜 대통령의 임기가 끝나면 최순실 일가가 갖고 있는 비선 실세라는 지위는 효력을 잃게 된다. 최순실이 자신의 딸에게 굳이 '마칠기삼馬七技三'이라고들 하는 마장마술을 배우도록 한 것은 '천한(?) 최태민의 일가'라는 멍에를 벗고 박근혜 정권의 유산을 활용해 실질적으로 이 나라를 움직이는 사람들과 접점을 만들기 위한 행위였던 것으로 해석할 수 있다.

이런 관점으로 보면 이 사건은 대중의 정치에 대한 냉소적 인식이 사실이라는 진실을 인준하고 있다. 촛불 집회에 나온 사람들이 내건 슬로건이 대개 이와 같은 맥락에서 벗어나지 않는다는 것은 이런 관점을 뒷받침한다. 집회에 나온 시민들은 박근혜 정권의 비정상적 성격을 거부하고 대한민국이 정상적 국가로서의 지위를 회복해야 한다는 취지의 슬로건을 앞다투어 내놓고 있다.

그러나 잊지 말아야 할 것은 이런 괴상한 형태의 권력이 예외적인 상황에서 탄생한 게 아니라는 점이다. 첫째, 박근혜 대통령은 국정원 댓글 사건 등 논란을 겪기는 했으나 어쨌든 민주적 투표로 선출되었다. 다시 말하자면 총칼이나 탱크 등의 초헌법적 수단을 통해 권력을 탈취한 정권이 아니란 얘기다. 둘째, 최순실 게이트는 2012년 대선 시기에 새누리당 내 비박계나 야권 일부에 의해 그 가능성이 이미 경고됐던 사안이다. 2007년 한나라당 대선 후보 경선 때 이명박 당시 후보 편에 섰던 많은 정치인들이 이런 비극적 미래를 예견했다.

그러니까 최순실 게이트의 가장 놀라운 점은 한국의 정치 체제

314

가 제대로 돌아갔는데도 이런 일이 벌어졌다는 사실에 있다. 따라서 이 사건과 같은 일이 다시 일어나지 않도록 하기 위해서는 체제 그 자체에 대한 의문을 가져야 한다.

그러나 이런 논리는 많은 사람들이 이 사건을 예외적이고 특수한 것으로 간주하는 현실에서 설 자리를 잃어버렸다. 체제가 아니라 돌연변이처럼 나타난 나쁜 자들을 어떻게 제거할 것인지의 문제가 된 거다. 오직 박근혜 대통령을 제거하는 것으로 국가를 정상화할 수 있기 때문에 사람들은 더 이상 박근혜 정권이 추진한 정책들을 진지하게 논하지 않으려 한다. 이는 앞의 부분에서 예로 든 영화에 대한 비평이 더 이상 작동하지 않게 된 것과 비슷한 결과다.

예를 들면 박근혜 정권의 대북 정책을 파탄지경으로 몰고 간 북한붕괴론의 문제 같은 게 그렇다. 냉소주의적 현실 인식 속에서 북한붕괴론은 최순실 일가가 미국의 방위산업체 록히드 마틴 사와 결탁해 그들이 만든 무기를 수입하도록 하고 리베이트를 받는 등의 사익을 추구하기 위한 핑계에 불과하다. 개성공단 폐쇄 등 대북 강경책은 오로지 이를 위해 기만적으로 추진됐다. 이런 인식 속에서는 북한붕괴론 자체가 아니라 북한붕괴론이 이용당한 맥락만이 문제다. 북한붕괴론 자체에 대한 평가는 자연스럽게 유예된다.

그러나 비선 실세인 최순실이 대북 정책의 결정 과정에 개입한 것이 사실이라 하더라도 북한붕괴론 자체의 문제를 논해야 할 필요성은 남는다. 왜냐하면 최순실이 온전히 자기 머릿속에서 북한붕괴론을 고안해낸 것은 아니기 때문이다. 이미 대북 정책의 주요 사항을 결정하는 정책 라인에 북한붕괴론에 대한 선호가 있었던 게 사실이고, 최순실은 이를 '활용'한 것이다.

박근혜 정권에서 통일부를 제외한 외교안보 정책의 결정권자들이 군 출신이었다는 사실을 보면 이게 어떤 문제인지 알 수 있다. 박근혜 정권의 초대 국가안보실장은 참여정부에서 국방부 장관을 맡았던 김장수다. 그가 주중 대사로 옮기고 나서는 이명박 정부와 박근혜 정부로 넘어오는 와중에 국방부 장관을 연임한 김관진이 자리를 이어받았다. 박근혜 정권의 첫 번째 국정원장을 맡은 남재준 역시 육군참모총장 출신이다. 이 사람은 2013년 말 송년회 자리에서 〈양양가〉를 불렀다는 에피소드가 잘 알려져 있다. 이 노래는 원래 독립군이 군가로 불렀던 노래인데, 낙동강까지 밀렸던 국군이 다시 반격하며 북진할 때 합창했다고 하여 유명하다.

바로 이 자리에서 남재준은 2015년에는 통일이 되어 있을 것이라고 장담하였다고 한다. 이런 주장의 근거는 북한의 여러 모순 때문에 김정은 독재 체제가 단기간 내에 붕괴할 수밖에 없다는 믿음이다. 군에 몸을 담고 있는 사람들일수록 이런 믿음을 더 강하게 가진다. 같은 박근혜 정권에서 통일부 장관으로서 정책 결정에 영향력을 행사하였던 류길재가 이러한 인식을 부정적으로 평가하는 것을 보라.

"(북한붕괴론은) 1990년대부터 나온 얘기예요, 그게. 주관적 바람 wishful thinking이 굉장히 강해요. 희망적 사고를 기반으로 한 게 대부분입니다. 붕괴론을 강하게 얘기하는 것은 적절하지 않습니다."

냉소 사회

"붕괴할지, 안 할지는 사실 알 수 없는 노릇이죠. 1990년대 상황과 비교하면 그때가 훨씬 더 위기였습니다. 고위 탈북자에 따르면 당시 북한은 망한 나라였어요. 지금은 그때와 상황이 달라요."[7]

박근혜 정권에서 강경한 형태의 대북 정책이 추진된 이유는 북한붕괴론자들이 대화론자들에게 승리를 거뒀기 때문이다. 아마 최순실은 문고리 3인방 등을 활용하는 방식으로 인사에 개입해 힘의 균형이 강경파들에게 쏠리는 데 상당한 역할을 했을 것이다.

초창기 박근혜 정권이 내놓은 대북 정책의 로드맵은 강경론과 대화론을 섞어놓은 듯한 모습이었다. 대화론자들의 주장은 '한반도 신뢰 프로세스'와 같은 공약에 들어가 있다. 북한붕괴론과 대화론이 공존할 수 있었던 이유는 북한이 붕괴하는 시나리오를 가정하더라도 이후 통일 전략의 집행을 위해 선제적인 대북 인프라 투자가 필요하다는 논리가 성립되기 때문이다.

그러나 대통령직 인수위에서 통일 정책 관련 인수위원을 맡았던 이화여대 최대석 교수가 알 수 없는 이유로 쫓겨난 '최대석 미스터리' 사건이 벌어지면서 주도권은 군 출신 강경파들에게 넘어가기 시작했다. 국가안보실에 파견됐던 통일부 공무원이 원대복귀당하는 '천해성 미스터리' 역시 온건파가 강경파들에 밀려난 사례 중 하나로 꼽힌다.

박근혜 정권의 대북 강경책이 북한과의 관계 개선을 이룰 수 있는 타이밍을 계속해서 놓쳤고 결과적으로 북핵 문제를 더욱 해결하기 어려운 것으로 만들었다는 사실은 이제 군이 논할 필요조차 없다. 북한붕괴론자들의 손에 권력을 쥐여준 최순실의 전횡에 대해 책임을 물어야 하겠지만, 동시에 북한붕괴론 자체의 정책적 효과가 파탄적이었다는 점 역시 분명히 짚고 넘어가지 않으면 안 된다.

경제 정책 등에 대한 논란 역시 마찬가지다. 일부 사람들은 대기업이 시장원리에 충실한 기업 운영을 하지 못하고 비선 실세인 최순실로부터 괴롭힘을 당하며 속된 말로 호구를 잡혔던 것처럼 말한다. 일부 그런 측면도 있겠지만, 다수의 언론 보도는 대기업이 미르 재단과 K스포츠 재단 등에 출연 결정을 할 때 일어났던 일들이 '갈취'가 아니라 '거래'에 가까웠음을 시사한다. 대기업이 최순실의 사익을 보장해주고 자신들에게 유리한 정책 집행을 위해 힘을 써주기를 요구했다는 것이다.

이런 식의 정경유착은 비선 실세가 권력을 장악한 박근혜 정권에서만 일어난 게 아니다. 실상 대기업들은 과거 정권이 주도한, 그러니까 오로지 시장원리에 의한 기업 활동만을 해야 한다는 식의 신자유주의 개혁에 저항하며 특혜를 요구했지만, 이후에는 신자유주의의 언어와 이론을 아예 장악해 신자유주의 개혁 조치가 대기업에 도움이 되는 방향으로 작용할 수 있도록 상황을 통제했다. 신자유주의적 관료가 득세한 전두환 정권 시절 억눌려 있던 대기업들이 노태우 정권에서 '올코트 프레싱'이란 평을 들을 만큼 전방위적으로 신자유주의 개혁에 저항하다가, 김영삼 정권 들어 오히려 신자유주의자 흉내를 내기 시작한 것은 이런 맥락이다. 거의 모든 정권이 이런 과정에서 일자리 창출과 경제 성장을 말하며 못이기는 척 대기업의 편의를 봐주는 결정을 했다.

다시 말하자면 여기서 논할 수밖에 없는 문제는 왜 시장원리를 소리 높여 외친 과거의 정권들이 중요한 순간에는 하나같이 시장원리를 거스르며 기업의 편의를 봐주는 결정을 똑같이 했느냐다. 문제의 핵심에 도달하려면 여기서 한발 더 나아가야 한다. 혹시 권력이 외치는 시장원리의 구현 자체가 허상이었던 것은 아닐까?

이 물음은 정치권력과 경제권력이 사익 추구를 놓고 결탁해 있다는 음모론적 세계관을 말하는 게 아니다. 경제적 권력 구도가 기업 대 기업, 국가 대 국가라는 이중적 형식으로 맺어지고 있는 세계화된 오늘날의 지구촌에서 한 국가의 경제를 경쟁에 기초한 시장원리만이 작용하는 온실처럼 구성하겠다는 시도 자체가 오히려 경쟁의 논리에 적합지 않게 된 모순에 빠진 것 아니냐는 거다. 이를테면 삼성에 특혜를 주지 않고서 어떻게 다른 국가들과의 경쟁에서 이기겠는가? 이런 관점으로 본다면, 결국 '최순실'은 박근혜 권력의 이상성異常性이 아니라 한국 정치와 경제를 아우르는 권력의 보편적 현재顯在를 보여주는 기표다.

따라서 최순실 게이트와 같은 일이 다시 일어나지 않도록 하기 위해 바람직한 정치가 해야 할 일은 이상한 권력을 정상으로 만드는 게 아니라, 대안을 마련해 사람들이 구조를 변화시킬 수 있는 조건을 만드는 것이다. 이를 가능케 하기 위해서는 최순실 게이트가 냉소적 인식이 '진실'이라는 점을 드러냈다는 것을 그대로 인정하면서, 거기에 문제의식이 멈춰서는 문제를 해결할 수 없다는 것을 역설할 수 있어야 한다.

다시 말하자면 박근혜 정권을 극복한다는 것은 이득과 손해의 정치와 이를 만든 정치적 냉소주의를 무력화한다는 뜻이다. 정치적 냉소주의를 무력화하기 위해선 당위와 명분의 정치를 다시 복원해야 한다. 박근혜 정권의 극복을 또 다른 정치적 냉소주의에 의한 정치공학적 대응으로 한정하는 순간, 우리는 또다시 같은 잘못을 반복하게 될 것이다. 최순실로부터 자유로운, 즉 정상화된 박근혜 정권을 다시 한번 반복하는 일이 일어나서는 안 된다.

지금 문제는 좌클릭이냐 중도냐, 또는 급진이냐 온건이냐의 차원에 있지 않다. 어떻게 냉소주의를 이길 것인가, 또 어떻게 소비의 대상에 머무르고 있는 정치를 구원해낼 것인가, 이를 위해서 전 사회를 지배하고 있는 열등감들을 어떻게 조직할 것인가가 문제이다. 우리는 이제 정치의 근본 문제들과 대결해야 하는 운명에 놓인 것이다. 이게 오늘날 우리가 열등감과 냉소주의의 문제를 직면할 수밖에 없는 이유이다.

6 Thomas Frank, 「To the Precinct Station」, The Baffler, 2012년 11~12월 호.

7 송홍근, 「"제재 오래 못 간다 압박하되 대화 꾀해야"」, 《신동아》, 2016년 10월 호

냉소 사회